자아성찰 365
(제 1 권)

J.B.W. 지음 / 최수민 옮김

A Time To Be Free
Daily Meditation For Enhancing Selfesteem

A TIME TO BE FREE
by J. B. W.
Copyright © 1990 by J. B. W.
Korean translation copyright © 1992
by Han Maum Publishing co.
arranged with Bantam Book, a division of
Bantam Doubleday Dell publishing Group, Inc.
through Imprima Korea, Inc., Seoul.

자아성찰 365

A TIME TO BE FREE

자아성찰 365 (제1권)

차 례

1. 인성을 결정하는 요소들 / 7
2. 소외에 대하여 / 21
3. 죄의식에 대하여 / 35
4. 인종(忍從)에 대하여 / 49
5. 두려움에 대하여 / 63
6. 탐닉에 대하여 / 77
7. 믿음을 갖는다는 것 / 91
8. 태도에 대하여 / 103
9. 자아상 / 117
10. 사슬 끊기 / 131
11. 행복에 대하여 / 145
12. 부인(否認)에 대하여 / 159
13. 노여움에 대하여 / 173

14. 정신적 성숙 / 187
15. 비난자와 순교자 / 201
16. 감정에 대하여 / 215
17. 허심탄회 / 229
18. 자기발견을 위한 도구들 / 243
19. 성공과 성취 / 257
20. 기도와 명상 / 271
21. 독립에 대하여 / 283
22. 자각에 대하여 / 297
23. 원한에 대하여 / 311
24. 변화를 꾀하려는 의지 / 325
25. 기대에 대하여 / 339
26. 수용에 대하여 / 353

하권 차례

27. 감사하는 마음
28. 책임감에 대하여
29. 과거와 화해한다는 것
30. 관계에 대하여
31. 포기하기
32. 성숙에 대하여
33. 자기의지에 대하여
34. 정직에 대하여
35. 자기연민
36. 교류에 대하여
37. 자기 가치
38. 용기에 대하여
39. 용서에 대하여
40. 자유에 대하여
41. 봉사에 대하여
42. 현재 속에 산다는 것
43. 우선 사항
44. 겸손에 대하여
45. 자기 주장
46. 사랑에 대하여
47. 객관적 가치
48. 믿음에 대하여
49. 신뢰에 대하여
50. 선택에 대하여
51. 평온에 대하여
52. 친목에 대하여

■ 역자후기

1.
인성을 결정하는 요소들

어쩌다가 내가 여기까지 오게 됐을까? 누군가가 내 등을 떠민 것 같다. 누군가가 나를 이 길로 들어서게 한 것 같고, 내가 기억하지 못하는 많고 많은 순간들에 수많은 손들이 나를 조종했던 것 같다. 나는 스스로 선택하여 이 세상의 이 길로 들어선 적이 없기 때문이다.

──**조셉 헬러**

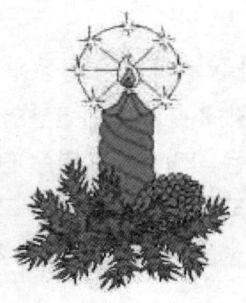

★월 ○일

언제까지고 이렇게 살 수는 없다는 생각이 문득 드는 때가 있다. 이따금 난데없이 떠오르는 그 생각에 가슴이 저리면서, 우리는 이제까지 걸어온 길을 언제까지고 마냥 걸어갈 수는 없다는 깨달음에 이른다. 이대로 나간다면 만사가 그저 괴로움의 연속에 불과할 뿐이다. 그것은 견딜 수 없는 일이다.

그같은 깨달음의 순간이 있게 한 것이 무엇이었느냐는 질문을 받는다면, 그 대답은 사람마다 다를 것이다. 견딜 수 없는 정신적 고통을 겪어하다가 어느 순간에 그같은 생각에 달했노라고 하는 사람도 있을 것이고, 누군가와 이야기를 나누던 중에, 혹은 거울에 비친 자신의 모습을 빤히 쳐다보다가 깨달았다고 하는 사람들도 있을 것이다.

그럴 때 사람들은 아주 적극적인 행동을 보이는데, 그것이 또한 지극히 개별적이며 사람에 따라 천차만별이다. 전화 수화기를 들고 전문가의 조언을 구하는 사람, 혹은 열두 단계 프로그램 같은 데에 접촉을 해보는 사람들도 있을 것이다. 그 고뇌와 새로운 결단을 친구나 친척들에게 털어놓는 사람들도 있을 것이다. 신에게 진정 가

슴에서 우러나오는 기도를 올리는 사람들은 더욱 많을 것이다.

  그같은 행동들을 보일 때 우리가 미처 깨닫지 못하는 것이 하나 있거니와, 그것은 바로 우리는 이제 곧 기쁨에 넘치는 새로운 삶의 문턱을 넘어서게 되리라는 사실이다. 믿을 수가 없을 정도로 신이 나고 삶을 풍요롭게 해줄 여행길을 바야흐로 나서려 하고 있다는 것을, 우리는 미처 알아차리지 못하는 것이다.

  자기를 발견하고, 자기를 새롭게 하고, 자기를 사랑하게 해줄 여행을.

깨달음의 순간은 하나의 전환점이 될 수 있다. 지지부진과 의기소침을 털어버리고 기쁨과 마음의 평화에로 나아가는 계기가 될 수 있다.

★월 ○일

 어느 날 아침 눈을 떴을 때, 문득 무언가가 두렵다는 생각이 들고, 스스로 불행하다는 생각, 소외당하고 있다는 생각, 나쁜 습관이 몸에 배어 있다는 생각, 혹은 어쩐지 살아나갈 자신이 없다는 생각이 들곤 한다. 그런데 이와 같은 우리의 행동양식이나 사고의 유형, 자아를 의식하는 심리과정은 사실 이미 오래 전에 그 씨가 뿌려진 것이다.
 여기서 중요한 점으로, 결손가정에서 성장한 사람들은 대부분 어른이 되어서도 결여된 면을 보이는 경향이 있다. 그러한 사람들은 자기를 존중하는 마음을 거의 또는 전혀 익히지 못한 탓에 인생이란 것이 온갖 문제들과 고통으로 얼룩진, 끝없는 험로(險路)로만 여기는 것이다.
 우리의 자아상과 사물을 인지하는 의식과 태도의 대부분은 우리 주위에 있는 사람들과의 대화와 우리에 대한 그들의 반응을 통해서 확립되었다. 그 중에서도 특히 우리에게 큰 영향을 미친 사람은 바로 부모님이다. 육체적으로나 정신적으로 우리가 어떠한 방식으로 처우를 받아왔는가에 따라서 궁극에는 자기와 타인을 대하는 우리

의 태도가 결정되는 것이다.

  끊임없이 학대와 조롱과 부당한 처사를 당해온 사람은 어른이 되어서도 매사를 부정적으로 보고 강박관념에 시달리고 스스로를 비하하면서 절름발이 인생을 살게 된다. 더구나 어린 시절에 겪었던 공포심은 어른이 되어서도 마음에서 떠나질 않는다. 그런 사람은 다른 사람들을 신뢰도 사랑도 하지 못하고 응분의 책임마저 회피하는 경우가 허다하다.

  새로운 삶을 위해서 가장 중요한 것은 무엇인가? 비록 어제의 일에 대해서는 어찌해볼 도리가 없지만, 오늘 우리가 살아가는 방식에 있어서는 우리 앞에 많은 가능성이 열려있음을 깨닫는 것이다.

오늘의 명상

언제까지고 과거의 목소리에 짓눌린 채로 살아갈 것인가, 아니면 앞날을 내다보면서 사고와 행동 양식을 바꾸는 길을 선택할 것인가.

★월 ○일

일단 자기 개조의 길에 들어서면, 점차 우리는 우리의 인격을 형성시켰던 시절의 일들을 다시 되짚어보고 그 정체를 확인할 수가 있게 된다. 과거에 우리가 어떤 식으로 영향을 받았고 어떤 식으로 우리의 인격이 형성되었던가를 밝혀냄으로써, 우리는 현재의 우리 행동과 사고를 이해하기 시작하는 것이다.

그런데 우리 중에는 과거와 현재 사이의 관계를 쉽게 파악하지 못하는 사람들이 더러 있다. 결손가정에서 가해지는 박해들 중에는 그 성격이 매우 미묘한 것들이 있지만 아직도 잊혀지지 않는 과거의 심리적 타격이, 육체적 고통 혹은 성적 학대의 희생자들이 당하고 있는 심적 고통보다도 더 극심한 것이라고 보기는 어렵다.

세월이 흐름에 따라 우리의 통찰력은 깊어졌다. 우리는 어린아이들을 겁에 질리게 하고 기가 꺾이게 하는 데에는, 그들을 구타하는 것 말고도 많은 방법이 있다는 것을 알고 있다. 예컨대 전제적이고 폭압적이며 독단이 지나친 부모 밑에서 자란 사람들은 결국 정신적 불구자가 되어버린 사례를 우리는 흔히 본다. 그와 마찬가지로 버림을 받을지도 모른다는 두려움에 시달리면서 성장해온 사람이라

면, 그는 행복하고 안정된 삶에 대해서는 상상도 못하게 되고 말 것이다.

  그 어떤 형태의 박해를 당해왔건 우리는 거기서 입은 심적 피해를 어른이 되어서도 벗어 던지지 못한다. 이제 그 상처를 치유하고 나아가 스스로를 정신적 정서적으로 새롭게 일구는 일은 순전히 우리 자신에게 달려 있다. 우리는 그것을 나날이 차근차근 일궈나가야 한다.

오늘의 명상

정신에 가해지는 폭력은 육체에 가해지는 폭력만큼이나 그 사람을 불구자로 만들 수 있다.

★월 ○일

오랫동안 나는 남다른 성장배경——어린 시절에 내가 받았던 그 혹독한 정신적 박해——으로 인하여 내가 완전히 별난 존재가 되었다고 믿어왔다. 이 세상에 나같은 사람은 아무도 없다는 생각이었다.

어느 날 한 여자친구가 스스로에 대하여 어떤 감정을 갖고 있는지를 나에게 자세히 말해 주었다. 그녀는 그것이 어린 시절에 당했던 성적 학대로부터 영향을 받은 감정이라고 말했다. 나는 그 때 문득 우리 중의 그 어느 누구도 스스로 생각하는 것만큼 별난 존재가 아니라는 것을 알게 되었다. 또한 우리가 자라온 환경은 천차만별인지 모르지만, 자신을 혐오하는 우리의 부정적 감정만큼은 거의 동일한 것이라는 사실도.

나도 솔직하게 내 경험을 들려주고 우리가 그 어떤 처우를 받았는가와는 상관없이 우리는 똑같은 부정적 감정에 지배되고 있다는 깨달음을 공유하게 되었다. 우리는 이 세상을 하나의 전쟁터로만 생각해왔다. 언제 어디에서 복병이 기습해올지 알 수 없는 전쟁터. 우리는 실패뿐만 아니라 성공까지도 두려워했고, 누구로부터 버림

받는 것뿐만 아니라 그 사람에게 구속되는 것까지도, 죽음뿐만 아니라 삶까지도 두려워해 왔다. 남들이 우리에게 다가오지 못하도록 아주 복잡한 장치들을 개발해왔고, 우리의 감정을 교묘히 숨기려고 나름의 습관과 위장술을 길러왔다.

그러한 감정들이 나의 마음속에서 전면에 나설 때면 나는 내가 그러한 면에서 유달리 특별한 존재가 아니며 지난날에도 그런 적이 없었노라고 생각함으로써 마음을 진정시킨다. 그같은 감정들을 슬기롭게 이겨냈고, 그리하여 만족스럽고 생산적인 삶을 향하여 전진한 사람이 무수하다는 사실을 나는 잊지 않으려고 한다.

오늘의 명상

나에겐 남들과 같은 면보다도 다른 면이 더 많다는 생각에 집착하면 할수록 그만큼 나의 자기개조는 더디어진다.

★월 ○일

과거라는 것이 끊임없이 우리에게 전해오는 파괴적인 목소리를 물리치고 현명한 대응을 하기란 실로 어려운 일임을 절실하게 느끼곤 한다. 실제로 그것은 전혀 불가능한 일인지도 모른다. 과거의 일들이 기록된 해묵은 테이프를 내팽개치거나 그 내용을 바꾸어 버림으로써 긍정적이고 적극적인 자아상을 그려내는 일보다는 종이컵으로 바닷물을 퍼내는 것이 차라리 쉬울 것 같다는 생각마저 들기도 한다.

스스로를 변모시켜 보려고 거듭거듭 노력을 해왔지만, 번번이 이루지 못하고 실패한 사람들이 너무나 많다. 하루 이틀 혹은 한두 주일 동안은 그런 대로 잘 되어 나가다가도 어느새 흐지부지, 과거의 방식대로 되돌아가 버린 경험을 한 사람들도 많다. 어떤 사람 혹은 어떤 사건으로 인하여 해묵은 그 테이프가 다시 돌아가기 시작하면 우리는 부지불식간에 귀를 기울이고, 그것을 가슴에 담고, 결국 무기력에 빠지고 만다.

심지어는 단호한 결단과 결연한 의지로 감연히 도전에 나섰을 때마저도 나에게는 성공할 능력이 충분히 있다고 굳게 믿지 못하는 경

우가 허다하다.

　결연한 의지로 무장을 하고서 도전에 나섰다고 할지라도 우리는 자신의 결단력만을 전적으로 믿어서는 안 된다. 성공에 이르는 열쇠는 결연한 의지와 아울로 신의 도움을 받아야 한다는 점을 우리는 익히 알고 있다. 스스로의 힘만을 믿을 것이 아니라 신의 권능을 굳게 믿어야 한다는 것을. 우리의 삶에서 지속적이고도 참다운 변화를 불러올 수 있는 길은 오직 그것뿐이다.

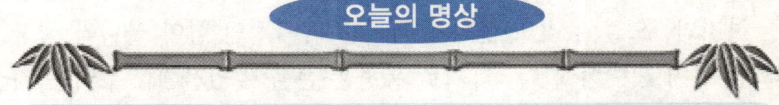

오늘의 명상

결단과 의지는 변화에 이르는 길의 단지 한 부분일 뿐이다. 거기엔 신의 힘이라는 요인이 은밀히 내재되어 있어야 한다.

★월 ○일

　우리가 과거로 되돌아가는 문을 열려고 할 때엔, 그 동기가 무엇인지를 분명히 규명해 두어야 한다. 오랫동안 우리는 그릇된 동기를 품고 과거의 일로 되돌아가곤 하는 어리석음을 범해왔음을 잊지 말아야겠다.
　불행했던 어린 시절의 자신이 측은하기만 하여, 그 시절로 되돌아가서는, 어른이 된 지금의 파괴적인 생활태도에 대한 변명거리를 찾는 사람도 있을 것이다. 고통스럽고 곤혹스러운 기억들을 돌이켜 봄으로써 스스로를 학대하는 자기 도착적 쾌감을 맛보는 사람도 있을 것이다. 스스로를 불행한 환경의 속절없는 희생자로 보기 위해 과거를 이용하는 사람은 더더욱 많을 것이다. 그러한 사람들의 주제가는 〈불쌍한 나〉.
　하지만, 오늘 우리의 삶에서 과거는 파괴적인 힘이 아니라 생산적인 힘이 되어야 한다. 과거로 통하는 문을 열었을 때, 우리는 지난날 우리에게 영향을 미치어서 오늘의 우리를 있게 한 일들의 실상을 파악하고 이해하여야 한다. 그것을 통해서 현재 우리의 사고유형이나 행동유형의 형성과정을 꿰뚫어 보아야 하고, 문제에서 벗

어나 그 해결에로 나아가기 위해서는 어떠한 태도로 임해야 할 것인지를 거기서 밝혀내야 한다.

  우리는 자기 개인의 역사가 무슨 장벽 같은 것——우리의 앞길을 가로막는 영원한 장벽 같은 것이라고 믿었던 때가 있다. 그러나 이제 우리는 그 정반대가 진실이라는 것을 굳게 믿는다. 과거는 우리가 정신적인 성숙을 추구해 나가는 과정에서의 위대한 자산들 중 하나라는 것을 우리는 믿는다.

오늘의 명상

과거의 일로 되돌아가고자 하는 나의 의지는——물론 그 동기가 올바른 경우에는——의욕에 찬 안정된 삶을 개척하는데 토대가 될 수 있다.

금주의 다짐

요즘 들어서 나의 과거를 되돌아볼 때, 나는 거의 사랑의 마음과도 같은 마음을 갖는다. 뒤를 돌아보고 고통과 죄책감과 자기혐오을 갖는 것이 아니라, 내가 거기에서 그 얼마나 멀리 벗어나 있는가 하는 생각만으로도 나는 그저 감사할 따름이다.

체념과 좌절을 떨쳐버리고 새로운 삶의 문턱을 넘게 해준 깨달음의 순간이 나에게 찾아왔음을 나는 감사한다.

과거의 목소리의 메아리가 더 이상 나를 지배하지 못하게 된 것, 터무니없는 두려움과 스스로를 학대하고자 하는 욕구로 나를 억압하던 그 목소리가 사라져 버렸음을 나는 감사한다.

나의 '전쟁의 역사'를 남들의 그것과 비교하는 짓을 그만두고, 우리는 서로 비슷한 감정들을 지니고 있으며 유사한 목표를 두고 살아간다는 사실을 확인함에 나는 감사한다.

지속적이고 만족스런 변화는 그것을 가능케 해주는 신의 힘을 믿음으로써 이루어진다는 깨달음을 얻었음에 나는 감사한다.

뒤를 돌아보고서도 이제는 더 이상 자기연민에 빠지지 않을 수 있음에 나는 감사하고, 과거의 경험들은 그 하나 하나가 모두 오늘 내가 누리고 있는 자유와 행복을 위해 없어서는 아니 될 것들이었다는 점을 깨달음에 나는 감사한다.

오늘의명상

신의 가호가 있어 우리가 저마다 새로운 전망을 획득하게 되면, 한때는 우리에게 들러붙어 고통을 주고 절름거리게 했던, 과거라는 그 존재가 새로운 삶을 위한 출발점이 될 수도 있다.

2.
소외에 대하여

탄생의 과정은 지속적으로 이어진다. 아이는 바깥의 사물들을 지각하기 시작하고, 나름의 정서로 반응을 하고, 사물을 손으로 만지고, 움직임에서 일관된 면을 보이고, 걸음을 배우기 시작한다. 탄생의 과정은 그렇게 지속된다. 아이가 말을 배우고, 사물의 용도와 기능을 터득하고, 스스로를 다른 사람들과 연관시키는 법을 익힌다. 벌받을 짓을 피하고 칭찬받고 상을 받을 행위를 하려고 한다. 인간은 그렇게 천천히 성장을 하면서 사랑하는 법을 배우고, 조리 있게 생각하는 법을 익히고, 세계를 객관적인 눈으로 보는 법을 배운다. 그는 힘도 길러가기 시작한다. 자기 존재에 대한 자각을 획득하게 되고, 삶을 흐트러지게 하려는 온갖 감각의 유혹을 이겨내는 법을 배운다……. 한 개인의 전체적 삶은 그 스스로를 이 세상에 태어나게 하는 하나의 과정에 다름 아니다. 실제로 우리는 죽음의 순간에 이르러서야 비로소 완전히 태어나는 것이다. 그런데 대다수의 개인들은 완전히 태어나기도 전에 죽음을 맞이해야 하는 운명을 안고 있다는 것이 이 세상의 비극이라면 비극일 것이다.

———에릭 프롬

★월 ○일

 기억을 거슬러 올라갈수록 나는 나 자신이 딴 사람인 것 같이 생각된다. 누구와 함께 있었건, 그 어디에 있었건, 나는 소외감을 느꼈고 어정쩡했고 두려움을 느끼곤 했었다. 그같은 느낌을 가진 사람은 비단 나뿐만이 아닌 듯하다.
 가정에서의 갖가지 문제들로 인하여 혼란과 자기회의에 빠진 사람들이 매우 많다. 우리는 다른 아이들과 함께 있으면 마음이 편하질 못했고, 그래서 외톨이가 되었다. 사회의 일원이 된다는 것은 지극히 고통스러운 일이었고, 자주 인내의 한계를 느끼곤 했었다. 그 결과 우리는 소속감을 느끼게 해주는 데에 없어서는 안될 사교적 기술을 익히지 못했다.
 어른이 되어서도 많은 사람들은 남들이 다가오는 것을 두려워한다. 우리의 뒤틀린 자아의식이 이렇게 말한다. "남들이 진짜 너의 진실을 알게 된다면, 그들은 네가 얼마나 불쾌한 놈인가를 깨닫게 될 것이다."
 요즘 들어서는 곤혹스러움을 감수하겠다는 의지를 가진 덕분에 자신이 외톨이이며 소외되어 있다는 느낌이 점차 줄어들기 시작했

다. 우리가 취한 행동 중에 가장 의의가 큰 것은, 우리의 감정을 남들에게 솔직하게 털어놓았다는 점인 것 같다. 우리는 많은 사람들이 서로 비슷한 감정을 가지고 있다는 것을 알았으며, 그 사실 하나만으로도 우리의 소외감은 현격히 줄어들었다. 더구나 남들이 우리에게 가까이 다가오는 것을 허락하면, 그들은 우리를 있는 그대로 받아들인다는 사실도 알게 되었다.

어색함을 무릅쓰고 남들과 가까이 하면 할수록 우리 자신에 대한 감정이 더욱 더 밝아진다. 그리고 우리의 자존심이 커지고, '따로 떨어졌다'는 느낌보다는 '그들 중의 한 부분'이라는 느낌을 갖기가 훨씬 수월해진다.

오늘의 명상

외톨이가 되어 있다는 생각을 하는 사람이 이 세상에서 오직 나 하나만은 아니다.

★월 ○일

나는 한 친구와 드라이브를 나갔다. 그 친구는 여자였는데, 차가 그녀의 모교인 ☆☆고등학교 앞을 지날 때 그녀는 자기가 고등학교 시절을 그 얼마나 고통스럽게 보냈는지를 회상했다. 그녀가 말했다. "난 사람들이 무서워서 다른 아이들하고 전혀 어울리지 않았어. 그래서 내겐 친구가 하나도 없었던 거야. 쉬는 시간이면 나는 늘 혼자서만 지냈어. 점심시간엔 계단 뒤에 쭈그리고 앉아 있곤 했었지."

나의 친구는 계속해서 그 시절의 혼란스러웠던 감정들을 회상했다. 그녀는 친구들을 미워했고, 그러면서도 이런저런 동아리에 끼고 싶어서 내내 몸이 달아 있었다. 그러나 자기가 누구에게서도 받아들여지지 않을 것이라는 생각에 전혀 그런 노력을 해보지 않았다. "음악이나 영화, 정치, 섹스 등, 그 모든 것에 대해서 그 아이들은 나보다 훨씬 더 많이 알고 있었어. 아이들은 서로 어울려 지내면서 서로에게서 많은 것을 배우고 또 각자의 집에서도 온갖 새로운 것들을 배우는 것 같았어."

또래의 아이들로부터 외따로 떨어져 지냈고, 한편으로는 주벽이

심한 양친들로부터 아무런 관심도 보살핌도 지도도 받지 못했기 때문에 그녀에게는 그런 기회가 전혀 없었던 것이다.

"하지만 그건 이젠 까마득한 옛날 일이야." 그녀가 말을 이었다. "지금 내겐 친구도 많고, 난 스스럼없이 사람들하고 어울릴 수 있게 됐거든. 그건 아직도 좀 힘이 드는 게 사실이고, 자꾸 혼자가 되려고 하는 때가 더러 있어. 그래서 나는 날마다 마음을 다져먹고는 의식적으로 사람들에게로 다가서지. 그 사람들을 알려고 애쓰고, 또 그들이 나를 알도록 해주려는 거야. 효과가 좋았어, 정말로 큰 도움이 되더라고."

오늘의 명상

남들로부터 떨어져 있고 싶다는 생각이 들 때는 감연히 그 마음을 떨쳐버려야 한다. 방패를 내리고 손을 내밀어야 한다.

★ 월 ○일

'뱃속에 구멍이 난 것 같다'라고 누군가가 말을 할 때 우리는 그 말의 뜻을 금방 알아차린다. 살아오는 동안 우리는 자주자주 깊은 공허감을 느끼고 의욕이 상실되는 느낌을 가져보곤 했다. 마치 우리 몸의 한 부분이 사라져 버린 것처럼.

스스로는 그것을 알아차리지 못했지만, 살아오면서 우리가 한 일들은 대부분이 내부의 그 공동(空洞)을 메우는 데에 바쳐진 것이었다. 우리는 돈을 모으고 물질적 재산을 쌓음으로써, 사회적 지위와 명성을 추구함으로써, 우리 자신을 완성시키려 했다. 그런데 '아무래도 무엇인가 허전하다'는 심정을 달래기 위해서 아주 충동적인 행위를 하는 사람들이 더러 있다. 음식을 지나치게 많이 먹거나 술에 빠진다거나 심지어는 마약에 취하는 등의 행위를.

스스로를 무엇인가로 채우려고 애를 쓰면 쓸수록 우리는 더욱더 허전함을 느낀다. 막대한 재산을 모았음에도 불구하고 그전보다 더 큰 좌절감을 느끼고 소외감을 느끼는 사람들을 우리는 흔히 볼 수 있다.

그같은 결핍감은 정신적인 문제에서 기인한다는 것을 우리는 과

거에는 간파하지 못했던 것 같다. 이제 우리는 그 점을 깨달았고, 그 깨달음에로 나아가는 길은 저마다 제각각이겠지만, 우리가 추구하는 것은 물질세계에서는 결코 찾을 수가 없다는 것을 알게 되었다. 우리의 내면을 들여다보면서 정신적인 문제들을 추구하기 시작할 때에야 비로소 우리는 진정한 자기완성을 위한 목적의식을 가질 수가 있다.

오늘의 명상

내면의 공허감은 물질을 추구하는 것으로써는 채워질 수가 없다. 그것은 오직 우리의 정신적 자아를 발견함으로써만 이루어질 수 있는 것이다.

2. 소외에 대하여

★월 ○일

자기회복의 초기단계에서는 아직 소외감이 강하게 남아 있어서 내가 마치 방금 남의 나라에 도착한 것 같은 기분이 드는 때가 있다. 그저 모든 것이 어리벙벙하고 모든 것이 낯설게 느껴질 뿐이다. 자기로서는 도저히 그곳의 언어와 관습과 가치관과 도덕관을 이해할 수 없을 것만 같다.

중요한 것은 내가 이 세계로부터 떨어져 있고, 그것이 어린 시절부터 그런 상태로 이어져 왔었다는 점이다. 너무 오랫동안 내가 나 자신으로부터도 떨어져 있었으므로 나는 현실을 진정으로 이해한 적이 단 한 번도 없었고, 심지어는 나 자신이 누구인지조차도 모르는 채로 살아왔던 것이다. 나는 내가 무엇을 원하는지 무엇을 필요로 하는지를 전혀 몰랐고, 내가 무엇을 좋아하는지 무엇을 싫어하는지도 몰랐으며, 무엇이 옳고 무엇이 그른지, 어떠한 방향을 잡아서 살아나가는 것이 나에게 바람직한지 몰랐었다.

한 일년 이상을 그저 되는 대로 살아오면서 나는 많은 일들을 했고 물건들을 샀고 관계를 맺었으며, 지금에 와서 생각해보면 결코 최선이었다고 볼 수가 없는 많은 선택을 했었다.

　돌이켜 생각하거니와, 자기회복의 초기단계의 몇 달 동안에 내가 감행했던 가장 위대한——또한 그 보상도 가장 컸던——도전은 바로 내가 나 자신에게로 더욱 가까이 다가가서 지금까지 모르고 있었던 진정한 자아를 발견하여 존중하고 배려했다는 점인 것 같다. 그로부터 오래지 않아서 나는 새로운 소속감과 '시민의식'을 갖게 되었으며, 내가 마침내 인생의 올바른 길을 잡아서 올바르게 나아가고 있다는 사실을 깨닫게 되었다.

　내가 나의 진정한 자아로부터 멀리 떨어져 있을 때엔 그 어떤 경우에도 올바른 선택을 할 수가 없는 법이다.

★월 ○일

　결손가정에서 성장한 사람들 중에는 자기 감정을 표현하거나 나름의 의견을 갖는 것을, 남의 웃음을 사거나 벌받을 짓이 되는 것쯤으로 여기는 이가 많다. 그런 사람들은 대개 자기가 믿거나 느끼는 바를 스스로 부인하거나 숨기는 것이 숨을 쉬는 것만큼이나 자연스러운 일이라고 여긴다.

　그리하여 그는 자기에게서조차 소외된 채 성인이 된다. 자기의 바람직한 욕구와 생각, 가치관, 감정이 어떤 것인지를 그는 알지 못한다. 그의 내면 세계는 발견되지 않았고 발굴되지 않았으며, 그리하여 죽음의 세계가 되어 있다. 그는 자기의 본질로부터 멀리 떨어진 채 살아가는 것이다.

　그처럼 숨막히는 상태로부터 벗어나려면 무엇을 어찌해야 하는가? 자기발견이란 것을 최우선의 과제로 삼아야 한다. 오랫동안 억눌려 있었던 감정들을, 신념과 관심을 해방시켜서 밖으로 털어놓음으로써 그는 비로소 자기 자신을 발견해 가기 시작하는 것이다.

　아울러서 그가 날마다 맞닥뜨리는 모든 상황에 대해서 자신이 어떠한 태도로 어떻게 반응하는지를 규명하려는 노력을 기울여야만

한다. 순간 순간의 현실을 냉엄하게 파악하여 감정에 치우침이 없이 거기에 대처하여야 한다. 처음엔 그것이 무척 어려운 일인만큼 억지로라도 정신을 집중하여 나름의 입장을 취하고 나름의 의견을 피력하여야만 한다.

　오래지 않아서 그는 감연히 삶의 대열에 참여하게 될 것이다. 그저 발길 닿는 대로 따라가는 것이 아니라 자신의 의지에 따라서 나아가게 되는 것이다. 그리하여 한때는 형편없이 늘어져 있었던 그의 세계가 약동적인 세계가 되고 의욕을 돋우는 세계가 되는 것이다.

오늘의 명상

　내면의 세계를 탐색하는 일에는 그 끝이란 게 없다. 거기에는 끝없는 시작만이 있을 뿐이다.

★월 ○일

다른 사람들이 삶에서 힘찬 전진을 거듭하는 것을 지켜보면서 어째서 나는 늘상 이 모양인가 하고 한탄을 하는 사람들이 있다. 남들은 행복한 결혼생활을 가꾸어 나가는데, 벌써 세 번째의 이혼을 눈앞에 두고 마음 아파하는 사람들이 있다. 남들은 승진에 승진을 거듭하고 급료가 뛰어오르는데, 그 해에만도 벌써 네 번째로 옮긴 직장에 간신히 매달려 있는 사람들도 있다.

그처럼 힘겨운 삶을 살아갈 수밖에 없는 주된 원인은 대개의 경우, 바로 소외감에 있다. 그는 남들로부터 따로 떨어져 있고 자기 자신으로부터 소외되어 있으며 신으로부터도 멀리 있는 것이다.

그는 그렇게 외따로 떨어져 있으므로 자기가 경험한 것들로부터 아무 것도 배우지 못한다. 그리하여 똑같은 경험을 뒷 수레가 앞 수레의 바퀴자국을 지나가듯이 거듭 되풀이할 뿐 진정한 의미에서의 전진은 조금도 하지 못하는 것이다.

그는 인생을 마치 몽유병 환자처럼 살아왔다. 이따금 벌떡 잠에서 깨어나곤 하지만 자기가 지금 어디에 와 있는지를 전혀 알지 못한다.

    이제 그는 정신적으로 전진하는 것을 최우선의 과제로 삼아야 한다. 그는 주위 사람들과의 관계를 강화하는 데에 전심전력하여야 한다. 그는 모든 경험을 전진을 위한 기회로 삼아야 한다. 세상을 보는 새로운 안목을 기르는 데에 힘을 써야 하고, 그가 나아가는 길에서 만나는 모든 것들로부터 새로운 교훈을 얻는 데에 힘을 기울여야 한다.

오늘의 명상

  우리가 나아가는 길에서 만나는 모든 것들로부터 새로운 무언가를 배움으로써만 우리는 더 멀리로 나아갈 수가 있다.

금주의 다짐

오늘 나는 내가 나 자신과 일체가 되게 하는 데에 나의 온 정신을 집중한다. 다른 사람들과, 그리고 나의 창조주이신 그분과 일체가 됨을 향하여.

오늘 나는 나의 모든 감정들과 생각과 의견들이 나라는 존재를 이루고 있는 소중한 한 부분들이며, 그리하여 당당하게 표현되어야 마땅하다는 것을 깨닫고자 한다. 나는 나 자신에게로, 지속적인 자기 발견이라는 목표를 향하여 더욱 가까이 다가가고자 한다.

하루의 모든 시간에서 나는 잠시도 나 자신을 놓치지 않을 것이고, 내가 나아가는 길에서 만나는 모든 것들로부터 무언가를 배우려고 노력할 것이다. 나는 모든 일에 대하여 내가 어떻게 반응하느냐를 스스로 규명하고 일과 나와의 상호작용까지도 파악함으로써 나의 자기 인식력을 증진하는 데에 힘을 다할 것이다.

오늘 나는 타인과의 유대를 이루는 데에 필요한 모든 노력을 게을리 하지 않을 각오이다. 남들을 알고 남들이 나를 알도록 기회 있을 때마다 나는 먼저 손을 내밀 것이다.

오늘 나는 전지전능하신 그분과 나 사이의 관계를 강화하는 데에 온 힘을 다할 것이다. 물질을 추구하는 것이 아니라 정신적 성숙을 향하여 나아가는 것이 진정한 목적의식과 충만감과 소속감을 경험할 수 있다는 진리를 나는 거듭거듭 확인할 것이다.

오늘의 명상
소외에서 동반에로 나아가는 길은 멀고 험하지만, 결코 내가 다다르지 못할 길은 아니다.

3.
죄의식에 대하여

쇠에 낀 녹이 쇠를 더럽히고 소멸시키고, 갉아먹고 그 안으로 파고 들어 가서는 마침내 쇠의 심장을 먹어치우고 쇠의 본질을 없애 버리듯이, 양심에 묻어있는 죄의식 역시 양심에 대하여 그러한 작용을 한다.

——로버트 사우스

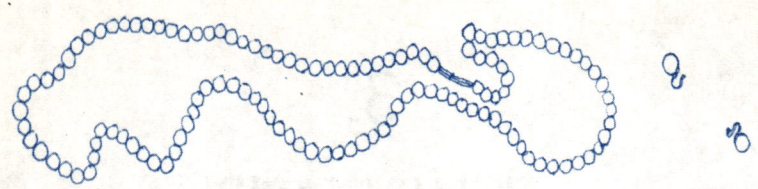

★월 ○일

죄의식은 끈질기다. 그 유래가 무엇이건——다른 사람에 의해서 부과된 것이건 스스로 짐지운 것이건 간에——우리는 오랫동안 쓸데없이 그 무거운 짐을 지고 다닌다. 실제로 죄의식은 우리의 삶에 있어서 가장 파괴적이며 가장 요지부동인 힘으로 작용을 해왔다.

우리가 죄의식에 사로잡혀 있을 때에 어떤 일이 일어나는가? 어떠한 피해를 입는가? 우리는 항시 마음이 짓눌린 듯하고 공허한 것에 익숙해져 있었고, 거기엔 심한 자기모멸감이 아울러 깃들어 있었다. 옳은 일이라곤 한 번도 한 적이 없으며 앞으로도 영영 그러하리라는 기분이 든다.

죄의식을 무슨 짐처럼 지고 다닐 때 우리는 흔히 우리 자신에 대해서 화를 내곤 한다. 그리하여 우리의 마음속에서 점차 사위어 가던 자기혐오증에 다시 불이 당겨진다. 그러한 감정을 느끼는 만큼 우리가 항상 혼란 속에 휘말려 지낸다는 것은 어쩌면 당연한 일인지도 모른다. 언제나 의기소침한 채로 지내고, 우리의 자존심과 자신감은 바닥을 향하여 추락해 갈 뿐이다.

그 무엇보다도 더 나쁜 것은, 죄의식은 우리를 과거에 속박시킨

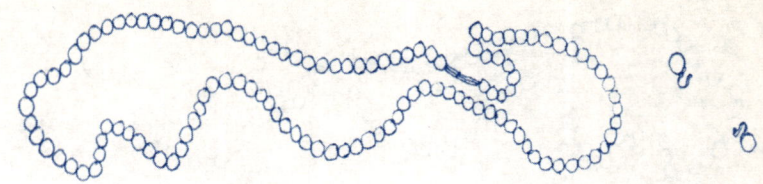

다는 점이다. 세월은 무심히 흘러만 가는데 우리는 그릇된 목소리의 메아리에 시달리고 기억이라는 덫에 걸려 지내는 것이다.

  지금까지 우리는 죄의식에 대해서는 잘 모르고 지내왔다. 우리는 어떻게 하면 그것을 현명하게 다룰 수 있는지 혹은 제거할 수 있는지를 몰랐다. 심지어는 그것의 정체가 무엇인지도 파악하지 못했다. 그러나 오늘 우리는 스스로 그 짐을 벗어버리는 법을 배우고 있다. 과거에서 벗어나 현재 속으로 들어가고 있는 것이다.

죄의식은 좀벌레와 같은 것이다. 우리가 그것을 우리 몸에 더 오래 붙여 두고 있으면 있을수록 그 피해는 더욱 더 커진다.

3. 죄의식에 대하여

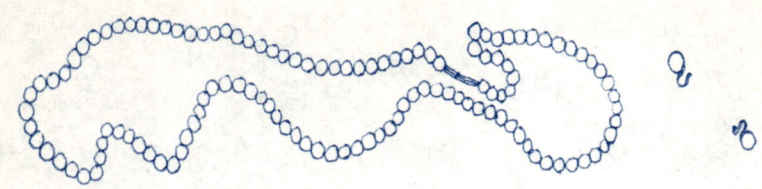

★월 ○일

　어렸을 때에 집안의 불화와 반목이 모두 자기 때문에 빚어졌다고 느끼던 사람들이 우리 중에는 아주 많다. 부모님이 싸우거나 술주정을 하거나 불행해하면 나의 잘못 때문이라고 생각했다. 그분들이 급기야는 이혼을 하고 우리를 저버리면 그 원인이 나의 '잘못'에 있다고 보았었다.
　심지어는 성적인 학대와 육체적인 학대를 당하면서도 그것이 모두 자기 탓이라고 여겼던 사람들도 있다. 자신의 어떠어떠한 행동으로 말미암아 그러한 학대가 초래되었다고 믿었으며, '자초한' 것이라고 믿었었다. 늘상 조롱을 당하고 힐난을 당하면서도 오히려 그것이 당연한 결과라고 믿었었다. 자기는 어리석고 모자라고 쓸모없는 인간이라고 생각한 탓으로.
　어린 시절에 우리의 마음속에 쌓인 죄의식은 세월이 흘러도 없어지지 않는다. 어른이 되어서도 어린 시절에 일어났던 모든 일들이 다 자기 잘못으로 인하여 그리된 것이라고 여긴다. 그같은 그릇된 이해는 우리의 모든 대인관계에 아주 나쁜 영향을 미친다. 특히 부모님과의 관계에 대해서는 돌이킬 수 없는 사태에 이르게도 하는 악

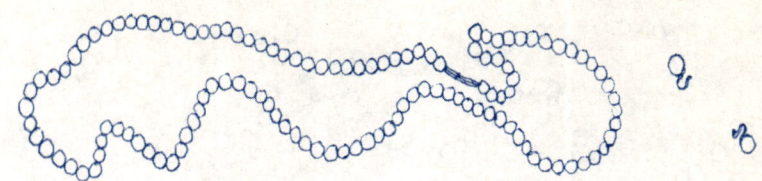

영향을 미친다.

　우리가 짊어지고 있는 죄의식은 근거도 없는 것임을 깨달았을 때, 우리는 과거의 속박으로부터 자신을 해방시킬 수 있는 첫걸음을 내딛은 셈이다. 그리하여 마침내 자기회복의 과정에 들어서게 되고, 환상을 버리고 과거를 냉정히 되돌아봄으로써 수용하고 용서하는 법을 배우게 된다. 죄의식이라는 우리의 짐은 점점 더 가벼워져 간다.

오늘의 명상

나 자신의 과거에 대해서 내가 이따금 느끼는 그 불편한 마음은, 근거도 없이 내 마음속에 자리잡고 아직도 버티고 있는 그 죄의식과 어떤 관계가 있는 것일까?

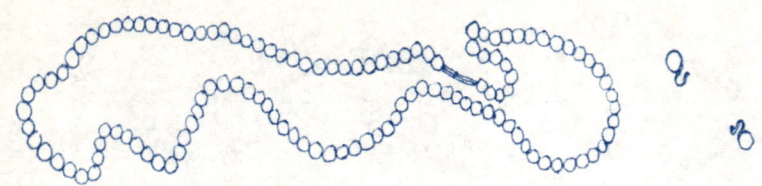

★월 ○일

"지난 주에 사장이 느닷없이 날보고 휴가를 취소하라고 하는 거야." 한 친구가 말했다. "그런데 난 몇 달 전에 예약을 해두었거든. 물론 사장도 그걸 아는데, 막무가내였어. 내가 그렇게는 못하겠다고 대들자 사장은 늘 그랬듯이 또다시 나에게 죄의식을 갖게 하려고 몰아붙이더라구. 그리고 난 결국 그렇게 되고 말았어—— 하지만 이번엔 그 마음이 단 15분밖에 가지 않았어."

우리 중의 많은 사람들이 그렇듯이, 그 친구는 죄의식에 의해 조종당하고 요리되면서 성장했다. 그의 부모님은 당신이 바라는 대로 행동하고, 옷을 입고, 처신하지 않으면 죄책감을 느낄 말들을 쏟아내어 결국에는 그가 인정하지 않을 수 없도록 만들었다.

"한숨을 쉬거나 실망 어린 눈빛으로 날 바라보기만 해도 난 그만 굴복하고 말았던 때도 있었지." 그가 말했다. "우리 어머니는 그런 데엔 아주 이골이 난 분이셨거든."

그의 어린 시절의 상태가 지금까지도 영향을 준다는 것은 어쩌면 당연한 일이라고 해야 할 것이다. 어떠한 상황에도 그가 죄의식을 느끼는 데는 그다지 시간이 걸리지 않는다. 그의 사장처럼 교묘하

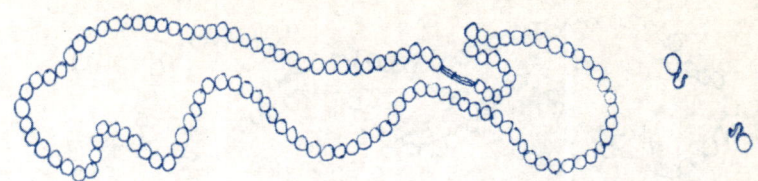

게 '죄의식을 부추기는 자' 앞에서도 담담하게 버티기란 실로 어려운 일일 것이다.

  친구가 다시 말을 이었다. "난 죄의식을 받아들여서는 안 된다는 것을 마침내 깨달았어. 난 내가 선량한 사람이고 피고용인으로서도 아무 문제가 없다는 것을 알고 있지. 요즘 들어서 나는 현실이라는 토대 위에 굳건하게 발을 붙이고 있으므로 곁눈질을 하거나 그저 빈정거리는 정도로는 내 의지를 흔들리게 할 수가 없는 거야."

오늘의 명상

나의 오늘의 모든 생각과 행동은, 죄의식에 의해서가 아니라 무엇이 나에게 옳으며 무엇이 정당한가 하는 깨달음이 그 동기가 될 것이다.

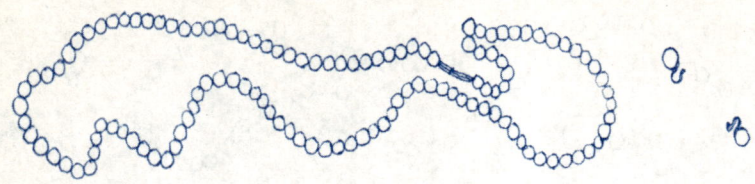

★월 ○일

나 자신에게 죄의식의 짐을 지워야 하는 때가 되면 나는 그것을 그 누구보다도 더 수월하게 해내고 있다. 마치 머리 속에 작은 법정을 넣어가지고 다니는 사람처럼 단 한순간에 스스로 검사가 될 수 있고 판사가 될 수 있고 배심원이 될 수도 있다.

"넌 더 잘 할 수도 있었어." 검사가 나를 힐문하고, 그러면 배심원들이 즉각 나에게 몇 시간 동안 죄의식에 시달리라는 평결을 내린다. "넌 지금보다 더 나은 인간이 되어야 했어." 판사가 소리를 치고, 그러면 배심원들이 자기멸시라는 명목으로 유죄평결을 내린다.

죄목들이 쌓여가고 이윽고 나는 완전히 압도당한다. 스스로 무능하고 쓸모 없는 인간이라는 기분에 빠진다. 그 무엇보다도 나는 죄의식에 사로잡힌다. 그런 지경이 되면 나는 세차게 머리를 흔들면서 현실로 되돌아와야만 한다. 까닭 없이 체포를 당하고, 갖가지 유죄평결이 내려지고, 유례가 드물 정도의 가혹한 처벌이 내려지기에 이르더라도 어느 누구를 원망할 수가 없다는 깨달음에로 되돌아가야 하는 것이다.

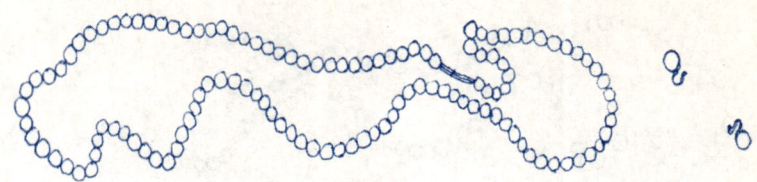

  내가 쓰는 언어들, 특히 내 사고를 이루는 언어들에 각별히 유의를 하면, 나의 머리 속에서 그같은 법정은 쉽사리 소집되지도 않을 것이고, 그같은 평결도 쉽게 내려지지 않으리라는 것을 알고 있다. 나는 머리 속에서 조잘거려지는 온갖 부정적인 언어들——"어찌 어찌할 수도 있었다," "이러저렇게 했어야만 한다," "그런 식으로 하지 말았어야 한다," 라는 등등의 말에 말려들지 않으려고 안간힘을 쓴다. 나는 내 머리 속에서 울려나오는, 스스로를 벌하고자 하는 말들에 대해서 나의 자존심을 일으켜 세워줄, 적극적이고 긍정적인 말들로 대항할 것이다.

  나의 마음이 나에게 경멸적인 언사를 보내올 때, 나는 죄의식을 느끼고 굴복하기보다는 진실을 무기로 삼아 대항을 할 것이다.

3. 죄의식에 대하여

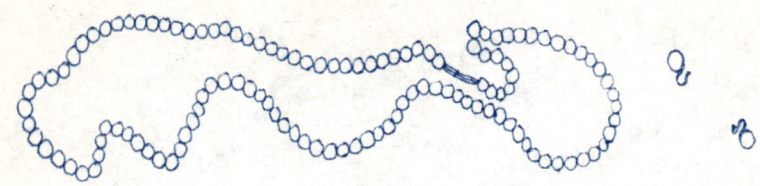

★월 ○일

우리들 중에는 과거에 자기가 저질렀던 일에 대한 죄책감으로 마음이 짓눌려 있는 이들이 아직도 많다. 자신의 행동으로 인하여 남들에게 피해가 갔다면 죄의식을 갖는 것이 잘못일 수도 없고 그릇된 일일 수도 없다. 문제는 그같은 죄의식에 대해서 속수무책인 채로 몇 달이고 몇 년이고 암울한 기분에 젖어 지내는 데에 있다.

나 자신의 경우를 보면, 술을 끊은 뒤에도 한동안 여전히 내가 술을 마시던 동안에 저질렀던 고약한 행동들에 대한 자탄을 그칠 수가 없었다. 그 결과 나는 육체적으로는 어느 정도 회복이 되었지만, 정신적으로는 아직도 회복의 기미를 보이지 못했다. 한때 병들어 있던 상태에서 아직도 벗어나지 못했다는 생각으로 인하여 나의 자존심은 바위 밑에 깔린 형편이나 다름없었다. 따라서 나는 흔들거리는 땅위에 서 있었다고 말하는 편이 적절한 것 같다.

우리의 마음속을 배회하는 죄의식을 털어버리고 과거의 속박으로부터 해방시켜야만 비로소 우리는 자신에게 진실로 도움이 되는 특별한 행동을 취할 수가 있다. 우리가 저지른 잘못들을 글로써 밝히거나 말로써 토로할 수도 있다. 자신에게, 또는 다른 사람들에게,

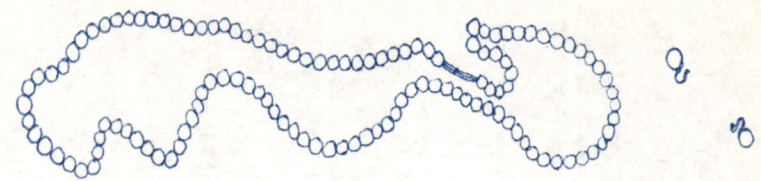

그리고 우리의 신에게. 그러고서도 미흡하다면, 우리는 우리로 인하여 해를 입은 사람들에게 보상이 될 수 있는 일을 할 수도 있을 것이다.

그리고 마지막으로 신에게 용서를 빌고, 나아가서는 스스로를 용서하려는 노력을 기울일 수가 있다.

건설적인 행동을 할 의지를 갖는다면 내 마음속을 맴도는 죄책감으로부터 자유로워질 수 있다.

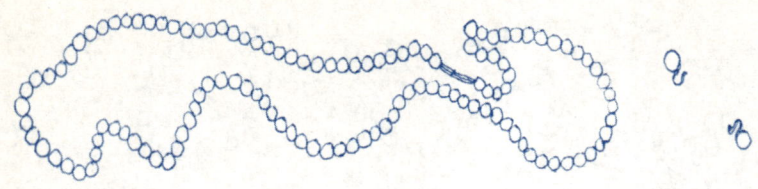

★월 ○일

죄의식이라는 것은 그토록 고통스럽고 파괴적인 것인데도 어찌해서 우리의 생활이 훨씬 나아진 이후에도 그것을 받아들이려 하는가? 혹은 떨쳐버리기를 거부하는가? 그 이유는 죄의식으로부터 무언가 받아낼 것이 아직 남았다고 여기기 때문이란 것을 우리는 경험을 통해서 알고 있다.

그렇다고 해서 우리가 의식적으로 "나는 무언가 보상을 받아낼 것이 있다는 생각에서 죄의식을 버리지 않는다"고 생각하는 것은 아니다. 우리가 무슨 보상을 기대한다는 사실을 우리 자신도 의식하지 못하는 것이다.

가령, 우리의 삶에서 반드시 이루어야 할 변화를 두려워하거나 변화를 추구할 의지가 없을 때에는, 죄의식에 매달려 있는 것만으로도 충분하다. 위험을 무릅쓸 필요가 없고, 어떤 행동을 취할 필요도 없으며, 아무 일도 할 필요가 없기 때문이다.

죄의식이 전해오는 말은 "나는 나쁜 사람이다," 라는 것이므로 죄의식을 느낌으로써 우리는 스스로를 측은히 여길 수가 있다. 남들에게 교묘한 말로써 자기연민의 심정을 표현하면, 그들은 우리를

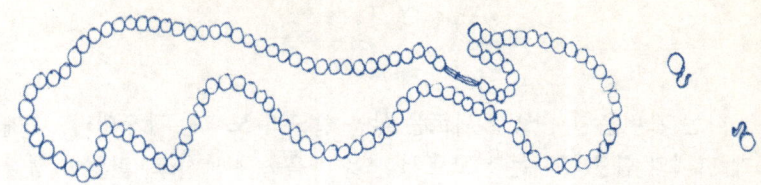

동정하고 위로의 말을 해온다. 우리는 동정과 위로라는 보상을 받는 것이다.

또 다른 보상은 죄의식을 버리지 않음으로써 가끔 남들의 마음을 즐겁게 해주고 그들이 '정당하다' 는 생각을 갖게 해줄 수가 있다는 것이다. 우리가 죄의식을 더 크게 가지면 가질수록 그만큼 더 좋아하는 사람들이 이 세상에는 흔히 있는 법이다.

물론 그런 같잖은 보상들은 하나같이 우리의 자존심을 높이기는 커녕 깎아내리는 데에 기여한다. 지금 우리의 목표는 죄의식을 털어버리고 적극적이고 지속적인 보상이 되는 바를 향해 전심전력 노력하는 것뿐이다.

내가 죄의식에 매달려 있는 한 보상이라는 것은 어디에도 없으며, 다만 무거운 벌이 있을 따름이다.

3. 죄의식에 대하여

금주의 다짐

나는 가벼운 마음으로 새로운 삶을 살도록 노력할 각오이다. 나에게 지혜와 힘을 주시는 분으로서 신을 마음속에 모시고, 편협한 생각과 행동에서 자유로이 벗어날 것이다.

나는 내 마음속을 배회하는 죄의식들이 대개는 근거도 없는 것이며 나의 정신적 삶에 막대한 피해를 입히는 것임을 한시도 잊지 않을 것이다.

내가 죄의식이라는 짐을 벗어 던지면 나의 치료과정은 한층 가속화될 것이다. 억눌린 듯한 마음, 공허한 마음, 자기모멸감 등등, 죄의식의 시녀라고나 할 감정들은 사라지고 그 자리에는 자신감과 평화가 들어앉을 것이다.

오늘 나는 나에게 선하고 옳은 것이 무엇인가를 엄정하게 분별함으로써 모든 결단을 내리고 선택을 할 것이다. 나는 자신이 죄의식에 의해 조종을 당하고 좌지우지되도록 내버려두지는 않을 것이다.

만약 내가 아직도 과거의 행동들로 인한 죄의식에 짓눌려 있다면 나는 응분의 속죄를 함으로써 앞으로 전진할 것이다. 신은 이미 오래 전에 나를 용서하셨고, 이제는 내가 스스로를 용서할 때가 된 것이다.

기도와 명상을 통해서 나는 신으로부터 사랑을 할 줄 아는 힘을 허락 받았음을 확인하고자 한다. 그분은 나를 저주하시지 않는다. 그분은 다만 내가 행복하게, 기쁘게, 그리고 자유롭게 살아나가기만을 바라실 뿐이다.

오늘의명상

나는 가벼운 마음으로 나의 정신적 여행을 계속할 것이다. 죄의식이라는 짐을 지지 않은 채로.

4.
인종(忍從)에 대하여

  그 질문을 나에게 한 사람이 누구인지 나는 모른다. 무엇이 그런 질문을 하게 했는지도 나는 모른다. 언제 주어졌는지도 나는 모른다. 그 질문에 대해 내가 대답을 한 적이 있는지 없는지, 그것도 기억나지 않는다. 다만 나는 이따금 자신도 모르게 그 누군가에게, 그 무엇인가에게, "그렇습니다," 라고 대답을 하곤 할 뿐이다.
  그리고 그 시간 이후부터 나는 이 세상에서 산다는 것이 그 자체로써 충분히 의미있는 일이며, 따라서 비록 자포자기의 상태에 처해 있다 할지라도 나의 인생에는 나름대로의 목표가 있다는 것을 확신하게 되었다.

                              ——대그 하마슐드

★월 ○일

'굴복'이라는 말을 들으면 우리의 마음속에는 곧 어떤 영상들이 떠오른다. 발을 질질 끄는 무거운 걸음으로 손에는 무기도 없이 포로수용소로 끌려가는 병사들의 행렬, 권투시합에서 수건을 집어 던지는 매니저, 백기를 흔드는 사람.

굴복을 한다는 것은 아무리 생각해 보아도 비참한 일이고 전적으로 부정적인 일이 아닐 수 없다. 우리는 그 무슨 일을 당하더라도 끝까지 힘을 다해 맞서야 한다고 어린 시절부터 배워온 터이다. 우리는 포기라는 것을 몹시 혐오한다.

사정이 그러하니 만큼, 굴복이라는 것이 우리의 삶을 거듭나게 하는 데에 없어서는 안될 하나의 정신적 신조가 될 수도 있다는 것을 이해하기란 결코 쉬운 일이 아니며, 그것을 실천에 옮기기란 더더욱 어려운 일이다.

정신적 측면에서 볼 때 굴복은 패배를 시인하는 것일 뿐만이 아니라, 너무도 나약해서 삶에서 그 어떤 변화도 이룰 수가 없다는 것을 인정하는 셈이 된다는 데 더 큰 문제가 있다. 그것은 우리 자신의 의지의 힘만으로는 성격적 결함이나 강박관념이나 중독증세나

자기속박 같은 것들을 극복하지 못한다는 것을 확인하는 행위이다.
　굴복은 또한 우리가 우리보다 훨씬 더 강력한 힘을 가진 존재로부터 도움을 받아야 한다는 점을 인정하는 행위라는 걸 우리는 잘 알고 있다. 그같은 점을 염두에 두고서 나날의 생활에 임한다면, 굴복이라는 것이 전혀 다른 의미로도 비쳐질 수 있을 것이다. 그것은 패배이기 이전에 승리를 위한 계기가 될 수도 있다.

오늘의 명상

　굴복을 함으로써 나는 신을 나의 삶 속에 모시고, 그가 나의 삶을 바꾸시게 한다.

★월 ○일

  그저 손목시계를 들여다보면서 지금이 바로 굴복을 할 때라고 마음 먹는다고 해서 일이 다 되는 것은 아니다. 우리는 먼저 우리 자신을 바닥까지 드러내야 한다. 육체적으로 감정적으로, 혹은 정신적으로. 우리를 그러한 시점에까지 이르게 한 사정은 지극히 개인적인 문제들일 것이다. 사람마다 다를 것이고 처지에 따라서 다를 것이다.

  중독증세의 경우, 그 '바닥'이라는 것은 그저 단순한 무기력증으로부터 자살충동에 이르기까지 다양한 양상이 있을 수 있다. 파괴적인 대인관계로 말미암아 모든 난관이 빚어지는 경우에는 격렬한 대결이 벌어지고 그야말로 상황이 그 바닥이 될 수도 있다.

  '머리 속이 환해지는' 깨달음의 순간이 있었노라고 말하는 사람들이 있다. 자기의 어떤 특정한 태도나 행동양식이 매우 파괴적인 성질을 지니고 있다는 사실을 그 한순간에 퍼뜩 깨달았노라고 그들은 말한다. 개개인의 경험은 각양각색이겠지만, 자기를 바닥까지 드러내고 굴복을 하려면, 우선 이 세상의 그 어느 누구도 같은 강물에 두 번 발을 담글 수 없다는 사실을 가슴깊이 받아들여야 한다. 그

럼으로써 그는 외부로부터의 도움을 구할 자세를 갖추게 되는 것이다.

  그러한 견지에서 볼 때 정신적인 굴복은 어떤 것의 끝이라기보다는 오히려 그 시작이라고 보는 편이 훨씬 더 타당할 수도 있다. 그것은 우리에게 커다란 안도감을 가져다주고, 한편으로는 삶의 변화를 꾀할 무대를 우리 앞에 마련해 주는 것이다. 그리하여 우리는 우리의 힘으로써 이룰 수 있는 바를 이루기 위한 행동에 나설 수가 있고 그 나머지는 신에게로 돌릴 수가 있게 되는 것이다.

오늘의 명상

나는 나를 싣고 달리는 이 기차에서 언제라도 내릴 수가 있다.
내게는 굴복을 하지 않고 철로의 끝까지 가야 할 필요가 없는 것이다.

4. 인종(忍從)에 대하여

★월 ○일

 살아오는 동안 나의 기억 속에 또렷하게 아로새겨진 날이 두 번 있다. 둘 다 내가 매우 결정적인 굴복을 했던 날이었다. 두 번 다 나는 나에게 일어나고 있는 일이 무엇인지를 완전히 깨닫지 못했었다. 하지만 그날 이후로는 예전과 똑같은 양상으로 되어나간 일은 한 가지도 없었다.
 첫 번째 굴복은 나의 음주벽에 관한 것이었다. 그 날 나는 내가 술병에게 완벽하게 패배를 당했다는 사실을 마음속 깊이 받아들였다. 그리고 나는 도움을 구했다. 만약 내가 나의 삶을 구원해 주고 나의 자기회복에 박차를 가해 주었던 그 첫 번째의 굴복을 하지 않았더라면 두 번째의 굴복은 영영 있지도 않았을 것이다.
 술을 끊은 지 5년이 지난 후에도 나는 나의 일그러진 성장배경으로부터 비롯된, 생활상의 심각한 문제점들을 안고 지냈었다. 돌이켜 보건대, 나는 술을 끊었던 바로 그날부터 나와 부모님 사이의 적대적인 관계를 '고쳐 보려고' 안간힘을 썼었다. 그러다 보면 과거에 내가 받았던 정신적인 상처가 어떤 식으로든 치유되지 않겠는가 하는 희망을 갖고서.

　그같은 나의 안간힘은 결국 아무런 소용도 없다는 사실을 문득 깨달았던 날에 나의 두 번째의 굴복이 있었다. 나의 힘으로는 부모님을 도저히 어떻게 해볼 도리가 없으며, 나와 그분들 사이에 있었던 일들에 대해서도 나는 역시 속수무책일 수밖에 없다는 깨달음이었다. 그 날 나는 패배를 인정하고 내가 당해왔던 정신적인 상처들은 너무도 깊은 것이어서 나 자신의 힘만으로는 도저히 치유할 수가 없다는 사실을 솔직하게 받아들였다.
　그리고 다시 한 번 나는 도움을 구했던 것이다.

　마침내 내가 인종의 자세를 취했을 때, 내가 손을 뻗기만 하면 도움의 손길이 항상 그 손을 잡아준다는 사실에 나는 감사를 드린다.

4. 인종(忍從)에 대하여

★월 ○일

 우리가 마침내 포기를 하고 인생은 내 뜻대로 될 수 없다는 것을 인정하면, 그로부터 머지 않아서 많은 문제들이 더 나은 쪽으로 바뀌어 갈 것이다. 우리는 더 이상 혼자가 아니고, 또한 더 나은 쪽으로 발전하는 것이 실제로 가능하다는 것을 깨닫게 된다.
 우리가 알고 있었던 많은 문제들에 대해서, 우리는 그것들을 우리 자신의 힘만으로 충분히 처리할 수 있다고 생각했었다. 그러나 인간으로써의 한계에 기꺼이 굴복하고 극심한 정신적 궁지에서 흔쾌히 벗어나는 길을 택하면, 그같은 생각은 더 이상 아무짝에도 쓸모가 없다는 것을 깨닫게 된다.
 우리는 더 이상 나빠지고 말고 할 것도 없었다. 우리는 결정적인 문제들에 대해서뿐만 아니라 아주 사소한 문제들에 대해서도 역시 무기력했다는 사실을 깨달았다. 그 이후부터 굴복이라고 하는 정신적 원리는 우리의 인생에 있어서 자주 사용되는 가장 귀중한 도구가 되었다. 사실 자기회복이라는 것은 계속해서 굴복을 해나가는 과정에 다름 아니었던 때도 더러는 있었다.
 예컨대 우리에겐 신의 의지 앞에서 자신의 의지를 꺾는 것이 그

무엇보다도 중요하다는 사실을 깨닫는 순간이 자주 있다. 우리는 성격적 결함과 파괴적인 대인관계와 질병과 강박관념과 실망감 등등에게 굴복을 한다. 그러한 감정들을 이기려고 아무리 애를 써봐도 결국엔 아무런 소용도 없다.

그리고 이따금, 우리의 무기력함을 솔직히 인정하고, 앞을 향하여 전진해 나가기 위해서 우리는 그와 같은 굴복을 거듭 되풀이한다.

오늘의 명상

나는 나의 삶 자체를 위협하는 문제, 혹은 나에게 아주 중요한 문제가 아닌 사소한 문제들에 대해서도 때로는 굴복을 해야만 진정한 승리를 거둘 수 있다.

4. 인종(忍從)에 대하여

★월 ○일

"오늘 같은 날에도 내가 웃을 수 있는 걸로 봐서 내가 정말 변했다는 사실을 확인할 수 있었지." 친구가 나에게 자랑스럽다는 듯이 말했다. "누군가가 수술계획을 무리하게 잡았더라구. 수술실 간호사들 중 하나는 몸이 아프다고 빠지지를 않았나, 게다가 수술장비까지도 말썽을 부리더라고."

그 친구는 얼마 전만 하더라도 그런 경우를 당하면 견딜 수가 없어 펄쩍펄쩍 뛰었다는 것이다. 그녀는 자기가 몹시 화를 냈고 오랫동안 그 화가 풀리지 않았었노라고 했다. 그래서 엄청난 스트레스를 받았고, 모든 일이 제대로 되어가게 하는 것이 전적으로 자기의 의무라는 생각을 하곤 했었다고 말했다. 그런데 이제 그녀는 현재의 상황을 차분히 지켜보면서, 자기 앞에 닥친 문제가 무엇인지를 곰곰이 따져본다고 했다. 그녀는 불평을 하지 않을 것이며, 자기로서는 어찌할 수 없는 일에 대해서는 신경을 쓰지 않기로 단단히 마음먹었다고 했다.

"그러니까 난 내가 그다지 대단한 존재가 아니라는 사실을 마침내 받아들이기 시작한 거지." 그녀가 말했다. "오늘은 바로 그런

경우였어. 난 그 무슨 일이든, 그 누구에 대해서든, 버티고 겨루겠다는 생각을 단념했지. 수술계획에 대해서도, 수술장비에 대해서도, 그리고 다른 간호원들에 대해서도 내가 무얼 어떻게 할 수 없다는 생각을 했던 거야. 그렇게 생각하자 갑자기 마음이 편안해지더라고."

오늘의 명상

나의 힘으로는 어찌해볼 도리가 없는 일에 대해서 버티고 겨루려는 생각을 버리면 나는 내적인 평온을 맛볼 수 있다.

4. 인종(忍從)에 대하여

★월 ○일

나는 굴복이라고 하는 것에 대해서 조금은 알고 있다. 많은 경우에서, 그리고 온갖 종류의 상황에서, 그것이 아주 적극적인 힘을 발휘하는 것을 나는 목격했고 경험했다. 내가 아는 한, 진정한 내적 변화를 불러오기 위해서는 우선 몇 가지 유형의 굴복을 하지 않으면 안 된다.

그렇다고 해서 내가 강박관념에 시달릴 때마다, 건강상의 혹은 대인관계상의 문제에 봉착했을 때마다, 혹은 성격적 결함들이 다시 고개를 들려고 할 때마다, 그같은 정신적인 도구를 주저 없이 사용하는 것은 아니다.

안타깝게도 나에게는 일이 언제나 그렇게만 되어주질 않는다. 결국엔 굴복을 함으로써 일을 마무리짓고 마는 경우에도, 나는 처음엔 좀처럼 그런 것을 생각조차 하지 않았었다. 나는 자주 내가 처한 상황에서 벗어나야겠다는 생각을 하고, 벗어나려고 발버둥을 침으로써, 결국엔 나 자신을 궁지로 몰아넣곤 했었다. 그 과정에서 흔히 나는 나 자신과 주위에 있는 많은 사람들을 비참하게 만들었던 것이다.

  내가 마지막 순간까지도 굴복을 하지 않으려고 안간힘을 썼던 이유가 무엇인지는 나로서도 정확히 알 수가 없다. 아마 끈질긴 자존심과 자기의지, 혹은 단순한 옹고집에서 그같은 반항심이 비롯되었는지도 모른다.
  그러나 솔직히 말하건대, 그런 식으로 해서는 결코 이겨낼 수가 없었다. 다행히, 시간이 흐르면서 나는 매사에 지나친 의지력을 과시하려 들지 않았고, 고통과 좌절을 견뎌내야 한다는 생각도 차츰 줄어들고 있다.

오늘의 명상

나는 아직도 나의 의지력을 나의 최후의 방편으로 삼고 있는가?

4. 인종(忍從)에 대하여

금주의 다짐

굴복을 통해 힘을 얻는다고 하는 역설은 나의 삶에 커다란 위안을 주었다. 신의 의지 앞에서 나 자신의 의지를 버릴 때, 나는 나의 최선을 다하는 셈이다. 박력 있게 일을 추진해야 한다는 생각이 팽배해 있는 이 세상에서 그같은 말은 일견 터무니없는 것으로 들릴지도 모르지만, 나는 완전한 무기력 속에서 오히려 기쁨을 느낀다.

무기력에게 삶을 맡긴다는 원리는 좀처럼 이해하기 어렵다. 그러나 삶의 변화를 꾀하고, 진정한 성장을 하기 위해서는 그것이 매우 중요한 요인이 된다는 사실이 실생활을 통하여 자주 입증되었다. 굴복을 하고 나의 무기력함을 인정함으로써 비로소 신의 힘이 나의 삶 속에 들어와 나의 삶을 바꾸게 할 수 있는 것이다.

나는 어느 순간에라도 굴복할 수가 있다. 쓰라린 최후의 순간까지 기다릴 필요는 어디에도 없다. 나는 어디서든 굴복할 수 있다. 굴복에 무슨 특별한 장소가 필요한 것이 아니다. 나는 어떤 일에 대해서도 굴복할 수가 있다. 날카로운 연장을 사용하기 위하여 비참한 사건들이 닥쳐올 때까지 기다릴 필요도 없다. 사람들과 장소들과 사건들에 대해서 내가 무기력하다는 사실을 인정할 때, 나는 불필요한 책임감에서 벗어날 수가 있다. 그럴 때면 나는 거의 한순간에 말로는 이루 형용할 수 없는 안도감을 경험하게 된다.

스스로 패배를 인정하는 것은 나의 종말이 아니다. 오히려 그것은 시작이다. 나는 나의 능력이 허락하는 범위 내에서 행동하겠다는 동기를 부여받게 되고, 신의 것은 신에게로 돌리는 지혜를 갖게 되는 것이다.

오늘의명상
무기력 속에도 기쁨은 있다.

5.
두려움에 대하여

두려움이 구름처럼 몰려오네.
풀잎들이 서걱이는 소리가 나를 두렵게 하고
머리 위를 지나가며 그림자를 드리우는 구름,
거기에 나를 떨게 하는 힘이 들어있네
세상의 사물들이 궁금해서 질문을 해보지만
내 마음에 대답을 해주는 것은 아무 것도 없네
온 세상이 낯설게만 여겨지네

──윌리엄 워즈워드

★월 ○일

 우리 중 많은 사람들의 인생에서 두려움은 영원한 동반자로 존재해 왔다. 그것은 우리를 지배했고 거의 우리를 파멸시켰다. 두려움으로 인하여 고통을 느끼고 경악하고 정신이 마비되지 않은 채로 지나간 시간은 단 한 시간도 없었던 것 같다.
 우리가 살아가는 이 세상은 험악한 곳이었고, 때로는 무시무시한 곳이었다. 우리는 혼자가 되는 것을 두려워했고, 혹은 다른 사람들과 어울리는 것을 두려워했다. 우리는 부모님과 선생님들을, 모든 종류의 권위를 두려워했다. 책임감과 의무감을 두려워했고, 거절당하는 것과 무기력해지는 것과 자신의 실상이 드러나는 것을 두려워했다.
 전화를 받고 걸거나 새로운 어떤 사람을 만나는 등의 아주 구체적인 일들을 두려워하는 이외에도 우리는 현실 속에 있지도 않은 것들을, 말로는 도저히 표현할 수가 없는 어떤 것들을 두려워했다.
 다행히도, 우리는 그런 식으로 살아가는 것에 대해 염증을 느끼고 혐오를 느끼게 되었다. 우리는 더 이상 두려움에 지배받기를 거부했고, 그것에 맞서고 극복할 행동을 취하기 시작했다. 다른 사람

 들과 마음을 터놓고 이야기를 나눔으로써, 우리는 자기를 확인하고 그들의 도움을 얻고 문제의 해결을 향하여 나아가게 되었다.
 조금씩 조금씩 우리는 두려움을 딛고 일어서는 법을 배워갔다. 고통이 닥쳐올까봐 몸을 움츠리는 것이 아니라, 신을 굳게 믿고 우리의 삶을 개조하여 스스로 자유로워지고자 하는 욕망에서 생겨난 용기와 더불어서.

오늘의 명상

마음의 문을 열고 신념에 찬 행동을 함으로써 나는 두려움의 지배로부터 벗어날 수 있다.

5. 두려움에 대하여

★월 ○일

어렸을 적에 삶의 밑바닥이 자주자주 흔들렸던 사람이라면 성인이 되어서도 근거 없는 두려움에 시달림을 받는다. 우리가 가진 것을 잃지 않을까, 혹은 우리가 바라는 것을 갖지 못하게 되는 건 아닐까 해서 언제나 두려워해 왔다.

오래 전에 이미 우리는 이처럼 우리의 마음속에 깊이 자리잡은 이 마음의 병이 성마름, 질투심, 시기심, 탐욕, 편협, 너그럽지 못함, 친절하지 못함 등, 많은 성격적 결함을 초래할 수 있다는 것을 익히 알고 있었다.

버림받을지도 모른다는 두려움에 떨며 살아온 사람들은 남자친구나 여자친구 혹은 배우자에 대해서 강한 질투심이나 소유욕을 갖게 되기가 쉽다. 일이 제시간에 맞게 마무리되지 못할 것이라는 지레 짐작으로 항상 열심히 일하는 부하직원을 들볶아대는 사람들도 있다.

비슷한 이야기지만, 동료가 승진을 하면 그 시기심이 너무 커서 마음의 고통을 받는 이들도 더러 있다. 그것은 자기의 능력은 언제까지고 인정받지 못하리라는 두려움 때문이다. 또는 새로운 아이디

  어에 대해서 편협한 생각을 갖는 이들도 있다. 그것 역시 자기가 이미 가진 어떤 것을 잃을지도 모른다는, 혹은 자신이 원하는 것을 영원히 갖지 못하게 되리라는 두려움 때문이다.

  만약 우리가 성격상의 결함이라는 문제를 안고 있다면, 가장 먼저 해야 할 일은 우리의 마음속에 숨어 있는 두려움의 정체를 밝혀내야 한다. 대개는 위장된 모습을 취하고 있는 그 감정을 과감히 밝히고 척결함으로써 우리는 스스로를 파멸시킬지도 모르는 행동들을 피하고, 진정으로 우리에게 문제가 되고 있는 바에 온 정신을 집중시킬 수가 있게 된다.

나는 고작 자격지심에 지나지 않는 두려움을 떨쳐버리지 못하여, 그것을 내가 '받아들여야 할' 감정이라고 위장하고 있지는 않은가?

5. 두려움에 대하여

★ 월 ○일

"난 사람들을 너무 두려워한다는 것이 정말 고민거리였어." 어느날 저녁에 한 친구가 내게 말했다. "그런데 그 두려움을 치유하는 나름의 방식이 나를 더욱 심각한 고민에 빠뜨렸지. 혹시 거부를 당하면 어쩌나 하는 생각에 새로운 사람을 알려는 노력을 거의 하지 않았던 거야."

"그래, 그 심정은 나도 알만해." 내가 말했다. "내가 가장 두려워한 것은 스스로 왜소하다는 느낌이 든다는 것이었지. 그래서 나는 그 마음을 보상하려고 일부러 교만을 부리고 남들보다 한 수 위라는 듯이 굴었어."

"사람을 대한다는 것은 나에겐 정말 큰 문제였어. 그러나 그 무엇보다도 내가 두려워한 것은 사람들이 나에게 가까이 다가오는 것이었어. 그래서 나는 그들이 나를 향해 다가오기 전에 모든 관계들을 허물어 버리곤 했었지."

"정말 안타까운 일이었어." 친구가 말했다. "다른 사람들은 내가 그들을 두려워한다는 것을 알고 있을지도 모른다는 생각이 내겐 최악의 두려움이었어."

　우리는 동시에 웃음을 터뜨렸다. 이윽고 내가 말했다. "그런데 우리는 어떻게 그런 상황에서 벗어나서 지금처럼 될 수 있었던 걸까?"

　"나는 자존심을 키우려고 정말 애를 많이 썼었어." 그녀가 진지한 목소리로 말했다. "난 이를 악물고 나를 다잡아 세웠던 거야. 그러니까 난 다른 사람들이 나를 어떻게 생각하느냐 하는 데에는 상관하지 않고 내가 나 자신을 어떻게 생각하느냐 하는 데에만 정신을 모았던 거지."

오늘의 명상

　나는 다른 사람들에 대한 두려움이 나의 참모습을 갉아먹게 하지는 않을 것이다.

5. 두려움에 대하여

★월 ○일

"두려움을 버리고 믿음을 갖는다."라는 말을 처음 들었을 때, 나는 그런 말을 지어낸 사람은 나처럼 진정으로 심각한 문제를 겪어 보지 않은 사람일 거라고 생각했다. 그런 말은 마치 자동차의 뒷범퍼에 붙은 스티커에나 어울림직한 진부한 말로 들렸던 것이다.

그런데 그로부터 머지 않아서 나는 교통사고로 응급치료를 받아야 하는 경우를 당했다. 바로 그 때 언제나 나의 마음을 짓누르고 있던 그 두려움과 함께 한때는 더없이 시시한 소리로만 들렸던 그 충고의 말이 머리 속에 떠오르는 것이었다. 나는 낙심을 억누르고 신의 도움을 구했다. 그러자 놀랍게도 두려움이 극적으로 줄어드는 것이었다.

그제서야 비로소 나는 그 말을 한 사람이 나의 삶에서의 모든 두려움을 떨쳐버리는 데에 아주 실용적이고 지극히 효과적인 도구를 나에게 주었다는 사실을 깨달았다. 그리고 뒤이은 여러 차례의 경험들을 통해서, 두려움을 느낄 때마다 나는 외톨이가 아니라는 사실을—— 신이 항상 나의 곁에 계시면서 나를 지켜 주시고 돌봐 주신다는 사실을 거듭 다짐함으로써 용기와 힘을 얻을 수 있었다.

    내가 두려움을 가지고 있을 때, 그 두려움이 사소한 것이건 커다란 것이건 혹은 터무니없는 것이건 간에 신께서 관심을 가지고 나를 돌보아 주신다는 사실을 나는 이제 잘 알고 있다. 두려움을 느끼고 불안에 떨 때마다 나의 마음은 그에게로 향하고, 나의 믿음은 굳어져 간다.

오늘의 명상

    나는 두려움을 떨쳐 버리고 신께서 항상 나의 곁에 계신다는 믿음을 가질 것이다. 어떠한 처지와 상황에서도 그분이 길을 인도해 주시고 힘을 주신다고 믿을 것이다.

★월 ○일

　최악의 사태를 상상하여 두려워하는 것——우리는 너무도 오랫동안 그런 식으로 살아왔기에 우리가 그러한 두려움을 갖고 있다는 사실조차 의식하지 못한다. 지금 자기의 눈앞에서 벌어지고 있는 일에 정신을 집중하는 것이 아니라 일어날 수도 있는 일, 혹은 일어날지도 모르는 일을 심각하게 생각하면서 두려움에 떤다. 흔히 우리는 장차 어떠어떠한 재앙들이 닥쳐오리라는 것을 예견하고 그런 식으로 대화를 한다. "그 사람들이 날 싫어할 거야……." "이 일은 곧 엉망이 되고 말 거야……." "내 병은 어쩌면 암인지도 몰라……."

　만약 결손가정에서 자라난 사람이라면 그는 아직도 유년시절의 그같은 의식의 틀 속에 갇혀 있을지도 모른다. 그러한 사람은 어떠한 것도 흔쾌히 믿으려 들지를 않고, 또 자신이 인생에서 기대하는 바가 무엇인지도 알지 못하는 경우가 있다.

　우리의 삶을 따라 다니는 그 망령을 어떻게 떨쳐버릴 것인가? 제멋대로 날뛰는 우리의 상상력을 어떻게 제지할 것인가?

　우선 우리는 유령 같은 두려움이 우리의 마음을 어지럽히려 들 때

마다 자신을 현실 속에 붙들어 두려고 모진 애를 써야만 한다. 우리는 친구들과 이야기를 나누듯이 우리 자신에게 말을 건넬 수가 있다. 오직 실제의 사실들만을 갖고서 논리정연하고 적극적인 방법으로. 무엇보다도 중요한 것은, 우리는 우리에게 무슨 일이 일어나건 신은 언제나 우리를 지켜주실 수 있고, 또 지켜주려 하신다는 근본적인 진리를 거듭 확인하는 것이다.

오늘의 명상

두려움이 나의 마음속에 먹구름을 드리우려 할 때, 나는 허황된 생각보다는 현실 속의 사실들에만 온 정신을 집중할 것이다.

5. 두려움에 대하여

★월 ○일

요즘에 들어서 우리는 매사를 정당한 이유를 갖고서——자기 존중심과 사랑의 마음으로 처리한다. 그러나 일이 언제나 그렇게만 되어 주지는 않는다. 여러 해 동안 우리의 행동 동기가 되었던 것은 두려움이었다. 두려움은 우리의 힘과 행동의 중요한 원천이었다.

자존심이 바닥을 헤매었기 때문에 우리는 수세에 몰린 채로 살아왔다. 우리는 중요한 선택들을 수없이 해왔거니와, 그것은 불안과 죄책감과 자괴의 감정을 떨쳐버리기 위해서였을 뿐, 진정한 기쁨과 자기만족을 얻기 위한 것은 아니었다.

예컨대 우리는 사랑을 주고받으려는 진정한 욕구에 의해서가 아니라 외톨이가 되는 것이 두렵다는 생각에서 관계를 맺어왔다. 우리는 각자의 일에 최선을 다해왔지만, 그것은 개인적인 만족감을 얻고 관록을 증진시키려는 뜻에서가 아니라 단지 경제적인 불안감에서 벗어나기 위해서였을 뿐이었다.

또 우리는 각자의 직무를 소중히 여겨왔으나, 그것 역시 자긍심을 지키기 위해서가 아니라 그것을 소홀히 했을 경우에 벌어질 사태를 두려워했기 때문이었다.

　실추된 자존심으로 인하여 우리가 언제나 두려움 속에서 행동을 하면 우리는 물론 자신에 대해서 더욱 나쁜 감정을 갖게 되고 만다. 그러나 반면에 우리의 행동 동기가 선하고 옳을 경우에 우리는 자기 존중심과 자신감과 진정한 만족을 얻을 수가 있다.

오늘의 명상

오늘 나는 삶의 불안을 떨쳐버리려는 욕구가 아닌 삶의 진정한 기쁨을 누리려는 욕망으로부터 동기를 부여받아 모든 선택과 행동을 할 것이다.

금주의 다짐

이제 나는 두려움으로부터의 해방을 경험하기 시작했으므로 어둡고 좁았던 나의 세계가 넓어졌다. 나의 앞에는 고무적이고 자극적인 기회로 가득 차 있다는 생각에 가슴이 설레인다.

오늘 나는 자유와 성취감을 갈구한다는 동기에서 모든 것을 생각하고 행동할 뿐, 두려움에 의해서는 어떠한 영향도 받지 않는다. 나는 나의 마음속에 감추어져 있으면서 흔히 나의 성격적 결함을 부추기는 두려움들을 단호히 물리침으로써 조급해하고 노여워하고 시기심을 느끼는 등의 해로운 행동에서 벗어날 수 있다.

내가 용기와 신념을 갖고서 두려움을 딛고 앞으로 나아갈 때 두려움은 점차 그 힘을 잃어갈 것이다. 그 점을 분명히 깨닫고 영원한 자유를 찾아 나서면 나는 모든 두려움들과 감연히 맞서고 그것들을 물리칠 수 있을 것이다. 내 목을 조르고 있던 두려움의 손아귀에 힘이 빠지면, 나는 다른 사람들에게 내 마음속의 깊은 이야기를 털어놓을 수 있을 것이다. 그리하여 나는 우리들이 공통적으로 안고 있는 문제점들을 더 자세히 꿰뚫어볼 수 있을 것이고 그 해결방안까지도 찾아낼 수 있을 것이다.

새로운 두려움이 생겨나거나 옛 두려움들이 다시 고개를 치켜들 때는 나는 하느님에게로 내 마음을 돌림으로써 믿음과 용기를 얻을 수 있을 것이다. 나의 두려움이 그 어떤 모습을 하고 나타나든 간에, 그것이 제아무리 압도적인 것이건 혹은 그 정체가 모호한 것이건 간에 그분은 언제나 나를 위하여 거기에 계실 것이다.

오늘의명상
신념은 두려움이라는 족쇄를 푸는 열쇠이다.

6.
탐닉에 대하여

　고통을 겪는다는 것, 그것 자체만으로도 무언가를 배울 수 있다고 하는 말을 나는 믿지 않는다. 만약에 고통 그 자체가 우리에게 무언가를 가르친다고 하면 이 세상에 어리석은 사람은 하나도 없을 것이다. 고통을 당하지 않고 사는 사람은 아무도 없기 때문이다.
　슬픔을 느끼고, 이해력을 키우고, 참을성을 기르고, 사랑하는 법을 배우고, 열린 마음을 가지려고 애쓰고, 모든 것을 받아들이려는 의지를 버리지 않을 때에 비로소 우리는 고통을 통해서 무언가를 배울 수 있다.

——앤 모로우 린드버그

★월 ○일

자라오는 동안 우리는 이 세상에 태어났다는 것을 야속하게 생각하고 차라리 태어나지 않았으면 좋았을 것이라고 생각하는 때가 더러 있다. 우리 중의 많은 이들에게 가정생활이란 것은 폭행과 깨어진 약속들과 눈에 보이지 않는 폭력 등, 악몽의 연속이었다. 외로움이 그 무엇보다도 더 견디기 어려운 고통이었던 이들도 있다. 아무도 곁에 있어주질 않았고 아무도 우리를 돌봐주지 않았다.

이윽고 우리는 탈출구를 찾았다. 그리하여 우리가 안고 있는 문제들이 신비하게도 해결되었다. 일찍이 십대 초반에 그것을 찾은 이들도 있을 것이다. 더러는 청소년기나 성년이 된 뒤에 그것을 찾은 이들도 있을 것이다.

어느 경우이건, 그것을 찾음으로써 우리는 자신이 복되게 살고 있다는 생각을 처음으로 맛보았다. 우리는 마침내 어딘가에 소속되어 있다는 느낌을 갖게 되었다. 그럼으로써 마음이 편안해질 수 있었고, 자신이 나름대로 중요한 인간이라는 생각을 가질 수 있게 되었다. 고통이 사라지고 지나친 불안감에서 벗어날 수 있었다. 우리는 우리가 탐닉할 대상을 찾은 것이다.

　우리는 고통에서 탈출하여 술과 마약과 음식에서 위안을 찾았다. 우리는 각자 자신의 정체를 스스로 규정했고, 섹스를 통해서 그리고 이러저러한 사람들과 온갖 관계를 맺어가면서 사랑을 배웠다. 우리는 강해졌고 힘으로 다른 사람들을 억누름으로써 존경을 받았다. 그리고 우리는 언제까지고 그런 식으로 살아갈 수 있으리라고 생각했다.

오늘의 명상

　평온한 마음을 유지하고 소속감을 지닌 채로 살아가게 하는 힘은 내가 탐닉하는 물질이나 행동에서가 아니라 나의 내부에서 비롯된다는 사실에 깊이 감사를 드린다.

★월 ○일

고통과 불행에서 벗어나기 위해 우리는 마약과 술과 음식에 빠지고 충동적인 행동을 하곤 한다. 그것은 한동안 효과가 있었고, 어떤 경우에는 오래도록 그 효과가 지속된 적도 있었다. 그러나 그럼으로써 우리는 탐닉을 향해 돌진하는, 눈에 보이지 않는 선을 넘고 말았다. 한때는 해결방안인 듯싶었던 그것이 이제는 더 큰 문제로 바뀌어 버린 것이다.

그리하여, 벗어나려고 갖은 애를 썼던 그 상태보다도 더 나쁜, 악몽과도 같은 상태에 빠지고 마는 이들이 많다는 것은 실로 심각한 아이러니가 아닐 수 없다. 우리는 자신뿐만이 아니라 우리 주위에 있는 사람들마저도 비참하게 만들고 고통스럽게 만들었다. 우리는 건강을 잃었고, 가치관과 도덕관에서 타협을 보았으며, 수치심과 죄책감이라는 무거운 짐을 짊어졌다.

마침내 우리가 바닥까지 추락하고 항복의 수건을 던질 때, 그제서야 우리는 자신이 탐닉자이며 알콜 중독자이며 병적으로 음식을 탐하는 자라는 사실을 인정하게 되는데, 그나마한 것이 우리에겐 실로 축복이라 아니할 수 없을 것이다. 주위를 둘러보면 우리는 결

코 외톨이가 아니다. 우리에겐 도움을 구하러 갈 곳이 있고, 문제들을 해결해 주고 우리를 자기회복의 길로 나아가게 해줄 지침을 언제라도 찾을 수 있다. 이 얼마나 다행스러운 일인가!

오늘의 명상

> 나는 이미 오래 전에 모든 탐닉을 버렸다. 그 사실을 의심하게 할 모든 미련을 나는 단호히 버릴 것이다.

★월 ○일

　파국을 향해 치닫고 있을 때, 그러니까 나의 탐닉이 최악의 상태에 이르렀을 때, 나는 탐닉적인 행위들을 당장 그만두기만 하면 모든 것이 다 잘되어 나갈 것이라고 생각했다. 사람들과의 관계에서 내가 안고 있는 문제들이 사라질 것이라고. 모든 일이 다 나에게 이롭게 돌아갈 것이라고. 마음이 평안해지고 행복감을 느낄 수 있으리라고.
　자기회복의 초기단계에서는 그같은 희망이 제대로 실현되는 듯싶었다. 그러나 나의 모든 문제들이 잠시 그 모습을 감춘 것이었을 뿐, 그 상태가 오래 가진 않았다. 맑고 각성된 정신으로 있음에도 불구하고 나의 삶은 이내 그 전과 똑같이 엉망이 되는 것이었다. 나는 가족들과 싸웠다. 곤란한 일들이 벌어졌다. 나는 마음이 억눌렸고, 툭하면 화가 났고, 알 수 없는 두려움이 나에게서 떠나지 않았다.
　내가 미처 깨닫지 못한 것이 있었다. 나의 모든 탐닉적인 행동들은 나의 삶의 밑바닥에 어떤 심각한 문제가 저류처럼 흐르고 있다는 사실을 알려주는 징후에 지나지 않았다는 것, 바로 그것이었다. 내가 정신적 육체적으로 의존했던 것들을 버렸을 때도 나에게는 이

미 여러 해 전에 생겨났던 그 문제들이 고스란히 남아 있었을 뿐만이 아니라 전혀 새로운 문제들까지도 차곡차곡 쌓여왔다는 것을 알게 되었다.

  진정한 의미에서 회복을 하기 위해서는 나 자신에 대해 가혹할 정도로 정직해져야 한다. 갖가지 문제를 야기하는 태도나 생각이나 성격상의 기질들을 찾아내고 과감히 버려야 할 것이다. 나는 다른 사람을 원망하는 버릇을 버리고 스스로에게 모든 책임을 돌려야 할 것이다. 나는 내 삶의 문제들을 전혀 새로운 도구를 사용하여 해결해 나가야 할 것이다.

오늘의 명상

  나는 내가 안고 있는 문제들, 내 삶의 문제들의 정체를 벗겼으므로 이제부터는 나의 내부로부터 치료를 시작할 수 있다.

★월 ○일

 결손가정에서 자라난 사람들은 주위에 의지할만한 사람이라곤 좀처럼 없었으므로 자기자신에게 모든 것을 의지하지 않으면 안되었다. 그러한 사람들은 일찍부터 마음을 감추거나 스스로를 억누르거나 자기자신만을 믿는 등 나름의 세상을 살아가는 비법을 터득했다.
 그런데 세월이 흐른 후에도 그같은 옛날의 비법들이 그가 현재 탐닉하고 있는 모든 것들에 대해서도 똑같은 효과를 나타내리라고 기대한다. 그러나 의지력과 자기억제만으로 문제를 해결하려고 하면, 그때마다 참담한 실패만을 거듭하게 될 뿐이다. 결국 그는 스스로의 힘으로는 아무 것도 해결할 수가 없다고 하는 아픈 현실을 깨닫게 된다. 오직 완전한 패배를 인정하고 그 자신의 힘보다 훨씬 더 거룩한 어떤 힘에게 도움을 구함으로써만 그는 자기회복의 길에 들어설 수가 있는 것이다.
 이상한 말로 들릴지도 모르지만, 우리는 우리가 어떠어떠한 것들에 탐닉을 했었다는 사실을 고맙게 여겨야 한다. 그런 경험을 통해서 우리는 마침내 거룩한 힘의 존재를 믿고 의지할 수 있었기 때문

이다. 과거 한때에 이러저러한 것들을 탐닉함으로써 심한 고통과 괴로움을 당했지만, 그것을 극복하고 자기를 회복시킴으로서 우리는 전혀 새로운 삶의 길을 발견한 것이다.

우리는 역경을 극복할 지혜와 힘을 구함에 있어서 이제 더 이상은 우리 자신의 힘에만 의지하지 않는다. 우리는 우리 삶의 모든 영역에 유용한 정신적인 도구들을 갖게 된 것이다.

오늘의 명상

나는 내가 원하기만 하면 신의 무한한 힘이 언제나 나를 보우하신다는 것을 경험을 통해서 알게 되었다. 내 어찌 스스로 노력하지 않을 것인가.

6. 탐닉에 대하여

★ 월 ○일

갖고 싶은 것을 갖지 못하면 견디지 못하고, 하고 싶은 것을 하지 못하면 견디지 못하는가? 그렇다면 그 탐닉 증세는 중증이라 할 수밖에 없다.

타인에게 좋은 말을 듣고 환심을 사려고 온갖 장식물들을 사들인 나머지 많은 빚을 진 사람들이 있을 것이다. 과장해서 말하고 거짓말을 하고 자신의 이미지를 과대 포장하여 보여준 사람들도 있을 것이다. 장시간 일을 해서 건강을 해치고 항상 심한 스트레스에 짓눌려 지내는 경우도 있을 것이다. 간단히 말해서, 다른 사람들 때문에 스스로의 삶을 돌보지 않고 내면적으로 상처를 입은 사람들이 우리 주위에는 허다하다.

그런 면에서 많은 사람들이 성공을 거두었다. 그들은 다른 사람의 환심을 얻어냈다. 그러나 거기에는 한계란 것이 없다. 얻으면 얻을수록 그만큼 더 얻고 싶어지는 것이다. 이런저런 사람들의, 대개는 부모님들의 환심을 얻어내려고 많은 사람들이 여전히 자신을 학대한다. 자기가 아무리 잘 해도 그들은 좀처럼 칭찬의 말을 해주지 않는다.

　우선 스스로에게 철저히 정직해짐으로써 우리의 자기회복의 길은 시작된다. 그리고는 자기확인에로 이어져야 한다. 외부의 도움을 구함으로써 우리는 현재 우리가 하고 있는 것이 어떤 성질의 것인지 파악할 수 있고, 그것이 얼마나 해로운 짓인지를 깨달을 수 있게 된다.
　이제 우리에게 무엇보다도 중요한 것은 어떤 일을 함에 있어서 다른 사람들의 동의를 구하는 것이 아니라 스스로의 승인을 얻어내야 한다는 점이다. 친구나 친척이나 고용주라는 이들이 그 어떤 변덕을 부리건 구애받지 말고, 우리는 동기를 구하고 행위를 함에 있어서 자신에게 진실해지려고 노력하지 않으면 안 된다.

오늘의 명상

> 타인의 동의를 구하려는 버릇을 버렸으므로 이제 나는 나의 행복을 향하여 나아감에 있어서 오직 나 자신의 뜻에만 따를 것이다.

★월 ○일

나는 지난 1년 동안 단 한 번도 술을 입에 대지 않았다는 사실이 스스로도 그저 놀라울 따름이다. 가족들과 새로 사귄 친구들이 박수갈채를 보내는 가운데에 나는 나의 '첫생일' 케이크의 촛불을 불어 껐다.

그 순간을 위해서 나는 거의 일주일 이상이나 할 말을 궁리하고 연습을 했었다. 그러나 정작 말을 해야 할 순간이 되자 그 말들이 목구멍에 걸려 나오지 않는 것이었다. 나는 그 자리에 서서 마냥 울기만 했다. 그 순간보다도 더 고마웠던 적은 한 번도 없었다.

나는 내가 맑은 정신으로 살아 있다는 사실에 감사했다. 술을 마셔야만 한다는 강박관념을 떨쳐버리게 된 것이 한없이 고마울 따름이었다.

그러나 그것은 고작 시작에 지나지 않았다. 기적처럼 내가 술을 끊고 맑은 정신을 유지하게 되자, 이번에는 하느님을 깊게 믿는 데에로 나아간 것이다.

나의 정신이 이끄는 대로 나아가자 각성된 상태가 유지되는 것은 물론이고, 나는 생전 처음으로 나의 피부가 내것임을 느끼고 이 세

상 속에서 편안히 살 수 있게 되었다.
　오랫동안 마음을 떠나지 않았던 온갖 후회의 감정들이 씻은 듯이 사라졌다. 참을성이 육성되고, 너그러워지고, 자상해졌다. 흔쾌히 사랑을 주고 사랑을 받을 수 있게 되었다.

오늘의 명상

　이제 나는 맑은 정신을 되찾고 각성이 되었으므로 내 인생에서 성숙의 기회는 무한하다.

6. 탐닉에 대하여

금주의 다짐

일단 자기회복의 길에 들어서면 무수한 기회가 생긴다. 한때는 속수무책으로 탐닉의 대상에만 집요하게 매달렸었지만, 이제 나는 감사하는 마음과 열의를 가지고, 지속적으로 발전해갈 수 있다는 기대감으로 하루하루를 맞이한다.

나는 깊은 배려를 바탕으로 한 우정을 맺고 동지애를 경험할 수 있는 기회를 갖게 되었다. 나에게는 언제나 내 곁에 있어 줄 진정한 동반자들이 있다.

처음에 나의 목표는 오직 습관에 끌려 다니는 생활을 버린다는 것뿐이었다. 내가 새로운 삶을 살 수 있으리라고는 전혀 생각하지 않았던 것이다. 자기회복 단계에 들어서면서 나는 내가 이해할 수 있는 어떤 신에 대한 믿음과 신앙, 깊어져 가는 신뢰를 갖게 되었다. 나에게는 정신적인 해결방안들이 주어졌고, 그럼으로써 나는 평온하고 조화롭게 살아갈 수 있게 되었다.

더불어서 진정한 나의 모습을 파악할 수 있는 기회까지도 주어졌다. 처음으로 나는 내가 이 세상의 어느 지점에 서 있는지를 깨달을 수 있었다. 나는 나에게 합당한 목적과 진로를 갖게 되었다. 오늘 나의 삶에는 흥분과 경이와 기쁨을 가득 안겨줄 수많은 기회로 가득 차 있다.

오늘의 명상
나의 새로운 삶이 나에게 무수한 선물과 기회를 안겨주었다는 사실을 나는 자주 상기할 것이다.

7.
믿음을 갖는다는 것

    인간은 깊은 사색을 통해서 그의 이성보다 더 고귀하며 전 우주보다도 더 장엄한 어떤 것──그것만이 오직 스스로 존재할 수 있고, 거기에서 모든 진리가 비롯되며, 그것이 없이는 어떠한 진리도 있을 수가 없는 성령의 존재를 감지할 수 있다는 사실보다 인간을 더 영광되고 존엄스럽게 해주는 것이 있을까?

──프리드리히 자코비

★월 ○일

새로 사귄 친구들 사이에서 우리는 지고한 힘에 대한 믿음이 그들의 인생을 더 나은 방향으로, 극적으로 바뀌게 해주었다는 부동의 증거를 찾을 수 있다. 그 사실은, 우리는 지극히 무기력하다는 것을 인정했던 이전의 우리의 태도와 더불어서, 매우 굳건한 정신적 기초가 없이는 새로운 삶을 성공적으로 건설할 수 없다는 사실을 확인하게 해준다. 그럼에도 불구하고 우리들 중에는 '신적인 것'에 대하여 의구심을 품는 사람들이 더러 있는 것 같다.

우리가 믿음을 향하여 감연히 앞으로 나아가기를 두려워하는 것은, 신은 언제나 인간에게 심판을 내리고 벌을 주신다는 식으로 가르침을 받아왔기 때문이다. 우리가 가장 절실히 원했던 순간에 그분이 우리에게로 오시지 않았다는 생각 때문에 신앙을 버린 사람들도 있다. 무신론자이거나 불가지론자이거나 혹은 종교라는 것을 어린 시절에 억지로 받아들인 사람들일 수도 있다.

우리가 그같은 생각을 토로하면, 친구들 중에는 그 마음을 헤아려주고 자신감을 가지라고 말해주는 이들이 있다. 그들은 자기들도 그와 비슷한 두려움을 느꼈노라고 말한다. 자기들도 한때는 자신의

결점, 남들과 다른 점들, 의식 속에 잠재된 부정적인 시각 등등을 지나치게 의식했노라고 말한다.

   그러나 새로운 출발을 위해서 그들이 해야 했던 것은 전능하시고 자애로우신 신이 자기를 도울 기회가 생기도록 스스로의 마음을 활짝 열어 젖히는 것뿐이었다고 말한다. 일단 마음의 문을 열면 그 나머지는 약속된 대로 이루어질 것이라고.

오늘의 명상

   믿음을 향하여 나아감에 있어서 그 출발 장소와 시간은 아무래도 상관이 없다. 우리에게 필요한 것은 오직 우리의 마음을 활짝 여는 것뿐이다.

★ 월 ○일

 소년시절에는 '종교는 대중의 아편이다'라는 말이 나의 마음을 크게 울렸었다. 신이라고 하는 것은 인간을 그릇된 희망으로 만족케 하고 유순하게 하기 위해 인간들이 꾸며낸 것이라고 배웠다. 설교에서건 개인적인 대화에서건 신에 대해서 운운하는 사람들은 거짓말쟁이이며 위선자라는 것이었다.
 사정이 그러하니 만큼, 자기회복이라는 문제와 관련된 많은 정신적 개념들에 대해서 내가 지극히 못마땅해했던 것은 오히려 당연한 일인지도 모른다. 사람들이 그들의 삶과 의지를 신의 뜻에 맡긴다는 식으로 말을 할 때, 나는 그들이 세뇌된 사람들이겠거니 생각했었다. 그들이 신에게 감사의 마음을 표현하는 것을 지켜볼 때에는 뱃속이 다 불편해지곤 했다.
 그런데 놀랍게도 자기회복의 과정에 있는 사람들을 만났을 때, 그들은 나의 그같은 신랄한 무신론을 매우 관대하게 받아들이는 것이 아닌가. 그들의 제의에 따라서, 나는 언뜻 보기에는 신하고는 전혀 관계가 없을 것 같은 행동들을 해보았다. 그것은 나로서는 상당히 괄목할 만한 진전이었다.

　내가 나 자신보다 훨씬 더 강한 힘을 가진 존재에 대해 믿음을 가지기까지는 시간도 많이 걸렸고 힘도 많이 들었다. 옛 생각들을 버리고 새로운 것들을 향해 마음을 여는 데에만도 몇 년이나 걸렸다. 마침내 내가 믿음을 가지게 되었을 때, 단지 생각만이 아니라 온 마음을 다하여 믿게 되었을 때, 그때야말로 내가 진정으로 새로워지기 시작한 것이었다.

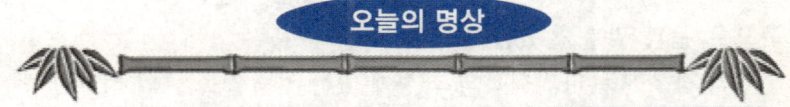

나는 내가 진정으로 원하는 마음으로 믿음을 가졌음에 감사를 드린다.

★월 ○일

우리가 '지고하신 신'에 대한 믿음의 문턱에 도달했을 때, 더욱 앞으로 나아갈 힘과 용기를 얻으려면 우리는 무엇보다도 '우리 자신이 이해할 수 있는 신'을 선택하여야 한다. 다른 사람의 신앙을 맹목적으로 따라갈 수 없다는 사실이 우리에겐 커다란 위안이 아닐 수 없다. 만약 그런 것이 있었더라면 우리 중의 많은 이들이 그 중압감에 못이겨 새 출발을 하지 못하고 말았을 것이다.

그같은 선택상의 자유와 융통성이 허락되었기 때문에 우리는 각자에게 유익한 신앙을 가질 수 있었다. 우리 중에는 어린 시절에 알고 있었던 신에 대한 개념을 재정립하거나 새롭게 할 필요를 느꼈던 사람들이 많을 것이다. 신에 대한 이해를 갖지 못했던 사람, 혹은 가졌다 하더라도 그것이 매우 불확실했던 사람들은 갖가지 사상 쪽으로 눈과 귀를 돌렸을 것이다.

나의 경우에는 자기회복의 과정에 있는 사람들을 나의 지고한 신으로 삼아 보라는 제의를 받았다. 만약 그것이 마음에 안 든다면 대양이나, 해와 달이나, 만유의 균형과 대칭이나, 생명력이나, 혹은 이 세상에서 인간에게 유익한 모든 것을 신으로 삼을 수도 있을 것

이라고 했다. 그것이 나 자신보다 더 위대한 것이기만 하다면, 무엇을 선택해서 나의 신으로 삼느냐 하는 것은 문제가 되지 않는다는 것이었다.

내가 지속적으로 성장을 해나가고 변화해 간다면 신에 대한 나의 이해도 역시 그리 될 것이다.

7. 믿음을 갖는다는 것

★월 ○일

이제 우리는 신을 우리의 삶에 받아들였으므로 이전에는 불가능한 것들이 이제는 가능하게 되었다. 날이 갈수록 우리는 우리에게 적극적이고 지속적인 변화를 가져다주는 절대자의 힘을 더욱 깊이 믿는다.

우리는 오랫동안 우리를 가두어왔던 만성적인 두려움과 자기혐오에서 벗어날 길을 찾았다. 우리에겐 자유와 새로운 행복이 주어진 것이며, 이제야 내적인 평화라는 것의 진정한 의미를 깨닫게 되었다.

오늘, 우리는 우리의 내부에서 신과 접촉을 하고 있으므로 우리의 직관에 따라서 타당한 선택을 하기가 훨씬 쉬워졌다. 혼란스러워지고 불안해질 때마다 우리는 절대자에게 의지함으로써 인도를 받을 수 있다.

신의 덕분으로 오늘 우리의 삶은 목적과 의미를 갖게 되었다. 자기연민과 절망감은 물러가고, 대신 무엇이 나에게 유익한가를 생각하는 자세가 들어앉았다. 우리는 자기중심적인 생각과 태도를 털어버렸고, 남에게 더 많이 베풀 수 있게 되었다. 나 자신을 돌보는 법

을 배움으로써 남을 배려하는 법까지도 터득한 것이다.

  신앙의 대가가 그러하다는 사실을 알게 되었으므로, 순전히 우리 자신의 의지만을 믿었던 시절과는 완전히 다른 차원에서, 그리고 더욱 더 만족스러운 방식으로 우리 삶의 모든 면들을 경험하게 되었다.

오늘의 명상

나의 가슴과 마음은 언제나 신에게로 열려 있다.

★월 ○일

나는 자기회복 과정에 있는 사람들을 일단 '목적을 달성한' 사람들이라고 보았다. 그래서 그러한 사람들이 나에게 신에게 의지하고 정신적인 원칙들을 실현함으로써 행복에 이를 수 있다고 말했을 때, 나는 어느 정도 희망을 가졌다. 그러나 나중에 그들이 보다 더 개별적인 견지에서 충고의 말을 해왔을 땐 그 희망이 혼란으로 변했고, 심지어는 실망까지 느껴야 했다. 그러니까 문제는, 결손 배경을 가진 우리들에게서의 문제는, 우리의 머리 속이 온갖 부정적인 편견들로 가득하다는 데에 있다.

결손가정에서는 가족 전체가 신에 대한 믿음을 가졌다고 하더라도, 진정한 교류와 헌신이 있었던 적은 거의 없었으며, 혹은 늘 같은 마음이 유지된 적도 없었다. 그것은 부모 쪽의 입장에서는 더욱 그러하다. 부모들이 신에 대해서 말을 하는 것은 대개 잔뜩 화가 났을 때이다. "신이 진짜로 있다면 그분은 아마 우리집 같은 것은 거들떠보지도 않는 게 틀림없는 거야!" 그들은 그렇게 말한다.

그밖에도, 우리는 오랫동안 자기의존을 과조(科條)로 여겨왔었다. 또한 우리 중의 많은 이들이 신의 관심 같은 것은 필요 없다는

생각을 해왔다. 우리는 우리의 친구들이 말한 것과 같은 방식으로 신에게로 마음을 돌린다는 것은 상상조차 하지 못했다.

　우리가 해야 했던 바는 자신과 신에게 기회를 주기 위해서, 이를테면 우리의 마음을 백지처럼 깨끗하게 하는 것이었다. 우리는 새로운 생각들을 받아들이기 위해서 모든 그릇된 관념들을 의식적으로 배제해야 했다. 우리는 열린 마음으로 꾸준히 귀를 기울여야 했다. 그리하여 마침내 희망이 돌아왔고, 결국은 실현되었다.

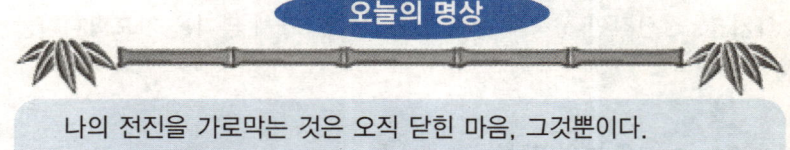

오늘의 명상

나의 전진을 가로막는 것은 오직 닫힌 마음, 그것뿐이다.

7. 믿음을 갖는다는 것

금주의 다짐

신이여, 나는 당신을 볼 수도 없고 만질 수도 없습니다. 하지만 나의 마음과 가슴속에서 당신은 지금 나와 함께 있으며 앞으로도 영원히 그러하리라는 것을 나는 조금도 의심하지 않습니다. 당신의 사랑을 의심했던 적이 있었습니다. 당신의 존재마저도 의심을 했었지요. 그러나 오늘 당신은 나의 삶에서 그 무엇보다도 더 확실한 모습으로 나와 함께 계십니다.

나는 당신에게로 다가갔습니다. 처음에는 마지못해 그랬지요. 두려움에 떨고 절망감에 사로잡힌 영혼이었습니다. 그런데 내가 아주 조금 마음을 열었을 뿐인데도 당신은 지금과 다름없이 제 말을 또렷하게 들어주셨습니다. 시간이 지나면서 당신의 애정 어린 자상하심에 힘입어 나는 삶에 있어서 아주 생산적인 참여자로 변모하였습니다. 이전과 비교해 모든 것이 달라질 수 있는 사람이 된 것이지요.

여러 해를 두고 나는 나 자신과 나의 주위에 변화를 일으키려고 갖은 애를 썼습니다만, 번번이 결실은 없었습니다. 그러나 나 개인의 능력에는 한계가 있다는 사실을 받아들인 지금, 순간 순간이 처절한 투쟁이었던 나의 이제까지의 삶은 끝이 났습니다. 기꺼이 당신에게 의지하여 인도를 받고 용기와 힘을 얻고자 한 이후, 나는 훨씬 더 많은 것을 이룰 수가 있었습니다.

신이여, 나는 기도합니다. 나의 믿음이 언제까지고 진실되고 강고하기를, 정신적인 성숙에 성숙을 거듭해 나가게 되기를 기도합니다.

오늘의 명상
오늘의 나의 삶을 지난날의 삶과 비교할 때, 나는 자애로우신 신이 항상 내 곁에 있음에 진실로 감사를 드린다.

8.
태도에 대하여

내가 나아가는 모든 길에, 날이면 날마다
기쁨이 있게 하라,
희망이 있게 하라.
나의 삶이 소리쳐 노래부르게 하라!

——메리 캐롤린 데이비즈

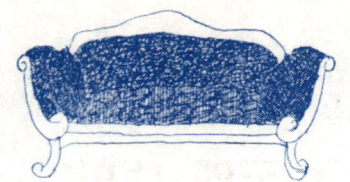

★월 〇일

언제부터 그러했는지 지금은 기억도 아련하지만, 나는 언제나 부정적 사고로 일관했다. 모든 것, 모든 사람들에 대해서 경멸감과 적대감을 느꼈다. 아무 것도 믿지 않았고 어느 누구도 믿지 않았다. 말할 것도 없이 그런 식으로 인생을 보다 보니 나는 언제나 참담한 심정이어야 했다.

이따금 나는 지난날들을 회상하면서 그 시절의 나에 대해 서글픈 심정을 느끼고, 헛되이 흘려보낸 세월들을 안타까워한다. 그러나 나는 나의 인생이 그렇게 될 수밖에 없었던 몇 가지 이유가 있다는 것을 잘 알고 있다. 그래서인지 나의 경우에는 자기회복이 매우 더디게 이루어졌다. 마침내 믿음을 갖게 되는 것이 그만큼 어려웠던 것이다.

신앙이 싹트고 그에 따라 행동양태도 조금씩 달라지자 마침내 나도 급격한 자기변화를 꾀할 마음의 자세를 갖출 수가 있었다. 그렇다고 해서 언제나 나의 영혼에 화사한 햇빛이 내리비추었다거나, 날마다의 아침이 마치 울려 퍼지는 찬송가처럼 열렸다는 말은 아니다. 다른 사람들과 마찬가지로 나는 자주 과거와 같은 사고방식으

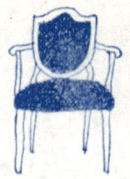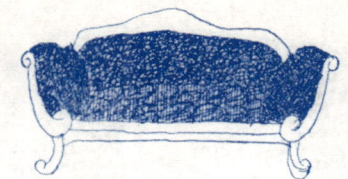

로 되돌아가곤 했었다.

  그러나 다행히도 나의 태도는 대체로 염세적이기보다는 낙천적이었고 옹졸하기보다는 활기에 찬 것이었다. 그 결정적인 변화가 있었기에 오늘 나의 인생이 이렇듯 기쁨에 넘치게 된 것이 아닌가 싶다.

오늘의 명상

일단 태도가 달라지면 삶도 달라졌다는 뜻이 될 수 있다.

 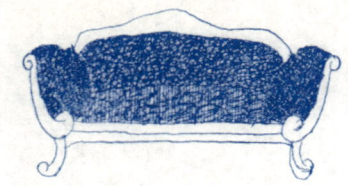 

★월 ○일

무수히 겪고 또 겪으면서 우리는 우리의 모든 경험을 엉망으로 만들어 버린 잠재원인이 우리의 잘못된 태도에 있다는 사실을 잘 기억하지 못하는 것 같다.

예컨대 사업관계로 회의를 할 때, 부정적인 태도를 가지고 임하면 우리는 귀를 잘 기울이지 않게 되고 의견도 내놓지 못하게 된다. 그리고는 거기에 있는 모든 사람들에 대해서 시큰둥한 생각을 품는다. 그와 마찬가지로, 가족모임 같은 데에서 그처럼 어두운 태도를 보이면 다른 사람들을 불편하게 하고, 심지어는 즐거워야 할 모든 이들의 시간을 망쳐 버리게 된다.

자기 태도가 부정적으로 흘러갈 때, 그 물결을 돌려놓기 위해서 우리가 할 수 있는 일이 무엇일까? 우선 잠시 마음을 가라앉히고, 그같은 태도가 과연 어떤 사태를 불러올 것인지를 진지하게 한 번 생각해 보는 것이다. 그러면 그런 지경까지는 되고 싶지가 않다는 생각을 갖게 할 기회가 올 것이다.

다음으로 우리가 할 수 있는 것은 자기의 기분과 감정을 바꿀 수 있는 길이 있을까를 곰곰이 생각해 보는 것이다. 어떻게 하면 이 자

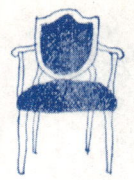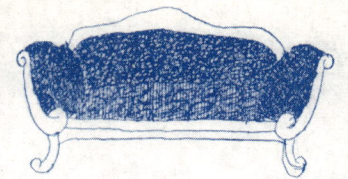

리가 더 즐거워질까? 자기에 대한 생각을 버리고 보다 적극적으로 가족들과 어울리려면 무엇을 어떻게 해야 할까?

  마지막으로, 그 자리에서 부정적인 태도를 갖게 해 주었던 성가신 일들이 있었다면 그것들의 정체가 무엇인지를 냉정하게 파악해서 빨리 털어 버리도록 노력해야 한다.

오늘의 명상

다른 사람, 어떤 장소, 혹은 어떤 사건 같은 것은 내 힘으로는 어떻게 할 수가 없다. 그러나 나의 태도는 언제든지 바꿀 수가 있다.

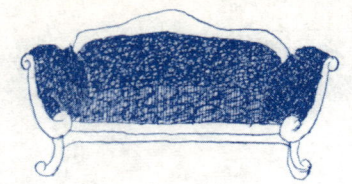

★월 ○일

　현재 우리의 삶——그것은 지난날 우리의 삶과는 그 양상이 사뭇 다르다. 정신적으로든 육체적으로든 열심히 현재의 이 순간을 살아간다는 것은 그 얼마나 커다란 기쁨인가! 지금 하고 있는 일에 온 정신을 모으고 온 힘을 다 기울인다면, 그리하여 순간 순간을 완전히 경험한다면, 우리의 삶의 격조는 얼마나 달라질 것인가!
　오랫동안 우리는 과거에 대한 건강하지 못한 태도로 인하여 현재 이 순간의 삶을 성공적으로 살아오지 못했다. 무슨 일을 할라치면 지난날의 일들이 먼저 머리에 떠올랐다. 그때 무슨 일이 있었는지, 거기서 어떤 나쁜 영향을 받았는지를 먼저 생각했다. 우리는 자기 연민에 흠뻑 젖어 있었고, 심지어는 순교자 같은 심정이 되기도 했다.
　가장 해로운 태도는 아마도 스스로에 대해서 미안한 마음을 가져야 한다고 여기는 태도일 것이다. 그러므로 자기가 계속 기만당하는 삶을 살고 있다는 점을 자각할 때 비로소 그같은 부정적인 시각을 버릴 기회를 잡을 수 있다. 바로 그 시점에서 우리는 과거에서 벗어나 현재에로 들어갈 수가 있는 것이다.

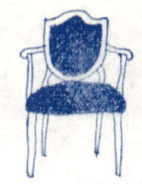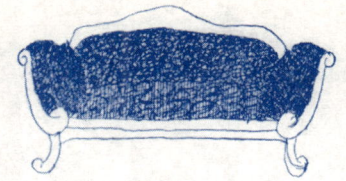

   오늘 우리는 우리들 각자의 삶의 역사가 전진을 가로막는 장애물이 아니라 전진을 도와주는 징검다리라고 본다. 과거는 우리의 힘으로는 돌이킬 수가 없는 것이므로, 있었던 그대로를 인정해 버리면 그만이다. 다만 문제는, 현재 우리의 삶의 의의를 얼마만큼 중요하게 생각하느냐 혹은 사소하게 생각하느냐 하는 것이 바로 우리 자신에게 달려 있다는 점이다.

오늘의 명상

과거에 대한 나의 태도가 나의 현재의 삶을 손상시키는가?

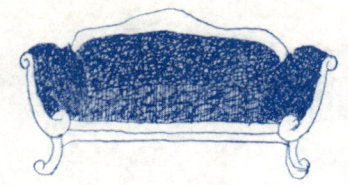

★월 ○일

우리의 태도는 대개 우리 자신의 내부에서 비롯된다. 그것은 우리의 생각이나 감정, 결점이나 취향 등에 의해서 형성된다. 그러나 그것은 또한 다른 사람들에 의해서도 크게 영향을 받을 수 있다.

냉소적인 시각을 가진 사람과 함께 있을 경우에는 자칫하면 자기도 덩달아서 마음이 침울해진다는 것을, 혹은 부정적인 생각을 가진 친구들에게 휩쓸리기가 무척 쉽다는 것을 우리는 경험을 통해서 잘 알고 있다. 특히 일터에서는 자기가 맡은 일에 대해서 험담을 하고 불만을 토로하도록 심적 압박을 가해오는 분위기가 반드시 있게 마련이다.

주위의 분위기가 그러할 경우에는 자기의 가치관과 원칙을 고수하기가 쉽지 않다. 아니 때로는 그저 그러한 분위기에 영합해 버리는 것이 훨씬 더 편할 수도 있다.

그러나 그런 식으로 타협을 할 때, 우리는 진정한 자기를 희생시킨 대가로 엄청나게 해악이 큰 부정직을 저지르는 결과가 되고 만다. 그리고 마침내는 자기 자신도 주위 사람들과 조금도 다름없이 비참한 삶 속에 빠지고 마는 것이다.

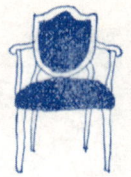 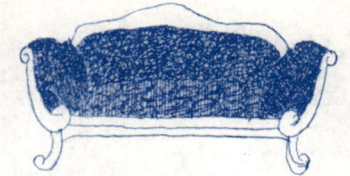 

　그런 일이 일어날 경우, 자기가 냉소적이고 부정적인 태도를 갖게 된 것이 모두 다른 사람들 탓이라고 생각해 버리기 쉽다. 그러나 다른 사람에게 부정적인 태도를 가지라고 강요할 수 있는 사람은 이 세상에 아무도 없다. 우리가 이 세상을 어떤 눈으로 보느냐, 주위에서 가해져 오는 압력에 어떻게 대처하느냐 하는 것은 전적으로 우리 자신의 책임일 뿐이다.

　다른 사람의 나쁜 태도에 영합하는 것은 사람을 겉으로만 즐겁게 하는 것으로 결국 자신도 큰 해를 입게 된다.

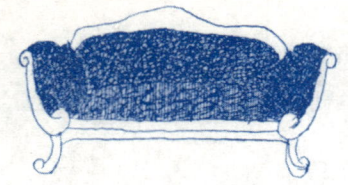

★월 ○일

때때로 나는 아주 심한 곤란에 처하는 경우가 있는데, 그 원인은 어떤 일 자체에 문제가 있어서라기보다는, 그 일에 대한 나의 태도와 반응이었던 때가 훨씬 더 많다. 나는 그 사실이 더욱 나를 난처하게 만든다는 것을 알게 되었다. 또한 그러한 태도들이 어디에서 비롯되는지도 알았다.

예컨대, 얼마 전에 나는 나의 삶을 지배하고 나날을 고난으로 생각하는 태도들이 조장되는 과정에서 나의 성격적 결함이 과연 어느 정도로까지 영향을 미치는지를 깨달았다. 아니, 그러한 태도는 전적으로 성격적 결함으로 말미암아 비롯된다는 생각까지도 들었다. 내가 분노하거나 두려움에 떨거나 혹은 시샘을 하고 있을 때——마음이 꽉 닫힌 채 자존심으로만 가득 차 있을 때——그같은 마음 상태는 어김없이 나의 태도에 고스란히 반영되어 나타나는 것이었다. 그러므로 그같은 부정적인 태도를 극복하는 최선의 방법, 혹은 그 한 가지 묘책은 나의 성격적 결함을 면밀히 고찰해 보는 것임을 알게 되었다.

나는 또한 내가 현실을 어떻게 인식하느냐에 따라서도 내 태도의

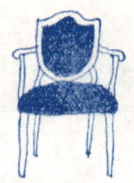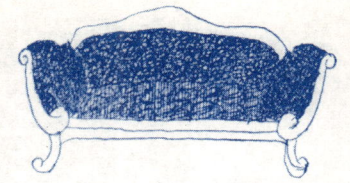

많은 면이 결정된다는 사실도 알게 되었다. 그리하여 세상의 사물과 사건들을 있는 그대로의 모습으로 보는 눈이 밝아질수록, 뒤틀리고 해를 끼치는 태도로 인해 곤란을 당하는 정도가 줄어들기 시작했다.

요컨대, 내가 나의 태도를 이전보다 훨씬 더 많이 통제할 수 있게 되었다는 것이다. 일단 내 태도의 연원을 파악하고 그것을 해부하게 되자, 나는 그것에 대해서 무언가를 할 수가 있었던 것이다.

나는 나의 태도들과 그것들이 생겨난 원인들을 자각하기 위해 항상 노력할 것이다.

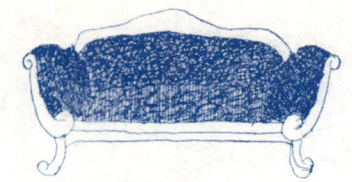

★월 ○일

　아침에 눈을 뜰 때, 우리는 흔히 기대보다는 어두운 불안에 차 있었다. 잠에서 미처 깨기도 전에 음울한 생각들과 정체도 모를 공포로 마음이 무너지기 시작했다. 그리하여 침대에서 발을 내려놓을 즈음이면 그 날 하루의 우리의 태도가 결정되고 고착되어 버리곤 했던 것이다.
　솔직히 말해서, 아직도 이따금 그같은 아침을 맞이하는 사람이 우리 중에는 없지 않을 것이다. 그런데, 예외 없는 규칙은 없다는 말도 있지만, 우리 중에서 그같은 사람들은 예외에 속하는 사람들이다. 대개의 사람들은 이제 날마다의 아침을 적극적이고 낙천적인 태도로 맞이하고 있다.
　그것은 우리가 잠자리에서 일어날 때 입가에 미소가 머금어졌다거나 가슴이 기쁨으로 환하기 때문이어서가 아니다. 그것은 본격적으로 하루의 일과를 시작하기 전에, 잠시 시간을 내어 마음을 가다듬음으로써 하루를 가장 기름지게 해줄 태도를 마음속에 마련하기 때문이다. 그 시간에 우리는 우리에게 도움이 될 것들을 발견하게 되는 것이다.

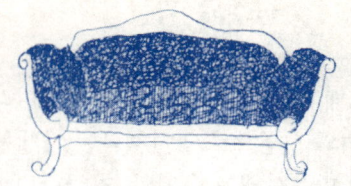

  우리는 기도를 올리고 신에게 우리의 생각과 행동에 대한 지침을 구하고, 그럼으로써 흔들림이 없는 길을 지속적으로 나아가는 것이다.
  만약 우리가 앞일을 미리 생각할 방도가 없을 때엔 그렇게 되도록 현실적으로 노력을 해야 한다. 그러려면 부정적인 가능성보다는 우리를 기다리고 있는 긍정적인 일들에 생각을 모아야 한다.
  좋은 하루를 가꾸느냐 아니면 우울한 하루를 보내느냐 하는 것은 전적으로 우리 자신에 달려 있다는 것을 이제 우리는 안다.

오늘의 명상

나는 바로 지금 모든 것을 잠시 멈추고 적극적인 태도를 가지려고 애써야 한다.

금주의 다짐

오늘 나는 나의 태도가 나의 하루를 결정하리라는 것을 잘 알고 있기에 매사에 열의와 신념으로 임하겠다는 자세를 갖는다. 내가 지속적으로 적극적인 마음상태를 유지할 수 있다면 내가 겪은 모든 일이 훨씬 더 즐거워질 것이고, 그 어떤 도전이 닥쳐오더라도 나는 과감히 맞설 수가 있을 것이다.

예기치 않았던 어떤 일이 내 기분을 우울하게 한다면, 그 경우에도 역시 나의 태도는 내가 마음먹기에 달려 있다는 생각을 할 것이다. 나는 현실적이 되려고 노력할 것이며, 부정적인 생각 속에서 맴돌기보다는 적극적인 행동을 찾아 나설 것이다. 나는 사람들과 스스럼없이 어울릴 것이며, 나의 솔직한 감정을 털어놓을 것이다. 나는 기도를 올릴 것이다. 마음 속에 신을 모셔둠으로써 나는 훨씬 더 긍정적인 시각을 유지할 수 있을 것이다. 그분은 내가 모든 일에서 최고의 성과를 거두게 하려는 계획을 세워두고 있다는 사실이 거듭 증명되었다. 그러므로 마음속에 그분을 영접할 때, 나의 정신이 고양되고 신념으로 충만하리라는 것을 나는 안다.

오늘 내가 어디로 가건 무슨 일을 하건 나는 적극적인 자세와 태도로 임할 것이다. 그럼으로써 나는 나 자신에 대해서 최선을 다할 수 있을 것이며, 나아가서는 다른 사람들에 대해서도 역시 최선을 다할 수 있을 것이다.

오늘의명상
나의 모든 관계와 행동은 내가 어떤 자세로 임하느냐에 따라서 그 양상이 달라질 것이다.

9.
자아상(自我像)

"너 자신을 알라"고 한 말은 전적으로 인간의 자만심을 경계하기 위한 것만은 아니었다. 그것은 우리가 우리 자신의 가치를 진정으로 깨달아야 함을 역설한 말이었다.

―― 키케로

★월 ○일

오랫동안 나는 나 자신의 눈에 보이는 '내'가 몹시 못마땅했었다. 그런데 그 문제가 바로 빈약한 자아상에서 비롯되었다는 사실을, 그리고 그 자아상은 아주 오래 전에 각인된 것이라는 점을 나는 깨닫지 못하였다. 또한 내가 스스로를 인식하는 시각도 더 좋은 쪽으로 바뀔 수 있다는 사실을 나는 깨닫지 못하였다.

자기회복에 들어서자 나는 부정적인 자아상이 자기의 실제 모습을 그대로 반영한 경우는 극히 드물다는 사실을 이해하기 시작했다. 그와는 반대로, 그것은 단순히 어린 시절에 우리가 스스로에 대해서 가졌던 일련의 믿음에 지나지 않는다는 생각이 들었다. 운이 좋아서 자극과 후원과 사랑을 지속적으로 받고 자란 사람이라면, 그는 적극적인 자아상을 가졌을 가능성이 매우 크다. 그러나 항상 무시당하고 놀림감이 되고 천대를 받아왔다면 그에게서는 정반대의 결과가 초래되었을 것이다.

나의 어린 시절이 바로 그러했었고, 그렇게 형성된 초라한 자아상이 어른이 된 뒤에까지도 사라지지 않았던 것이다. 내가 아주 중대한 전환점에 도달한 것은, 나의 문제가 '그 시절에' 나의 부모

님이 나를 어떻게 대했느냐 하는 데에 있는 것이 아니라, 바로 오늘 내가 나를 어떤 눈으로 '보느냐' 하는 데에 있음을 깨달았을 때였다. 어린 시절의 나의 제반 조건을 바탕으로 내가 스스로를 그런 식으로 보았듯이, 이제 나는 오늘의 현실을 바탕으로 하여 나 자신을 전혀 새로운 눈으로 볼 수가 있을 것이다.

오늘의 명상

나의 자아상은 오늘의 진정한 나와 나의 삶을 그대로 반영한 것인가?

9. 자아상(自我像)

★월 ○일

적극적인 자아상을 개발하여 그것을 지속적으로 간직한다는 것이 어째서 그다지도 중요한 일인가? 그것은 잠시만 생각해 보아도 명확한 답을 알 수 있는 문제이다. 우리가 스스로를 어떤 식으로 인식하느냐에 따라서 스스로를 대하는 태도가 크게 달라지고, 나아가 다른 사람들을 대하는 태도까지도 달라지기 때문이다.

초라한 자아상은 날마다 우리의 삶에 어떻게 영향을 미치는가? 무엇보다도, 우리는 끊임없이 자기를 증명하려는 충동을 느끼게 된다. 완벽을 추구하지만, 그것은 아무리 해도 이루어지지 않는다. 따라서 우리는 언제나 방어적인 자세를 취하게 된다. 그 결과로 엄청난 스트레스를 받는 것은 말할 필요도 없는 것이다.

초라한 자아상은 또 우리를 소외되게 만든다. '내가 보는 나의 모습'을 남에게 보여주고 싶지가 않기 때문에 우리는 온갖 위장된 행동으로 우리의 참모습을 숨기려고 드는 것이다. 더구나 우리가 잘 해낸 일들에 대해서 남들이 칭찬을 하더라도 흔쾌히 받아들이지 못하고 또 스스로도 자랑스러워하지 않는다.

이처럼, 무슨 일을 하건 충분하고 완벽하게 해내지 못했다고 여

기고 스스로를 가혹하게 판단하는 데에 익숙해지면, 남들에 대해서도 역시 정당한 판단을 내리기가 어려울 수밖에 없다. 그러니 우리의 대인관계에 좋은 결과가 있을 리 만무인 것이다.

　무엇보다도 나쁜 것은, 초라한 자아상은 우리 스스로를 가치 없는 인간으로 보게 함으로써, 이 세상을 안온하고 행복하게 살 기회를 우리 스스로 거부하게 만든다는 점이다.

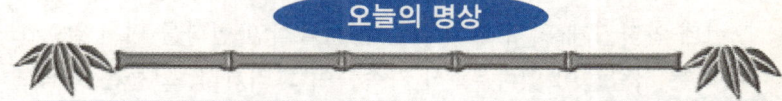

오늘의 명상

　오늘 내가 그 무슨 일을 하건, 그 어디엘 가 있건, 나는 나 스스로를 심판하지 않으려고 노력할 것이다.

9. 자아상(自我像)

★ 월 ○일

 실패한 관계, 직업상의 어려움, 경제적 위기, 감정의 격변, 이같은 정신적 상처들은 어린 시절부터 마음속에 깊이 각인되어 있었던 상처와 더불어서, 자기회복에 들어선 이후까지도 우리의 초라한 자아상이 지워지지 않게 하는 데에 크게 기여했다.
 그러나 이제 우리는 앞을 향해 부단히 나아가고 있고, 우리의 삶은 극적으로 달라졌다. 우리는 자제심과 인내심을 발휘하는 법을 익혔다. 우리는 갈수록 덜 이기적이 되어가고 베풀기를 더 좋아한다. 우리는 책임을 준수한다. 그리하여 우리의 자아상이 달라졌고, 더불어서 모든 것이 달라졌다. 한때는 스스로를 병들고 고난받는 저급한 시민이라고 보았었지만, 이젠 건강하고 능력있고 자격있는 사람으로 본다.
 그런데 안타깝게도, 우리의 그같은 적극적인 변화를 미처 알아보지 못하는 사람들이 있다. 특히 가족들이 그러하다. 그들은 아직도 우리를 과거의 모습으로만 보려고 한다. 그럴 때는 몹시 화가 나서 우리는 관계를 당장 끊어버리고 싶은 충동에 휘말리거나, 혹은 그렇게 대립하는 것이 귀찮아서 과거의 그 모습으로 되돌아가 버리고

싶다는 생각을 하게 된다.

  그 때가 바로 우리에게 중요한 순간이다. 전진을 멈추지 않고 건전한 관계를 이루기 위해서 우리의 새로운 생활방식을 철저히 준수하는 것이 그 무엇보다도 중요하다.

  필요하다면 새로운 의사교류의 길을 뚫음으로써 우리에게 어떠한 변화가 진행되고 있는지를 설명해 보는 것도 매우 효과적인 방법이다. 이해심과 타당한 동기를 갖고서 그렇게 한다면 아마 그들도 머지 않아서 우리에게 도움의 손길을 뻗어올 것이다.

오늘의 명상

> 나와 가까운 어떤 사람이 나에게 중대한 발전이 있었다는 점을 알아차리지 못하고 과거와 똑같이 대한다 하더라도, 나는 나의 자세를 굳건히 지켜나갈 것이다.

9. 자아상(自我像)

★월 ○일

어느 파티에서 한 친구를 만나 인사를 하고 이야기를 나누던 중, 나는 그녀에게 몰라보게 예뻐졌다고 말했다. 그러자 친구는 미소를 짓고 자기 엉덩이를 톡톡 두드리면서 말했다. "고마워. 사실은 입던 옷을 모두 버리고 새로 샀거든. 그 기분은 이루 말로 다할 수가 없었어."

그녀는 몇 년 전만 하더라도 자기는 충동적인 식생활 습관 때문에 몸이 너무도 비대했다고 말했다. "그래서 작심을 하고 절제를 하니까 20킬로그램 정도는 거뜬히 뺄 수가 있었고, 적당한 선에서 몸무게를 유지할 수 있었지. 그런데 정말 어려웠던 것은 나의 자아상을 바꾸는 것이었어."

얼마 전까지만 하더라도 그녀는 자기 몸이 여전히 비대하다는 생각을 털어 버리지 못했다는 것이었다. 그래서 옷을 살 때엔 언제나 초대형 사이즈를 고르고, 자동차나 엘리베이터에서는 남보다 자리를 더 많이 차지한다고 생각하는 등, 매사에 고통스러운 자의식을 털어 버리지 못했다고 했다.

그녀가 말했다. "그러나 그건 빙산의 일각에 지나지 않는 거였

어. 신체적으로, 감정적으로 또는 정신적으로는 커다란 변화가 있었음에도 나의 자아상은 여전히 변화가 없었지. 문제는 바로 그거였어. 난 아직도 나 자신을 볼품없는 여자라고 생각하고, 스스로를 그렇게 취급했었어. 자루같이 헐렁한 옷이나 입고 말이야. 하여간 그런 식이었어.

 난 그 문제를 심각하게 생각해 봤지. 그리고는 내 몸에 맞는 옷을 사는 데에 돈을 아끼지 않겠다는 결심을 했어. 그런데 별것도 아닌 그것이 바로 중대한 발전을 위한 계기가 되더라구."

오늘의 명상

 지금 이 순간의 자신의 참모습을 자각하는 것——그것은 내가 진정으로 발전하고 있는지를 점검하기 위해서 무엇보다 중요한 일이다.

9. 자아상(自我像)

★월 ○일

 마음이 편해지려고 친숙한 것에 집착하는 것, 자기에게 해가 되고 품위를 떨어뜨리게 할 수도 있는 그런 어리석음을 우리는 누구나 가끔씩 범하곤 한다. 우리 중의 많은 이들이 이미 자기의 삶을 크게 변화시키기 시작한 이후에도 여전히 초라한 자아상을 버리지 못하는 것은 바로 그런 연유에서일 것이다.

 그같은 문제를 우리는 이런 식으로 풀어보기로 하자. 현재의 상태에 안주하는 것이 보다 더 안전하고 수월하다고 여겨질 수도 있다. 우리는 누구나 게임의 규칙을 알고 있다. 모험을 감행할 필요도 없고, 그러므로 '실패할' 염려도 없다. 매사를 피상적으로 보기 좋아하는 사람들과의 관계를 끊어버릴 필요도 없다. 적극적인 시도를 할 필요가 없으므로, 거절당하거나 인정받지 못할 것을 두려워할 것도 없다. 사람들 사이에서 말썽꾸러기, 골칫거리, 얼간이 등등의 역할을 맡음으로써 오랫동안 순간 순간을 용케도 모면하여 살아왔던 태도를 버릴 필요도 없다. 한 마디로 말해서, 우리는 우리 자신과 다른 사람들을 새로운 방식으로 대할 길을 모색할 필요가 전혀 없다.

　중요한 것은, 옛날 방식대로 스스로를 인식하는 데에 안주하는 것이 안전하고 수월할 수도 있는 한편, 그 정반대의 경우도 역시 사실이라는 점이다. 초라한 자아상을 그대로 방치해 두면 더욱더 악화되어 간다. 시간이 흐르면서 그것은 우리의 발전을 가로막는 중대한 장애물이 되고 만다. 그것은 부정적인 생각과 태도를 조장한다. 스스로를 폄하하려는 생각만을 키우고 긍정적인 생각들은 배제해 버린다.

오늘의 명상

　옛날 방식으로 스스로를 인식하는 태도를 바꾸기 위해서는 단순한 결단만으로는 되지 않는다. 거기에는 용기와 근면과 규율이, 그리고 의지가 필요하다.

9. 자아상(自我像)

★월 ○일

　우리가 스스로를 인식하는 바와 실제의 우리 모습 사이에는 거대한 틈이 벌어져 있는 것 같이 보일 수도 있겠지만, 우리가 하기에 따라서는 그 사이에 다리를 놓을 방도는 한두 가지가 아닐 것이다.
　그 중에서도 가장 효과적인 방도가 될 수 있는 것은 자기의 신상명세서를 작성하는 것이다. 두려움 없이 철저하게 우리의 자질과 모자라는 점들을 낱낱이 기록하는 것이다. 또한 우리의 결함을 과장하고 능력은 축소함으로써 우리는 그 명세서를 자신을 채근하기 위한 채찍으로도 사용할 수가 있다. 그러므로 우리는 자신을 솔직하게 파악하기 위해서 특별한 노력을 기울여야 하며, 그 어떤 점이 파악되건 그것에 대한 가치판단을 내려서는 안 된다.
　그같은 명세서는 자신을 현실적으로 바라볼 수 있게 해주고, 지금 우리가 이 세상의 어떠한 시점에 서 있는지를 깨닫게 해준다. 나아가서는, 이따금 케케묵은 부정적 자아상들이 전면에 나설 때에도 그것을 그리 심각하게 여기지 않을 수 있도록 해줄 것이다.
　우리는 또한 그 틈 사이에 날마다 새로운 다리를 놓을 수도 있다. 그러기 위해서는 남들이 칭찬의 말을 해올 때면 흔쾌히 받아들이

고, 자랑스레 여길만한 일을 했을 때는 당연히 자랑스러워하고, 거둔 성과와 이룬 발전을 당당하게 스스로가 인정하여야 한다. 친구들과 이웃과 사랑하는 사람들의 눈으로 우리 스스로를 보려고 노력하는 것도 그 한 가지 방도가 될 것이다. 스스로는 간과하기 쉬운 자질이 그들의 눈에는 또렷하게 드러나 보일 수가 있기 때문이다.

오늘의 명상

나의 자질들과 모자라는 점들을 솔직하게 열거한 명세서는 나의 자아상을 밝게 하는 데에 도움이 될 수 있다.

금주의 다짐

날마다 나는 바로 지금 이 순간의 현실에 입각해서 나 자신에 대해 새로운 믿음을 개발해 나간다. 용기와 추진력과 스스로에 대한 애정으로써 나의 발전을 더욱 가속화하기 위해서 나는 내가 이룬 성과와 잘 해낸 일들을 조목조목 솔직하게 기록한다.

나의 자아상은 내가 스스로를 어떻게 대하는가, 내가 이 세상에서 어떤 구실을 하게 되는가에 크게 영향을 미친다는 사실을 나는 명심할 것이다.

나에게는 긍정적인 자질들이 한두 가지가 아니라는 것을 늘 자각하고 있을 것이며, 한편 스스로를 폄하하여 발전을 더디게 하는 힘이 잠재된 생각들과 심리적 억압을 결연히 버릴 것이다. 나는 그처럼 스스로에게 해악을 끼치는 요인들의 실상을 감정에 치우침이 없어 엄정하게 파악할 것이다. 나는 엄연한 사실만을 생각할 것이다. 나는 건전하고 생산적인 인간이 되어 가고 있다는 그 사실만을.

나는 나의 정신적 자아가 매우 중요하다는 것을 거듭 확인한다. 그것이 나의 자아상의 많은 부분을 결정한다는 것을 확인한다. 오늘 이 하루를 통해서 내가 어떤 식으로 나 자신을 인식하건 간에, 나는 언제나 신의 가호를 받을 자격이 있다는 점을 명심하고자 한다.

오늘의 명상
나의 자아상을 바꾸는 데에 온 정신을 모으는 한편, 불변하는 정신적 진실들을 나는 결코 외면하지 않을 것이다.

10.
사슬 끊기

과거는 단지 어떤 한 시작의 시작일 뿐이다. 현재 존재하는 것, 혹은 과거에 존재했던 모든 것은 단지 밝아오는 첫 새벽의 빛일 따름이다.

——허버트 조지 웰즈

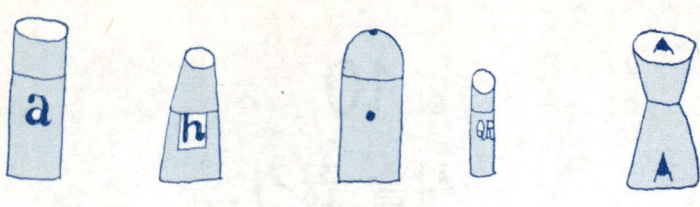

★월 ○일

　자기회복의 다양한 여러 단계에서 나에게는 자기를 통찰하는 힘이 끊임없이 주어졌다. 그 힘을 통해서 나는 새로운 자각을 얻고, 변화를 꾀하려는 의지를 더욱 공고히 하고, 그럼으로써 나의 발전에 박차를 가할 수 있었다. 그같은 통찰 배경은 나의 성장 배경을 더 잘 이해할 수 있게 해주었고, 그리하여 나는 오랜 세월 동안 나의 의식을 지배해왔던 그릇된 생각들과 죄책감과 자괴심을 떨쳐버릴 수가 있었다.

　마침내 나는 내 부모님들이 나를 그런 식으로 대했던 것은 무엇보다도 그분들 자신의 성장과정상의 환경과 영향 때문이었다는 것을 깨닫게 되었다. 그분들이 나를 사랑하지 않았던 것은 자기들도 사랑을 받은 적이 없었기 때문이었다. 그분들이 나를 학대했던 것은 그분들도 역시 학대를 받으며 자랐기 때문이었다. 그같은 상황이 하나의 유형이 되어서 세대에서 세대로 이어진다는 것을 나는 분명히 깨달을 수 있었다.

　말할 것도 없이, 그러한 점을 통찰했다고 해서 당장에 나와 부모님과의 관계가 개선되지는 않았다. 깊이 뿌리박은 감정상의 상처가

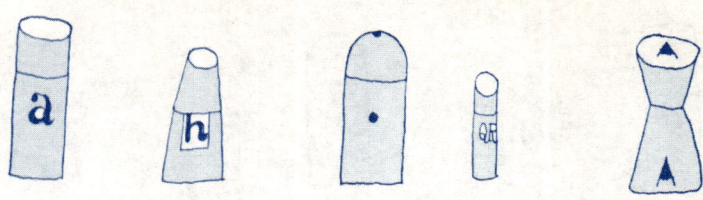

하룻밤 사이에 치유되지도 않았다.

그러나 그와 거의 동시에 내가 경험했던 것은, 진정으로 깊은 감사의 마음을 느꼈다는 점이었다. 회복단계에서 나에게는 과거로 거슬러 올라가서 우리 가족의 역사를 조망해 보고, 모든 파괴적인 행동양태들을 건설적인 방향으로 돌려놓고, 그럼으로써 우리를 옭아매고 있는 그 사슬을 영원히 끊어버릴 수 있는 기회가 주어졌기 때문이다. 증상을 씻어버리고 건강에의 길로 나아갈 기회가 나에게 주어졌음에 나는 한없는 감사를 드린다.

자기회복은 단지 그것 자체로만 그치는 것이 아니라, 일련의 연쇄작용을 일으킴으로써 정신적 감정적인 안정을 가져다준다.

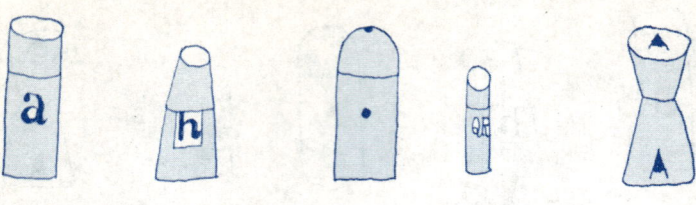

★월 ○일

우리는 결코 부모님의 전철을 밟지는 않겠노라고 거듭거듭 다짐을 했다. 폭압적이거나 해악을 끼치지 않으리라고. 냉담하거나 무관심해지지 않으리라고. 술이나 마약에 빠지는 일이 결코 없을 것이라고.

세월이 흘렀다. 우리는 어떤 하나의 선은 넘었다. 그런데 자신의 의지와는 달리, 우리가 사랑하는 사람들에 대해서 우리는 어느새 학대를 가하고 소홀해지고 무관심한 태도를 갖게 되고 말았다. 술이나 마약으로 인하여 심각한 상태에 빠진 이들도 더러 있을 것이다. 젊은 시절 우리의 다짐은 진실한 것이었으나, 그것들은 지켜지지 않았거나 잊혀지고 만 것이다. 우리는 결국 자신의 부모와 똑같은 사람들이 되고 말았다.

어린 시절을 돌이켜보건대, 우리에겐 그와는 다른 길로 나아갈 기회가 전혀 없었던 것 같다. 보고 배운 것이 언제나 그 모양이었다. 우리는 그저 우리에게 중요한 행동모델이 되는 사람들의 언행을 무의식적으로 따랐을 뿐이었다. 또한 우리는 가정에서 일어나는 일들에 대해서 두 가지의 서로 다른, 혼란스러운 감정을 느껴왔다. 예컨

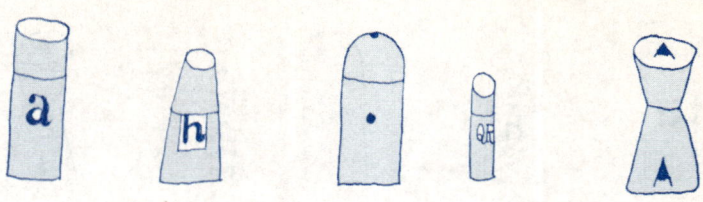

대, 가장이라는 사람이 술에 취해서 난폭하게 구는 것을 지켜볼 때 한편으로는 그것을 혐오하면서도 다른 한편으로는 아침부터 술을 마시는 것이 지극히 당연한 일이라는 생각을 갖기에 이르렀던 것이다.

자기회복에 들어선 우리는 새로운 행동모델을 갖는다. 어떻게 살아갈 것인가, 다른 사람들과는 어떻게 관계할 것인가 하는 문제에 관한 혼란스럽고 낡은 생각들을 점차 버려가고 있다. 우리는 전적으로 새로운 삶의 길을 경험하고 있는 것이다.

오늘의 명상

자기회복의 과정에서는 멀리까지 내다보는 다짐을 할 필요가 없다. 아니, 그것은 때로는 아주 위험스러운 것이 될 수도 있다. 나날이 조금씩 변화해 가려는 의지를 갖는 것, 그것만으로 충분하다.

10. 사슬 끊기

 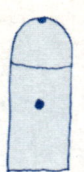  

★월 ○일

이제는 기억도 아련한 옛날부터 우리는 가정의 분란으로 인하여 참담한 심정을 느끼며 살아왔다. 우리는 그 불행의 사슬이 끊어지고 가정의 건강이 회복되기를 간절히 원해왔다. 때로는 다른 사람들을 변화시킬 힘이 우리에게 있어주길 빌기도 했다.

그러나 물론 우리에게 그런 힘이 있을 리 없다. 아무리 마음이 간절해도 우리의 힘으로는 가족들을 어찌해 볼 수가 없고 행복하게 해 줄 수도 없다.

부모님에게 결핍된 점들을 우리가 보상해 줄 수는 없다. 그분들을 교화시킬 수도 없다. 우리는 자기 파괴적인 행동을 하는 그분들을 구원할 수도 없다. 우리는 그분들을 고쳐줄 수 없다.

다만 우리가 할 수 있는 것은 우리 자신을 바꾸는 것뿐이다. 그러자면 신의 도움이 필요하다. 우리는 새로운 방향을 발견할 수 있고 새로운 북돋움을 얻을 수 있다. 우리는 평화를 구할 수 있고, 정신적 힘을 제공하는 무한한 원천을 찾아낼 수 있다.

우리가 그같은 변화를 꾀하는 것은 단지 가족만을 위해서가 아니다. 그것은 바로 자신을 위해서이다.

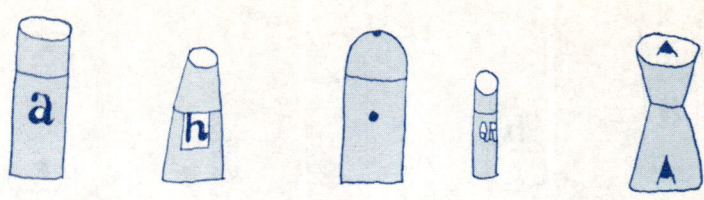

 진정한 자아를 발견하고 내적 안정을 기함으로써 일단 정신적으로 회복이 되고 나면, 우리는 원한과 부조화가 되풀이되는 것을 막고 건강과 조화를 이룰 수 있다.

나의 자기회복이 한 사례가 됨으로써 주위에 있는 사람들에게서도 커다란 변화가 일어날 수 있다.

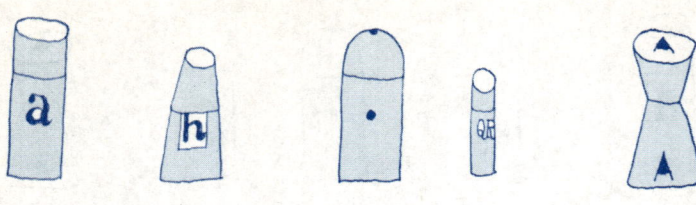

★월 ○일

우리는 모든 것이 부족한 상태에서 성장을 해왔기 때문에 우리 자신도 결핍된 인간이 될 가능성이 매우 높다. 그리고 결국 그렇게 되었다. 자기 회복에 들어서기 이전에, 우리는 이미 자기가 속한 가정의 증상에 단단히 묶이게 했던 그 사슬과 똑같은 새로운 사슬을 만들기 시작했다.

비록 우리가 그 점을 자각하지는 못하지만, 개중에는 자기가 몹시 원망했던 부모님과 흡사한 사람들을 동반자로 삼은 이들이 무척 많은 것 같다. 아무리 얻으려 해도 얻지 못했던 사랑과 인정을 기어코 얻어내고 말겠다는 숨은 동기가 있었을 것이다. 아니면 그것은 우리와 조금도 다름없이 감정적으로 '뒤죽박죽인' 사람들에게 애착을 느끼거나 그들의 애정을 얻고자 하는 심리에서 비롯된 결과인지도 모른다.

어른이 되어서, 우리는 어린 시절에 겪었던 것과 똑같은 위기적 상황들을 무의식적으로 재연해 내는 경우가 더러 있다. 인물과 무대는 다르지만 행동과 그 여파는 같다. 우리는 배우자나 동반자들을 우리의 어머니, 아버지들이 서로를 대하던 방식 그대로 대한다.

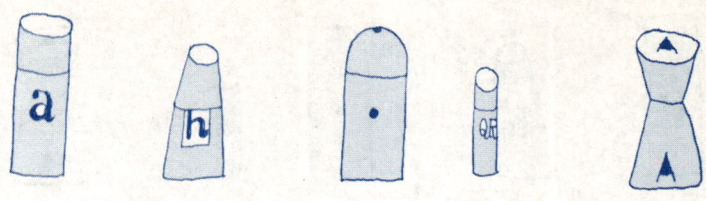

    그들의 인생을 얼룩지게 했던 격변과 증상이 우리의 인생에서 고스란히 재연된다. 우리 부모님을 고통의 구렁텅이에 빠뜨렸던 바로 그 불안이, 내적인 것뿐만 아니라 외적인 것까지도, 우리에게 그대로 이어지고 만 것이다.
    그러나 신의 보우하심이 있어, 우리는 마침내 우리에게 무슨 일이 일어나고 있는지를 깨닫게 되었다. 신의 보우하심이 있어 우리에겐 새로운 선택의 기회가 주어졌다.

오늘의 명상

    나는 당연히 고유의 권리를 가진 한 인간이 되어야 하며, 나 스스로 택한 길을 걸어가야 한다.

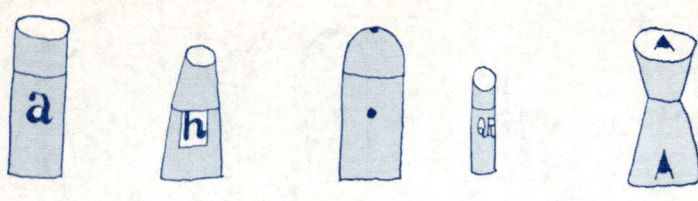

★월 ○일

 우리는 이제 새로운 길을 선택하고 커다란 변화를 이루어 가고 있다. 그러느라고 우리가 부모님으로부터 멀어진 면도 없지 않다. 그렇다면 이제 더 이상 그분들은 우리의 인생과는 상관이 없다는 뜻일까?
 전혀 그렇지가 않다. 우리는 부모님과의 관계가 지속적으로 이어지기를 바란다. 다만 그 관계의 토대가 이전과는 달라지기를 원할 따름이다. 어찌 되었건, 우리는 한 가족이고, 아직도 서로가 서로를 염려하고 배려하는 사이이다. 게다가 그처럼 중요한 관계를 재정립하고 재정돈하려는 노력을 통해서 우리는 개인적인 성숙이라는 대가를 얻을 수도 있을 것이다. 실제로, 각자의 가정에 얽힌 낡은 문제들을 새로운 해결방안으로 풀어나갈 때 우리는 아주 구체적인 이익을 얻을 수가 있을 것이다.
 부모님이 우리가 제시한 새로운 방향에 대해서 혼란스러워하고 화를 낼 때에도 그분들을 이해하고 인내로써 대할 수 있다면——우리의 감정을 솔직하게 있는 그대로 전달하고, 그러면서도 부모님들이 터무니없는 요구를 해올 때에 현명하게 대응할 수 있다면——

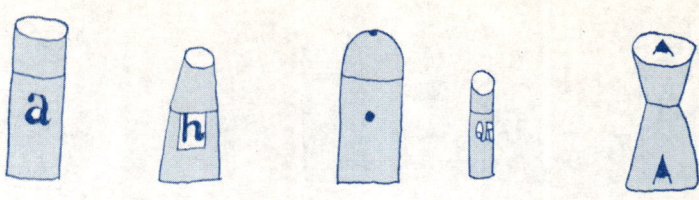

    부모님의 몰이해를 견디지 못해서 이전의 상태에로 되돌아가 버리고 싶은 심정이 되더라도 결연히 자기를 지켜낼 수 있다면——우리는 실로 커다란 이익을 얻을 수 있을 것이다.
    부모님과의 관계를 그처럼 이끌어 나가려면 용기와 인내심이 필요하다. 그러나 그같은 노력은 우리 주위에 있는 모든 사람들과의 보다 밀접하고 더 자유롭고 더 건강한 유대를 향해 나아가는 시발점이 될 수 있다.

오늘의 명상

나는 부모님과의 관계를 개선하고 유지하기 위해서 내 쪽에서 할 수 있는 모든 노력을 다할 것이다.

  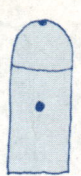  

★월 ○일

인정하기가 쉽지는 않겠지만, 이제는 더 이상 부모님과의 관계를 지속해낼 수 있을 것 같지 않다고 느끼는 때가 자주 있다. 그리고 그 대가는 무척 혹독하다.

우리는 그분들이 우리의 새로운 생활방식을 이해하고 받아들일 수 있도록 하기 위하여 힘이 자라는 한 최선을 다했다. 그러나 그 분들은 우리를 조금도 인정하지 않고 전혀 요지부동이었다. 달라진 우리의 모습을 보고는 위협을 느끼고, 심지어는 몹시 화를 내는 경우도 없지가 않다. 그 변화를 자기들에 대한 공격행위로까지 보는 경우도 있다. 그럴 경우 그들은 험한 모욕과 힐난과 터무니없는 말로 스스로를 방어하려고 한다.

그처럼 견딜 수 없는 상황에 처하게 될 때, 우리가 그 동안 이루어온 발전은 한순간에 무너져 버린다. 때로는 그 고통이 인내의 한계를 넘어서기도 한다. 그리고 우리는 그만 옛날로 되돌아가 버리고 싶은 충동을 느낀다. 마침내 우리가 두려워해 왔던 그것이 현실로 나타난 것이다.

아무리 대화를 하려고 노력해도 비참한 결과만이 빚어지기에 이

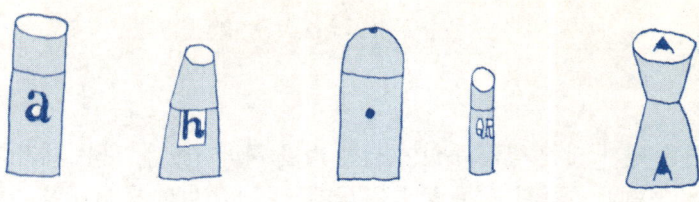

젠 관계를 끊어버리는 편이 더 나을지도 모르는 아주 극단적인 경우도 있을 것이다. 그러나 대개는 대화를 하지 않고 접촉도 하지 않는 정도로 충분할 것이다.

파괴적인 관계와의 작별을 고하는 것, 특히 그것이 부모님과의 관계일 경우, 그것은 새로운 삶의 길에 들어선 우리가 직면할 수 있는 가장 험난하고 가슴아픈 도전들 중의 한가지일 것이다. 그러나 그것은 또한 자기회복을 더욱 진전시키기 위해서는 그 어떤 어려움도 감수하겠다는 의지와 용기가 있어야 한다는 사실을 거듭 확인케 해주고, 그럼으로써 우리를 자유롭게 할 수 있는 요인이기도 하다.

오늘의 명상

나는 언제나 지혜와 용기를 가지고 올바른 선택을 함으로써 모든 관계에 대처해 나가기를 기도한다.

금주의 다짐

신은 내가 내 인생의 주인이 되는 것을 허락하셨다. 나는 내가 타고난 능력과 습득한 모든 능력을 굳게 믿으며, 나에게 타당한 길을 따라 나아갈 용기가 있음을 믿는다. 사슬은 끊어졌다. 이제 나는 자유로이 새로운 가치관을 개발할 것이고 새로운 목표를 설정할 것이고 전적으로 새로운 삶의 목적을 마련할 것이다.

나는 조금도 주저함이 없이, 나의 모습이 이전과는 달라져야 한다고 다짐한다. 나는 건강하지 못한 가정의 굴레에 갇혀서 언제까지고 끌려만 가는 길을 버렸다. 적극적으로 자기회복의 길로 나아가기 위해서는 새로운 원칙을 익혀야 하고, 새로운 행동모델을 찾아야 하며, 새로이 의지할 대상을 찾아야 한다는 것을 나는 깊이 깨닫는다.

신은 지속적으로 나에게 새로운 통찰력과 기회를 부여해 주신다. 이제 나는 내 가족의 역사를 진정으로 객관적인 입장에 서서 조망할 수 있으므로, 더 많은 이해를 할 수 있고 더 많은 것을 너그러이 보아줄 수 있게 되었다. 이제 나는 내가 다른 사람들에 대해서 얼마만큼이나 무기력한지를 깨달았으므로, 나의 내적인 변화에 온 정신을 모을 수가 있게 되었다. 나날이 모든 것이 좋아져 가고 있으므로, 다른 사람들에게 병적인 영향보다는 건강한 영향을 줄 수 있게 되었다.

오늘의명상

나는 내가 새로운 자유를 얻었음을 찬양한다. 새로운 목적을 가졌음을 찬양한다. 내가 새로워졌음을 찬양한다.

11.
행복에 대하여

살아있음을 의식하는 것만으로도 지극한 기쁨이 아닐 수 없다.

——에밀리 디킨슨

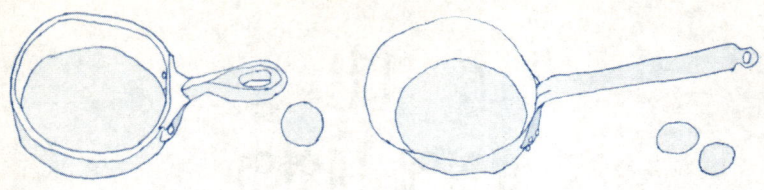

★월 ○일

술을 끊은 지 몇 주일이 지난 어느 날, 나는 탐닉에서 벗어나 자기회복에 이른 과정을 설명하는 어떤 남자의 강연에 열심히 귀를 기울였다. 그가 스스로를 놀리는 농담을 했을 때엔 청중이 일제히 웃음을 터뜨렸다. 나는 그 누구보다도 더 큰 소리로 오래오래 웃었다.

내가 그처럼 속시원하게 웃어본 것은 실로 오랜만의 일이었다. 지금 돌이켜 보건대, 그것은 놀랍도록 내 마음을 홀가분하게 해준 경험이었다. 마치 내 몸을 한껏 흔들어서 목까지 차 오른 고통들을 밖으로 쏟아버리는 것 같았다. 그 순간에 나는 지극한 행복감을 맛보았다.

생각해보면 별것도 아니었던 그 경험을 통해서 나는 내가 진정으로 각성이 되었다는 사실을 처음 깨달았던 것 같다. 산다는 것은 나에게는 언제나 무섭도록 심각한 대상이었다. 나는 나 자신과 내가 안고 있는 문제들에 완전히 함몰되어 있었기에, 고통으로 찬 나의 작은 세계 이외의 것은 그 무엇도 볼 수가 없었고 느낄 수도 없었다. 지금까지 내가 마음껏 웃을 수 없었던 이유는 나 스스로 그것을 허락할 수가 없었기 때문이었다.

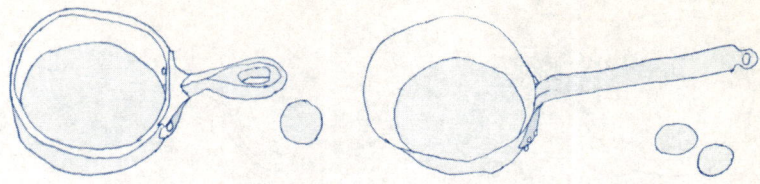

나는 깨달았다. 자기회복의 단계에서 행복을 느끼는 순간이 더욱 더 많아지게 하려면 내가 스스로를 억제할 수 있다는 그릇된 생각을 버리고 스스로에 대한 경계심을 늦추어야 한다는 것을. 자신을 너무 심각하게 대하는 태도를 버려야 한다는 것을.

오늘의 명상

나는 흔쾌한 웃음으로 나의 마음을 자유롭게 할 것이다. 나는 행복한 순간들을 흔쾌히 받아들일 것이다.

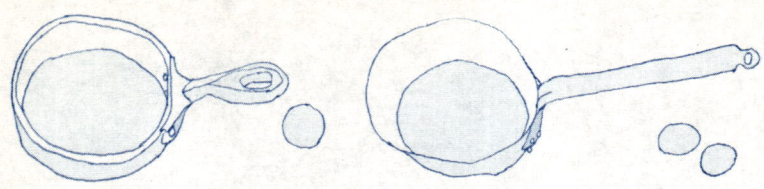

★월 ○일

 관광명소 같은 데에서 우리는 흔히 동전을 넣어 작동시키는 망원경을 본다. 그런데 동전을 넣고는 잠시 들여다보았다 싶었을 때에 갑자기 타이머가 찰칵 소리를 내며 꺼지고, 시야가 사라지고, 그리고 정작 보고 싶었던 방향을 보지 못했다는 실망감을 느껴본 사람들이 많을 것이다.
 행복을 추구하는 과정에서도 그와 유사한 실망감을 느꼈던 이들이 우리 중에는 없지 않을 것이다. 그리고 그 이유도 서로 비슷할 것이다. 우리는 엉뚱한 방향을 바라보았던 것이다. 우리는 무언가를 이루고 쌓아가는 것이 곧 행복이라고 여겼었다. 그리하여 '내게 흡족한' 파트너나 직업을 구하고, 혹은 수지균형을 맞추는 것으로써 행복을 추구했었다. 성공을 이루고 지위를 얻었을 때라야 비로소 행복해지는 것이라고 여겼었다.
 그렇다고 해서 행복이란 것은 우리의 외부에서가 아니라 내부에서 비롯되어야 한다는 근본적인 진리를 우리가 몰랐다는 뜻은 아니다. 문제는 그같은 진리가 우리 자신만의 방식에 의해서, 우리 자신이 원하는 때에 구현되어야 한다는 믿음을 갖고 있었다는 데에 있

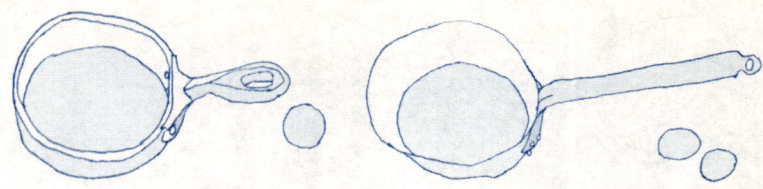

다.

  지금 우리가 가지고 있는 바로 그 자동차, 협력하고 있는 바로 그 파트너, 살고 있는 바로 그 집 등등은 우리로선 필연의 선택이었다고 생각될 수도 있다. 그러나 우리가 마침내 '다른 방향으로 눈길을 돌리고' 망원경의 축을 180도 돌리고, 완전히 다른 견지에서 행복을 추구해 가기 위해서는 다시 한번 더 우리의 환상을 깨뜨려야 하는지도 모른다.

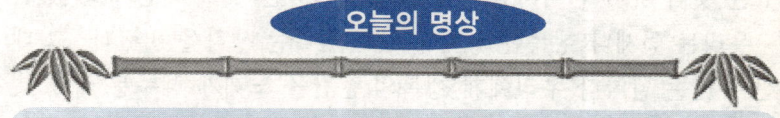

오늘의 명상

  나는 나의 내부에로 눈길을 돌려서 거기에 들어있는 행복을 발견하여야 한다.

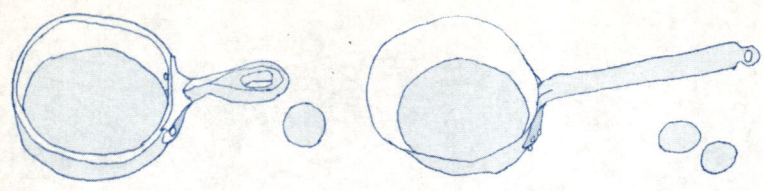

★월 ○일

　우리도 언젠가는 행복해질 수 있을까 하는 생각을 하다보면 가슴이 철렁 내려앉는 때가 생각보다도 더 많은 것이 사실이다. 우리는 행복한 결혼을 하고 행복한 직장생활을 하고 행복한 인간이 되기를 항상 꿈꾸어 왔다. 우리는 행복이란 것을 절대적인 견지에서——그러니까 그것을 갖느냐 갖지 못하느냐 하는 식으로만 생각해 왔다.
　'완전한 행복' 혹은 '영원한 행복' 만을 생각해왔기 때문에 우리는 많은 행복을 놓쳐버렸다. 말하자면 우리는 속이 꽉 찬 보물상자만을 바라왔던 것이다. 그리하여 수없이 많은 하나 하나의 보석들이 우리의 손가락 사이로 빠져나가 버린 것이다.
　어른이 되어 가면서 우리는 진정한 행복이란 우리가 항상 느낄 수 있는 것이 아니라 이따금 맛보는 느낌이라는 것을 깨닫게 되었다.
　우리는 언제나 행복한 상태로 있고 싶다는 생각을 버렸다. 그 대신 우리는 날마다 우리에게 행복의 순간을 느끼게 해주는 작은 빛이며 소리들이며 경험들을 소중히 여기고 감사하는 마음을 가진다. 꽃이 피어나는 나무, 별이 빛나는 밤하늘, 따뜻한 인사, 홀로 집으로 돌아가는 밤의 시간들…….

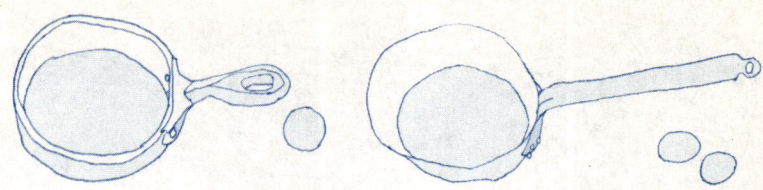

　무엇보다도, 이제 우리는 행복이란 것을 마치 나날의 계획표 속에 끼워 넣을 수 있는 것인 양 여기는 태도를 완전히 버렸다. 비현실적인 모든 기대를 과감히 버렸으므로, 이제 우리는 행복이 언제 어느 곳으로부터 불쑥 다가온다 하더라도 그것을 마음껏 즐길 수 있게 되었다.

　나는 순간 순간의 기쁨을 흔쾌히 받아들이겠다는 자세로 이 하루를 살아갈 것이다.

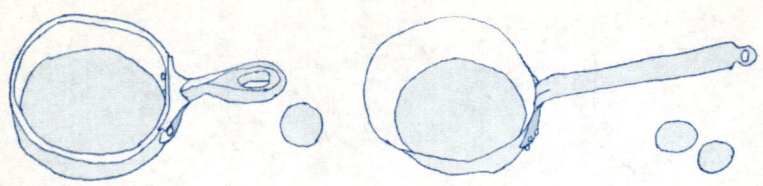

★월 ○일

 정신적인 자기회복을 향하여 나아가는 과정에서 커다란 불안감을 느끼는 사람들이 있다. 기도를 올리고 명상을 하고, 자신의 현상을 파악하기 위한 목록을 작성하는 등의 행위를 의식적으로 해야 한다는 사실이 스스로 억압적이고 짜증스러운 인생을 살고 있는 증거가 아닌가 하는 생각이 드는 것이다.
 그러나 이미 밝혀졌듯이, 그것은 전혀 사실이 아니다. 아니 사실은 오히려 그 반대이다. 자기의 면모를 일신하고 신을 믿는 법을 배우려면 우선 나름의 원칙과 근면과 용기가 필요하다는 것은 두말할 필요도 없는 일이다. 그리고 이미 그같은 목표를 성공적으로 달성했으므로, 우리가 기대했던 것 이상의 기쁨과 행복을 누릴 자격이 우리에겐 주어진 것이다.
 두려워서 머뭇거려야 했던 행위들은 우리의 지평을 좁히기보다는 오히려 더 확대시켜 주었다. 너무도 오랫동안 우리의 마음을 짓누르고 있었던 비밀과 죄책감과 후회의 감정이라는 짐들이 우리에게서 덜어진 것이다.
 오늘 우리의 삶은 결코 지루하지도 답답하지도 않다. 그와는 반

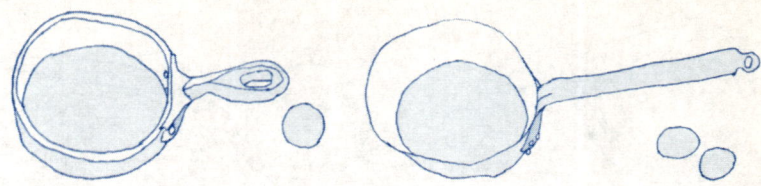

대로, 우리는 주위의 세계가, 그리고 바로 우리 자신이 영속적으로 변화해가고 성장해 가고 껍질이 벗겨져 간다는 사실을 명확하게 깨달을 수 있게 되었다. 우리가 밝혀서 음미할 만한 것들이 언제나 우리의 나아가는 길에 놓여있다.

오늘 우리는 삶을 영위하는 데에는 정신적인 측면의 길도 있다는 사실에 대해서 '예' 라고 말하고, 그것을 통해서 우리의 삶이 한껏 고양되고 충족된다는 것을 굳게 믿는다.

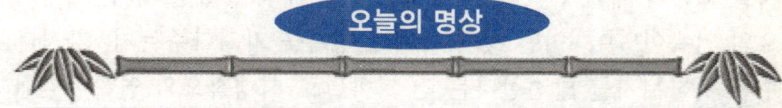

나는 나의 정신적 여행이 나의 삶에 안겨주는 흥분과 기쁨을 깊이 음미할 것이다.

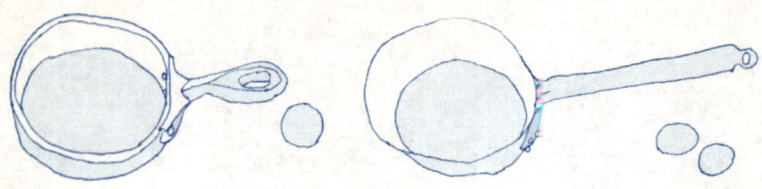

★월 ○일

한 친구가 말했다.

좀 망상 같은 이야기지만, 어린 시절을 돌이켜 보면 난 새장에 갇힌 새였다는 생각이 들어. 자유로이 비상하는 기쁨이 어떤 것인지를 알 기회가 단 한 번도 없었던 새와도 같았지.

어렸을 적에 난 행복이란 게 어떤 것인지 꿈에도 알 수가 없었어. 내가 알았던 건 단지 심각하고 슬플 때의 기분이 어떤지, 죄책감을 갖는다는 것이 어떤 기분인지 하는 것뿐이었어. 그건 당연한 일이었을 거야.

그러다가 아무 것도 모르는 채로 어린 시절이 다 지나갔어. 스스로 알아서 살아야 할 때가 되자 나는 어떻게 하면 행복해질 수 있는지를 조금씩 배워야 했어. 비상하는 법을 배워야 했던 거지. 시행착오의 연속이었어. 어떤 것이 나에게 행복을 가져다주는지, 가져다주지 못하는지를 발견한다는 건 그야말로 시행착오의 연속이었던 거야.

예를 들자면, 한 때 나는 나 혼자서도 행복해질 수 있다고 생각했었어. 모든 걸 나 혼자의 힘으로 해낼 수 있다고 생각했던 거지. 그

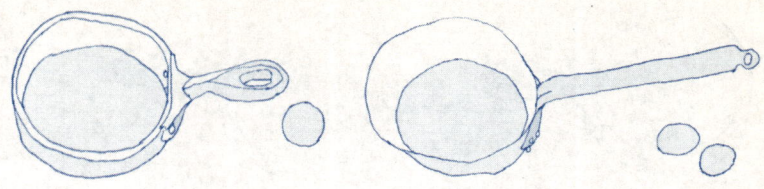

런데 주위 사람들과 함께 있는 것, 다른 사람들과 힘을 합쳐서 일을 하는 것이 훨씬 더 행복하다는 것을 깨달았던 거야. 영화를 보러 가거나 하이킹을 가거나, 심지어는 이삿짐을 옮기는 것까지도 함께 가는 것이 더 즐겁다는 것을 깨달았어.

그런데, 가장 큰 깨달음은 나의 행복은 다른 사람들에게 달려 있는 게 아니라는 사실이었어. 다른 사람들의 행동이나 판단은 나의 행복과는 아무 상관이 없다는 깨달음, 바로 그것이었지. 오늘 내가 행복한가 그렇지 않은가 하는 것은 전적으로 나 자신에게 달린 문제야.

오늘의 명상

나는 무엇이 나를 행복하게 해주는지를 깊이 생각할 것이다. 그리고 필요하다면, 내가 헛된 방향으로 행복을 추구해 나간다고 생각되면 당장에 그 노력의 방향을 바꾸어 버릴 것이다.

11. 행복에 대하여

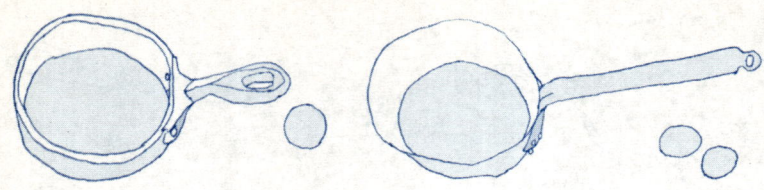

★ 월 ○일

지나온 길을 되돌아볼 때, 유쾌하기보다는 괴로운 기억들이 더 많이 떠오른다. 물론 좋았던 시절도 없지는 않았다. 그러나 매사에 맥이 풀리고 실망을 느끼던 때가 대부분이었다.

일부러 작정이라도 한 것처럼 나는 언제나 행복을 불행으로, 성공을 실패로 뒤집어 버리곤 했었다. 그같은 의식이 오랫동안 나를 따라다녔다. 오늘에 와서야 비로소 이해하게 된 바지만, 자긍심이 형편없는 데다가 마음속에서 죄책감이 떠날 날이 없었기 때문에, 마음놓고 휴가를 즐긴다거나 기쁜 마음으로 축하를 받거나 직업과 관련된 포상 같은 것은 받을 자격이 없다는 생각을 했던 것 같다.

행복에 대한 느낌은 언제나 다른 어떤 감정과 연관지어져 있었다. 그것은 두려움이었다. 나는 나의 행복은 이내 내게서 사라질 것이라고, 혹은 다른 어떤 비참한 일이 생겨서 그것을 앗아가 버릴 것이라고만 여겼었다. 달리 말해서, 행복이 나를 오히려 불안에 떨게 하였던 것이다. 이따금 내가 씁쓸한 기분에 젖어 행복을 사보타지 했던 것은 바로 그런 연유에서였다.

그러나 다행히도 어제의 기억은 오늘의 현실과는 사뭇 다르다.

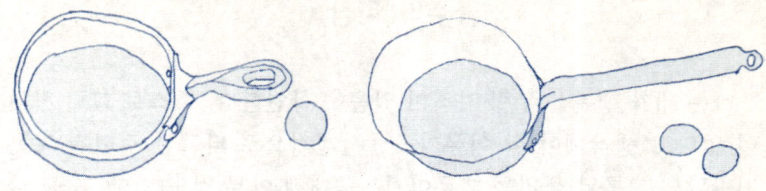

무엇보다도, 이제 나는 나에게 있어 특별한 일들을 진정으로 기뻐할 수 있고, 그것들이 가져다주는 즐거움을 흔쾌히 누릴 수가 있게 되었다. 그럼에도 불구하고 아직도 나는 가끔씩, 내가 행복을 누릴 자격이 있다는 사실, 행복을 흔쾌히 받아들일 것이냐 아니면 흘려보낼 것이냐를 선택할 힘이 있다는 사실을 재확인하여야 한다.

행복이, 혹은 이제 곧 행복이 내게 다가오리라는 예상이 아직도 나를 두려움에 떨게 하는가?

금주의 다짐

나는 내가 행복을 누릴 자격이 있음을 확인한다. 스스로 그럴 자격이 없다고 생각해야 할 이유가——선천적으로 타고난 것이건 혹은 지난날의 그릇된 행위들 때문이건——내겐 아무 것도 없다. 오늘 나는 나의 삶에 행복이 찾아오게 하고 그것을 흔쾌히 맞이한다.

지난날에 나는 나 자신을 지나치게 심각하게 대해왔다. 그리하여 매사를 흑 아니면 백이라는 식으로 판단했었다. 그러나 지금 나는 편한 마음을 가지려고 애를 쓰고 있으며, 내 주위의 세계를 아름답게 채색해 주는 온갖 해학과 아이러니를 민감하게 받아들인다.

진정한 행복, 지속적인 행복은 나의 내부에 존재한다. 오늘 나는 곧바로 그곳을 향해 나아갈 것이다. 만약 불행하다는 생각이 들면 나는 무엇이 나를 불만스럽게 만드는지 그 원인을 밝힐 것이다. 물론 그 원인도 나의 내부에서 발견될 것이다. 내가 불행하다는 생각이 드는 것은, 내 나름의 방식대로 살아나가지 못하기 때문일 것이고, 부정적인 태도를 가졌기 때문일 것이고, 혹은 온갖 기대로 마음이 마구 날뛰고 있기 때문일 것이다.

나의 행복은 다른 사람들의 행동이나 태도와는 더 이상 아무 상관도 없다. 오늘 내가 행복한가 불행한가 하는 것은 전적으로 나의 책임이다. 나의 삶을 경이와 환희로 넘치게 할 마음가짐과 행동들을 발견하고 이룩하는 것은 전적으로 나에게 달려 있는 문제이다.

오늘의 명상
신의 자식이면 누구나 그러하듯이, 나에게도 행복을 누릴 자격이 있다.

12.
부인(否認)에 대하여

우리에게 환상이 쉽게 받아들여지는 까닭은 그것이 우리의 고통을 덜어주고 기쁨을 맛보게 해주기 때문이다. 그러므로 우리는 그것이 더러는 현실의 일각과 충돌을 하여 산산조각이 나고 만다는 사실마저도 불평 없이 받아들여야 한다.

——지그문트 프로이트

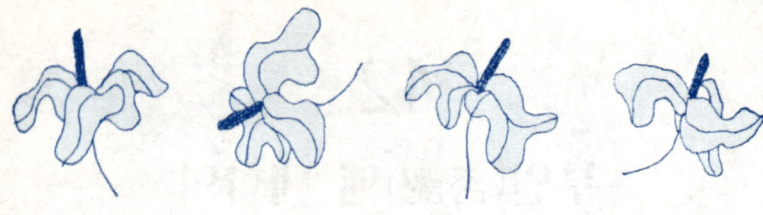

★월 ○일

　현실을 부인함으로써 발전에 심각한 장애를 받는 명백한 경우를 우리들 사이에서 얼마든지 볼 수 있다. 환상이 현실을 앞지르면 미묘한 가운데에서 커다란 해악이 초래되는 법이고, 그것은 현재와 지난날의 우리의 가족관계에 있어서는 특히 그러하다.
　자기의 가정은 결핍된 면을 안고 있으며, 부모님은 가학적이고, 자기가 감정적으로 큰 상처를 입고 있다는 사실도 선뜻 인정하지 못하는 사람들이 아직까지도 많다. 부모님이 자기를 냉담하게 모욕적으로 대한 것은, 자식을 염려해서였거나 아니면 너무 바빠서였다는 식으로 합리화하는 사람들도 있다. 심지어는 체벌을 당한 사실마저도 '제 자식 잘 되게 하려는' 부모님의 사랑의 매였으려니 하고 생각하는 이들도 있다.
　자기의 성장과정에서의 그같은 진실들을 애써 회피하려는 것은 도대체 무슨 까닭일까? 어쩌면 현실을 똑바로 대한다는 사실 자체가 우선 고통스러운 일인지도 모른다. 현재의 가족관계가 비록 지겹고 해롭다 할지라도 거기에 어떤 변화가 일어나는 것이 두렵기 때문인지도 모른다. 아니 어쩌면 우리는 죄책감을 느끼기가 싫어서

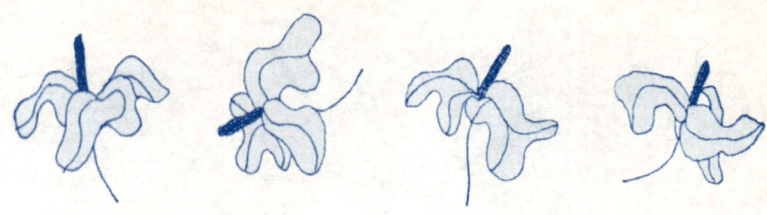

그러는지도 모른다. 어찌 됐건 간에 부모님은 우리를 낳아주셨고, 길러 주셨고, 아직까지도 우리를 위해 애쓰고 있다는 생각에서.

그러나, 그렇다 하더라도 현실을 부인하는 것은 자기회복을 향하여 나아가는 길에 심각한 장애물이 될 수 있다는 엄연한 사실이 달라지지는 않는다. 아무리 출발이 좋았다 할지라도, 현실을 똑바로 바라보길 주저하거나 그럴 힘이 없을 때에는, 우리는 보나마나 전진을 위한 토대를 잃고 말 것이다.

우리는 고통스러운 현실을 회피함으로써 편한 마음을 가지려고 현실을 부인하곤 한다. 그러나 그 부인은 결국 더 큰 고통을 안겨줄 뿐이다.

12. 부인(否認)에 대하여

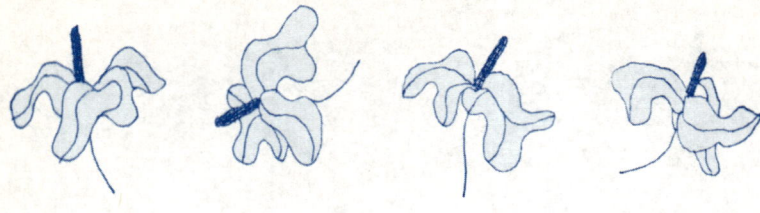

★월 ○일

　가족에 관해서 엄연한 사실들을 부인하는 심리는 마치 망상조직과도 같이 얼기설기 얽혀 있다. 영향을 미치는 범위가 매우 넓고 그 효과도 또한 막강하다. 마치 가족들 서로가 언제까지나 침묵으로 비밀을 지켜 주기로 피의 맹세를 한 것만 같다. 가족들은 외부의 세계에 대해서뿐만이 아니라 바로 자기자신들에 대해서까지도 가능한 한 거짓된 얼굴을 보여주는 것이 목적인 것만 같다.
　지겨운 사실들과 고통스러운 현실을 다루는 방법으로써는 그것들을 부인하는 것이 가장 그럴 듯하고 또 바람직하다는 것을 나는 일찌감치 깨달았다. 어린 시절에 나는 다른 식구들과 마찬가지로, 부모님이 서로를 모멸하는 것을 못 본 체해야 했고, 학대 행위를 가하더라도 묵묵히 당하기만 했고, 모든 것이 그저 잘 되어 나가고 있다고 여겨야만 했었다.
　그러한 환경 속에서 성장을 함으로써 나는 나의 가족에 대한 어떤 사실들을 부인하는 법을 익혔을 뿐만 아니라, 나 자신에 대해서도 역시 많은 점들을 부인하기에 이르고 말았다. 나는 부정직해지는 법을 배웠고, 감정을 숨기는 법을 익혔고, 나의 성격적 결함들을

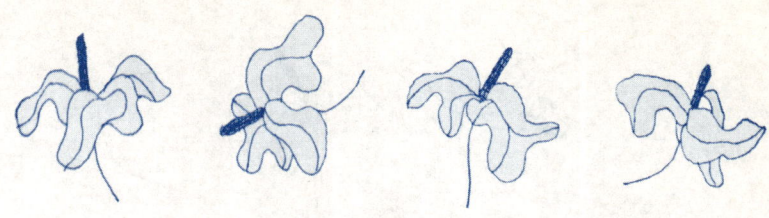

  무시하는 법을 익혔다. 그같은 상태로 어른이 되어가자 나는 점점 더 현실에서 멀어져 버린 것이다.
  일생을 통해 이어져온, 그같은 부인의 심리행태를 분쇄하기 위해서는 나 자신과 다른 사람들에게 기꺼이 나의 비밀을 털어놓고 나의 온갖 결점들을 인정하여야 한다고 누군가가 나에게 말해주었다. 그렇게 함으로써 부인과 고립의 벽이 마침내 허물어질 수 있다는 것이었다.

오늘의 명상

  나는 비밀과 침묵이라는, 내 일생의 심리행태를 부수어 버릴 것이다. 나는 부인에 대해서 '종언을 고할' 것이다.

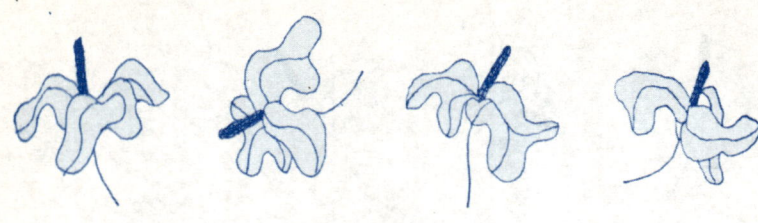

★월 ○일

　부인에서 벗어나서 자각과 수용에로 나아가는 과정은 한순간에 이루어지지 않는다. 그 과정은 더러는 반갑고 흥분이 되고 더러는 고통스럽고 대하기가 너무도 어려운 깨달음들이 부단히 이어져서 이루어지는 것이다.
　우리 자신에 대한 어떤 사실들을 인정하기가 더없이 어려울 경우가 있다. 예컨대 우리가 자신의 성격상의 결함들을 파악하여 그것이 그렇게 된 연유를 확인하기 시작하는 경우에도, 그러한 결함들이 우리의 삶에 얼마만한 악영향을 미쳐왔는가를 판단하는 데에서는 그만 머뭇거리기가 일쑤이다.
　자기의 성미가 몹시 급하다는 사실을 인정하면서도, 그것이 걸핏하면 벌컥 화를 내거나 자주자주 심적 불안감이나 혼란을 느끼는 것과 어떤 관계가 있으리라고는 보지 않는 경우가 바로 그런 것이다.
　자기가 다른 사람의 환심을 사려고 하는 경향이 있다는 것은 인정하면서도 그러한 행동들로 인하여 마음상태가 불안해지고 자존심이 손상된다는 사실은 인정하지 않으려 한다.
　남에게 관대하지 못하다는 것을 인정하면서도, 그같은 성격적 결

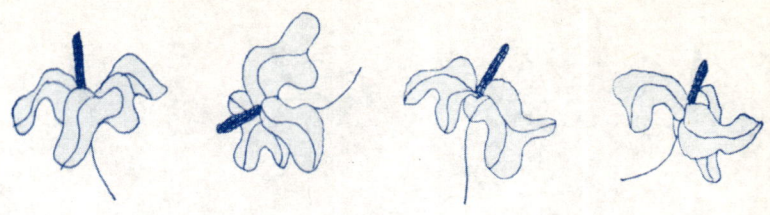

함이 남들과의 관계에서 조화를 이루고 있지 못한 데서 연유한다는 사실은 부인한다.

  그러나 그같은 사실들이 속속 밝혀진다고 해서 의기소침해질 필요는 없다. 지금까지 부인해왔던 온갖 사실들이 문제의 전면에 떠오를 때, 거기에 과감히 대항해서 맞서기만 하면 우리는 얼마든지 전진할 수가 있다.

오늘의 명상

  갈등이 일어나거나 감정적 혼란이 일어나면 나는 먼저 거기에 나의 성격적 결함이 관계되어 있는지를 파악할 것이다.

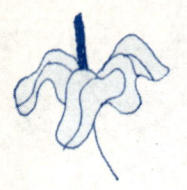 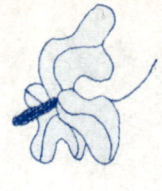  

★월 ○일

　부인을 통해서 우리는 현실로부터 확실하게 '은폐되어' 있었다. 우리의 그릇된 믿음을 합리화하기 위해서 우리는 자신의 참모습과는 완전히 다른 또 하나의 인생을 살아온 것이다. 사실은 환상에 끼워 맞추기 위해서 우리는 할 수 있는 모든 것을 다해왔다.
　그런데 문제는 이 세상의 그 누구도 우리의 그러한 거짓된 모습에 속아주지 않았다는 점이다. 우리는 무심결에 저지른 행동이나 탐닉적인 행위들을 통해서 우리 자신의 참모습을 고스란히 내어보일 수밖에 없었던 것이다. 게다가, 사람들은 언제나 우리의 의도를 간파하고서는 우리로 하여금 우리의 참모습이 어떠한지를 자각하지 않을 수 없도록 해 주었다.
　이제 우리는 그들이 단지 우리를 도우려 했을 뿐이라는 것을 깨달았다. 그러나 그 당시에는 그들을 적으로 여겼던 것이 사실이다. 그들이 진실을 밝혀내면 밝혀낼수록 우리는 더 큰 위협을 느꼈고, 그리하여 더 강하게 부인하고자 하는 심리적인 압박을 받았던 것이다.
　그처럼 심각한 상태에서 벗어났다는 것은 실로 다행이라 하지 않

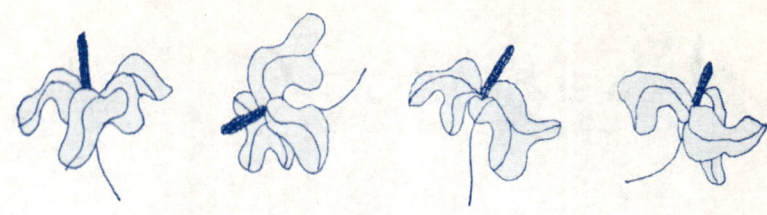

을 수 없다! 그저 목숨만 부지하는 상태로 살아가는 것은 인생이라고 할 수도 없음을 깨달은 것, 그것은 실로 다행스런 일이다.

  오늘, 우리는 환상에 집착하고 문제를 일으킬 행동을 하는 대신, 그러한 것들을 제거하는 데에로 나아간다. 우리에겐 우리의 진정한 모습을 되찾고자 하는, 물상을 있는 그대로의 모습으로 보고자 하는 의지가 있고 또 그럴 능력도 있다.

오늘의 명상

이 세상을 살아가기 위해서는 부인이라는 것이 반드시 필요할 것 같았다. 하지만 그것은 곧 우리의 죽음을 뜻하는 것이었다.

12. 부인(否認)에 대하여

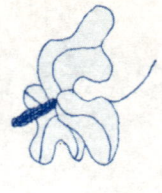

★월 ○일

 술이나 마약 등의 중독자로서 나는 온갖 변명과 자기합리화의 구실을 들이대어 그같은 의존적 행위들을 부인하곤 했었다. 그리하여 술을 마시고 마약을 복용하고 도박을 하고 충동적으로 음식을 먹어대는 등등의 행위가 나의 삶에서 가장 중요한 부분이 되어 버렸다.
 건강과 제정신을 회복한 오늘의 입장에서 보면, 그런 사실을 부인했던 행위는 실로 안쓰럽기 짝이 없는 짓이었다. 그러나 당시로서는 달리 도리가 없었다. 심하게 병이 들었다는 주된 징후로써, 나의 몸과 마음이 힘을 합쳐서 그같은 사실을 부인했던 것이다. 무언가가 크게 잘못되었음을 알면서도 나는 거기에서 벗어났을 때의 결과가 두려워서 그 상태에 그대로 머물렀었다. 내가 탐닉의 대상에 필사적으로 매달렸던 것은 그것들이 없이 살아가는 삶을 상상조차 할 수가 없었기 때문이었다.
 마침내 내가 스스로를 바닥까지 드러내고 굴복을 했을 때, 새로운 삶을 향한 최초의, 그리고 가장 힘겨웠던 한 걸음은, 내가 지금까지 온갖 탐닉에 빠져 있었으며 병들어 있었다는 사실을 인정하는 것이었다. 이제 나는 그 핵심적인 사실을 인정하지 않고서는 어떠

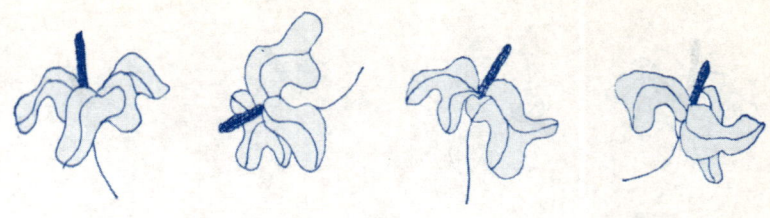

한 자기회복도 이루어질 수 없다는 것을 잘 알고 있다.

  오늘 나의 삶은 이전의 나로서는 도저히 꿈도 꿀 수 없었을 정도로 풍요롭고 기쁨에 넘쳐있다. 나의 태도와 행동들이 전과는 180도로 달라졌다는 사실이 때로는 그저 놀랍기만 할 따름이다.

  지난날 내가 탐닉에 빠져들어가는 데에 한도가 없었던 것과 마찬가지로, 지금 내가 자기회복을 향하여 나아가는 데에도 역시 한도가 없다.

오늘의 명상

부인하려는 마음이 되살아나면 내가 그 어떤 상태에서 간신히 벗어났는지, 그리고 이제는 어떠한 상태를 향해 나아가고 있는지를 생각하고 그것에 감사를 드림으로써, 그런 생각을 물리칠 것이다.

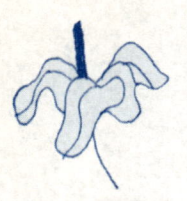

★ 월 ○일

나는 한때 빈민가의 술집에서 일한 적이 있었다. 날마다 아침 6시에 내가 문을 열면 언제나 그 얼굴이 그 얼굴인 사람들이 밖에 줄을 지어 기다리고 있었다. 크고 작은 동전들을 내밀고는 술잔을 받아들고 가는 그들을 지켜보면서 나는 인생이 참으로 불쌍하다는 생각을 했었다. 나도 술을 상당히 마시는 편이었으나, 자칫하면 나도 그들의 대열에 끼는 처지가 될지도 모른다는 생각은 꿈에도 하지 않았다.

술을 끊은 지 몇 년이 지나서야 비로소 나는 '부인'이라는 말이 단지 사전을 장식하는 하나의 낱말에 그치는 것이 아니라, 자신의 행위를 합리화하고 그릇된 판단으로 이끄는 교묘한 장치로도 작용한다는 것을 깨달았다. 스스로를 부인하는 심리로 인하여 나도 결국에는 이른 아침에 싸구려 술집 앞에 줄을 서는 자들 틈에 끼여 있는 완전한 알콜 중독자가 되었던 것이다.

자기회복의 길에 들어섰을 때, 나는 자신이 알콜 중독자였었다는 사실보다는 언제나 스스로를 부인하면서 살아왔다는 사실이 더욱 문제였음을 깨달았다. 나는 또 스스로에게 커다란 감정적 상처를

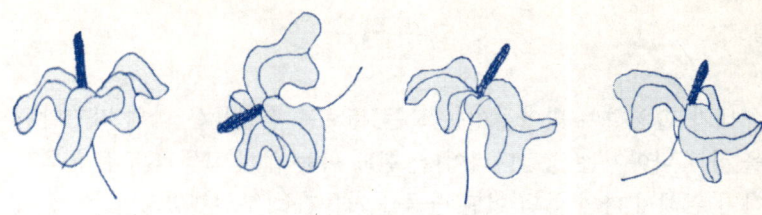

입혔다는 사실마저도 인정하려 들지 않았었다. 그리하여 나는 나의 성격적 결함과 문제점들을 숨기는 데에 명수가 되었던 것이다.

  그처럼 스스로를 부인하려는 심리는 한순간에 사라지지 않았다. 나와 유사한 문제들로 유사한 경험을 했던 사람들의 말에 나는 귀를 기울여야만 했다. 그렇게 함으로써 나의 결함과 두려움의 정체를 밝혀, 그것을 인정하고 극복해 낼 수 있었다. 마침내 나는 점차 현실 속으로 나아갈 수 있었다.

오늘의 명상

나는 스스로를 부인하려는 태도에서 벗어나서 진정한 삶의 세계에로 나아가기 위해 기꺼이 다른 사람들의 도움을 구할 것이다.

12. 부인(否認)에 대하여

금주의 다짐

내가 환영하여 받아들이는 모든 새로운 진실들은 나의 자기발견을 향해 나아가는 징검다리이다. 한때 나는 삶의 고통과 도전을 회피하기 위해서 나의 삶의 어떤 면들을 거듭거듭 부인했었지만, 이제 나는 나날의 현실을 두 눈을 똑바로 뜨고 보고, 신뢰하는 마음으로 받아들인다.

오늘 나는 현실만을 찬양한다. 현실 속에서 나는 모자이크 같은 나의 삶을 이루는 조각들을 더 많이 발견할 수 있고, 그것을 통해 내가 어떠한 인간이 되어가고 있는지를 확인할 수 있다. 나의 삶의 한 부분을 이룰 조각들을 발견할 때마다 나는 신의 설계가 그 얼마나 아름답고 완벽한지를 알아볼 수 있을 것이다.

집이나 직장이나 그밖의 사회생활에서 다른 사람들과 접촉을 할 때, 나는 문득 나도 모르게 부인을 하려는 심리가 나를 휩쓸고 가는 일이 없도록 단단히 조심을 할 것이다. 나는 새로운 삶이 나에게 약속한 진실과 정직이라는 굳건한 기초 위에 흔들림 없이 서있을 것이다.

나는 그 어디엘 가건 그 무슨 일을 하건, 그 어떤 유혹이 있더라도 현실의식을 잃지 않을 것이고, 앞을 내다보는 눈이 흐려지게 하지 않겠다. 현실 속에서 살기 위해서 나는 언제나 현재 속에 몸을 담고 현실을 정확히 깨닫고 있어야만 한다.

오늘의명상

부인을 하는 심리는 더 이상 나의 도피처가 될 수 없고, 나의 선택이 될 수도 없다. 나는 현실 속에서만 평온과 힘을 구할 것이다.

13.
노여움에 대하여

불같은 그대의 격정이 제멋대로 날뛰도록 내버려두어서는 안 된다.
여유를 갖고 마음을 진정시켜야 한다. 성급하게 굴면 만사가 뒤틀리고 만다.

——푸블리우스 스타티우스

★월 〇일

　만족스럽고 평안한 순간이나 시간을 경험할 때에, 그것이 당연하다고 여겨지는 경우가 나에게는 거의 없었다. 노여움에 사로잡힌 채로 지내왔던 오랜 세월을 생각해 보면, 그처럼 평화로웠던 그 순간들이 나에게 과연 몇 번이나 있었던가 하는 생각이 드는 것이다.
　음울한 마음으로 폭발적인 행동을——이 세상과 그 속의 모든 사람들에 대해서 욕을 해대는 식으로——하지 않던 때에도 나는 그같은 노여움으로 인하여 마음이 그 얼마나 괴로웠던지를 결코 잊을 수가 없었다. 그같은 노여움을 언제라도 환기시켜줄 감정적 신체적 상처들이 아직도 남아있는 만큼, 나로서는 절대로 그것을 잊을 수가 없었을 것이다.
　시간이 흐르고, 어린 시절부터 어른이 되어 자기회복에 들어선 이후까지 나를 지배해왔던 그 노여움에 대해서 나는 많은 것을 새로이 알게 되었다. 우선 나는 사람들과 장소들, 사건들에 대해서 느꼈던 분노들이 사실은 나 자신에 대한 분노였음을 깨달았다. 그 분노는 자기혐오증과 불안한 마음상태 때문이었다는 것을.
　더욱 중요한 사실로써, 나의 노여움은 두려움이나 정신적 고통이

나 혼란 같은, 다른 감정들을 은폐하기 위한 것이었다는 사실을 깨달았다. 요즘에 들어서, 노여움이 치밀기 시작하면 나는 잠시 마음을 진정시키고 나 자신에게 묻는다. "지금 무슨 일이 어떻게 되어 가는 거지? 내가 무얼 두려워하는 거지?" 대개의 경우 그같은 자문이 노여움을 누그러뜨려 줄뿐만 아니라 마음속에 깊이 자리잡고 있는 감정들을 똑바로 직시하고 다스려나갈 수 있게 해주었다.

오늘의 명상

이제 나는 마음이 평안한 때가 노여움에 차 있는 때보다도 더 많음에 감사를 드린다.

★월 ○일

오랫동안 우리는 노여움을 억누르거나 부인하는 행위가 옳은 것이라고 여겨왔다. 자기가 노여워하고 있는 줄을 미처 알아차리지 못한 때도 있었다! 노여움은 몰래 우리의 마음속으로 들어왔다가 점점 커져서는 저 혼자서 거기에 우두커니 앉아 있는 편이 우리에겐 더 이로운 감정이었던 것이다. 그리고 그것이 흘러넘칠 때에 우리는 벌을 받는 처지가 되곤 했다.

어른이 되어서, 우리 중에서 많은 이들이 노여움이란 것은 아무런 매력도 없고 받아들일 가치도 없는 감정이라고 믿기에 이르렀다. 만약 그 감정을 표현하면 사람들이 받아들이기는커녕 오히려 벌을 줄 것이라고 믿었다.

물론, 노여움을 억눌렀던 시절에 우리는 커다란 대가를 치러야만 했었다. 마음속에서 부풀 대로 부푼 뒤에야 우리는 그것을 터뜨렸기 때문이었다. 우리는 아무 상관도 없는 사람들에게까지도 비난을 퍼부었었다. 혹은 노여움이 안에서 곰삭은 탓으로 감정적 신체적으로 병이 들기도 했다. 그것이 두통이라든가 불면증이라든가 궤양 같은 병을 유발시켰다. 억눌린 노여움은 우리의 거의 모든 것을 얼

룩지게 하기도 했다. 우리의 관계들, 실천능력, 좋은 일들을 기뻐하고 음미할 마음자세를 엉망으로 만들어 버렸다.

　우리는 노여움의 정체를 살피고 그것을 건설적인 방법으로 다스림으로써 그같은 문제를 피해갈 수 있다는 것을 깨달았다. 그것을 우리의 손에서 놓아 버려서는 안 된다. 그것을 정직하고 솔직하게 들여다보아야 한다. 우리는 폭발적인 행위를 해서는 아니 되며, 필요할 경우에는 상대방에게 우리가 어떤 노여움을 느끼고 있는지를 차분히 설명해 주어야 한다.

오늘의 명상

　노여움은 내가 그것을 부인하거나 억누르거나 아무렇게나 내팽개쳐 버릴 경우에만 문제가 된다.

  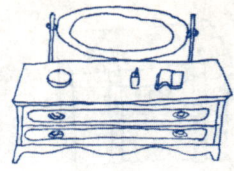

★월 ○일

새로 사귄 한 친구가 어느 날 아침에 나에게, 엊저녁에 심하게 화를 낸 건 정말 미안했다고 말했다. 전날 밤에 나는 차를 후진시키다가 잘못해서 그녀의 차를 들이받고 말았다. 큰 피해는 없었지만, 그녀는 그 일로 몹시 화를 냈었다.

"그런데 어제 그건 아무 것도 아니었어." 이야기가 끝나갈 무렵에 그녀는 말했다. "몇 년 전의 나를 보았더라면 정말 가관이었을 거야. 사람들이 날 '성난 빨간 머리' 라고 부를 정도였으니까."

그녀는 자기가 늘 화를 품은 상태로 살아왔으며, 언제나 적대적이었고, 언제나 남을 물어뜯으려 했었노라고 말했다. 자세나 목소리나 태도 등에 노여움이 고스란히 배어 있었다는 것이었다.

자라온 과정이 고난의 연속이었기에 그녀는 자기가 화를 내는 것을 당연한 현상으로 여겼다고 한다. 그 감정마저 없다면 이 세상을 살아갈 수가 없을 것 같다는 생각이 들었다고 한다. 그녀는 그 감정을 키웠다. 그것을 소중히 여겼고, 마땅히 보존해야 할 것이라고 여겼던 것이다.

그러나 자기회복에 들어서자, 그녀는 노여움이란 감정은 자기의

  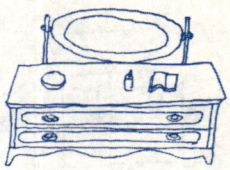

자질이 아니라 오히려 모자라는 점이라는 사실을 깨닫기 시작했다. "그건 날 정말 비참하게 만들었어." 그녀가 말했다. "사람들이 나에게 다가오지 못하게 했지. 또 나를 과거에 틀어박혀 있게 했고. 그래서 난 이젠 바뀌어야 할 때가 되었다는 걸 깨달았던 거야."

그녀는 웃으면서 말을 이었다.

"사람들이 아직도 날 '성난 빨강머리'라고 부르지만, 이젠 그런 말을 들을 때에 미소를 짓는다구."

노여워한다는 것은 자기의 권리일 수도 있다. 그러나 그것으로 말미암아 야기되는 참담한 결과에 대한 책임도 역시 스스로 져야 한다.

  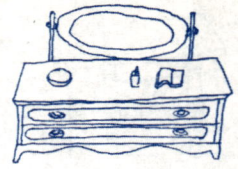

★월 ○일

노여움은 우리의 네메시스(그리스 신화에 나오는 응보의 여신)였다. 우리 중의 많은 사람들에게서 그 점은 아직도 진리이다. 그 사나운 감정이 우리를 휘몰아가는 것을 걷잡지 못할 때, 우리는 자신이 절대로 원하지 않았던 곳으로 휩쓸려 갈지도 모른다.

왜 노여워하는가, 혹은 누구에게 화를 내는가 하는 것은, 그리 중요한 문제가 아니다. 화를 내는 것이 옳으냐 그르냐 하는 것도 문제가 아니고, 상대방에게서 타당한 반응이 있다면 더더욱 문제가 될 것이 없다. 문제가 되는 것은, 우리가 격분을 해서 이성을 잃어버렸을 때에 그것으로 인해서 괴롭힘을 당하는 쪽은 바로 자기자신이라는 사실, 바로 그것이다.

분노를 억제하지 못하면 우리는 어리석고 해로운 짓을 저지르기가 쉽다. 사랑하는 사람을 모욕할 수도 있다. 직장에서 말썽을 일으킬 수도 있다. 감정적인 피해를, 심지어는 신체상의 피해까지도 입을 수 있다. 스스로를 비하하게 될 수도 있다.

그런 뒤에는 어쩔 수 없이 후회를 하고 죄책감을 느끼고 우리가 말한 것과 행동에 대해서 당혹감을 느끼게 된다. 그리하여 이미 저

  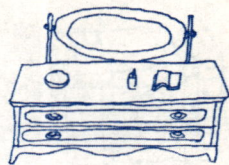

지른 행동과 말들, 우리로 인해서 해를 입은 사람들의 반응, 스스로 느끼는 불편한 심정, 긴장 속으로 빠져든 관계 등등에 대해서 심한 강박관념을 가지게 된다.

　냉철하게 생각해 보건대, 억제되지 않은 분노는 우리의 삶에 고통과 부조화를 가져다 줄뿐만 아니라 정신적인 면에서 우리를 후퇴하게 하고 신으로부터 더 멀어지게까지 한다.

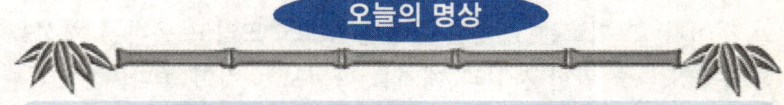

오늘의 명상

노여움은 연쇄반응을 일으키는 힘을 지니고 있다.

★ 월 ○일

  괴롭힘을 당하거나 모욕을 받거나 도발을 당할 때에 냉정하고 차분한 마음으로 대처하기란 정말 어려운 일이다. 그러나 그렇다고 해서 어떤 사람 혹은 어떤 상황에 대해서 빈번히 방망이를 휘두른다면, 피멍이 들고 뼈가 부러지는 쪽은 오히려 우리 자신이 되고 말 것이다. 우리의 새로운 삶에 있어서 자제심이 매우 중요하다고 하는 것은 바로 그 때문이다.

  노여움이 마음속에서 끓어오르면 일단 깊이 숨을 들이쉬고 팔짱을 끼어보자——5분이나 10분 정도 여유를 가질 수 있는 것이면 무엇이든 해보자. 단지 폭발을 해 버리는 것이 능사는 아니라는 판단에 이르는 데에는 그만한 시간이면 거의 충분할 것이다.

  그런 다음엔 한 걸음 물러서서 냉정을 되찾는 것이 현명한 처사일 것이다. 그리고는 격해진 감정을 누그러뜨리고 올바른 처신을 하도록 도와줄 만한 사람과 얘기를 나눠보는 것이 좋다.

  또 "내가 왜 이만한 일로 이렇게 화를 내는 거지?", "난 정말 화가 난 걸까, 아니면 다른 무슨 생각이 있어서 이러는 걸까?" 라는 등의 질문을 스스로에게 해봄으로써 그 순간 자기의 감정을 더

  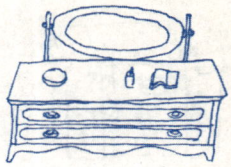

잘 이해하려고 해보는 것도 크게 도움이 된다. 나아가서, 그 일에 관련된 다른 사람들의 입장은 어떠한지를 살펴서 그들의 시각에서 문제를 바라보려는 노력을 해볼 수도 있을 것이다.

　그렇게만 한다면 문제를 건설적인 방향으로 풀어나갈 길이 반드시 열린다. 자기의 감정을 차분히 털어놓을 수 있을 것이고, 자기의 입장을 효과적으로 설명할 수 있을 것이며, 거꾸로 그들이 털어놓는 심정과 설명하는 입장을 귀 기울여 들을 수 있을 것이다.

오늘의 명상

　자제심을 발휘한다는 것은 쉬운 일이 아니다. 그러나 노여움을 터뜨려 버리면 다시 주워담기란 영영 불가능하다.

  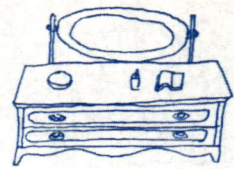

★월 ○일

술을 끊은 첫 해 동안에 나는 그 어떤 경우에도 절대로 노여움을 가져서는 안 된다는 말을 듣고 또 들었다. 소위 정상적인 사람들과는 달리 술이나 약 같은 것에 중독이 되었다가 회복 도중에 있는 사람들은 어리석은 행동을 하거나 감정적인 응어리를 품고 있다가 와락 터뜨리는 짓을 해서는 안 된다는 것이었다.

원칙상으로는 그럴 듯한 말로 들렸으나, 나는 그 말을 곧이곧대로 믿지 않았다. 누군가가 나를 괴롭히는 데도 말없이 견디겠다는 생각을 나는 할 수가 없었다(자기회복의 초기에 나는 흔히 그같은 생각에 동의를 하는 척했으나 내심으로 나의 경우는 다르다고 여겼었다).

노여움을 억제하지 못함으로 인한 연쇄반응으로서 나는 다시 술을 입에 댈 뻔한 순간이 여러 번 있었다. 그리고 진짜로 술병을 사들었던 때도 있었다. 그리고 그 순간에 나는 깨달았다. 나 같은 사람은 그 어떤 경우에도 절대로 노여움을 가져서는 안 된다고 했던 그 훈계는 절대로 단순한 구호나 상아탑 속의 개념이 아니라는 사실을. 반대로 그것은 지극히 실질적인 의미를 갖는 것이었다. 그것

은 바로 죽느냐 사느냐 하는 문제와 직결되는 것이었다.

　나중에 그 훈계를 곧이곧대로 받아들이지 않았던 나의 심리를 캐어 보았을 때, 지난날에는 내가 노여움이란 감정을 완전히 내 멋대로 발산했었다는 것을 깨달을 수 있었다. 그럼으로써 내가 다른 사람들보다 우월하다고 하는, 비뚤어진 자부심을 느꼈던 것이다.

오늘의 명상

분노를 발산하는 행위를 나는 정당화할 수 있을지도 모른다. 그러나 그럼으로써 야기되는 퇴행에 대해서는 무슨 말로써 정당화할 수 있을 것인가?

금주의 다짐

오늘 나는 노여움과 그것의 모든 파괴적인 결과로부터 나를 멀리하는 길을 택한다. 나는 고삐 없는 노여움이 몰고 올 끔찍스러운 사태를 받아들이지 않을 것이다. 내가 그 감정을 아무렇게나 발산한다면, 많은 사람들이 피해를 입을 것이다. 그러나 어느 누구보다도 비참한 피해를 입을 사람은 바로 나 자신이다.

오늘 나는 나의 노여움을 잘 파악하고, 그것을 효과적으로 다스려 나갈 것이다. 나는 절대로 노여움의 감정을 억누르거나 부정하지는 않겠다. 그렇게 한다면 그 감정은 나의 내면에서 부풀대로 부풀어 나의 모든 생각과 행동을 얼룩지게 하고 말 것이다. 한편 나는 위태로움이 잠재된 그 감정이 나의 삶을 좌우하는 사태가 일어나지 않게 할 것이다.

노여운 감정이 나를 휩쓸 때, 내가 올바르게 대처할 수 있게 되었음에 감사를 드린다. 나는 신의 도움을 통해 모든 격렬한 감정들을 내게서 몰아낸다. 나는 마음속 깊은 곳에 노여움을 촉발시키는 감정들이 숨어 있다는 사실을 깨달았다. 나는 나의 입장을 차분히 설명하고 상대방도 그런 식으로 나오기를 유도한다. 그럼으로써 불화를 심화시키기보다는 타협과 해결을 위한 방안을 모색한다.

노여움을 극복하는 방법상의 극적인 변화가 있었기에 나는 주변 사람들과 평화롭게 살아갈 수 있게 되었다. 나는 나의 정신적 자아가 인도하는 바에 유의할 것이고, 신께로 더 가까이 다가갈 것이다.

오늘의명상

노여운 감정에 대해 내가 취할 수 있는 태도는 여러 가지이다. 오늘 나는 신의 의도하시는 바에 따라 대처할 것이다.

14.
정신적 성숙

　신의 생각, 그분의 의지, 그분의 사랑, 그분의 판단은 모든 인간의 마음의 고향이다. 그분이 생각하시는 대로 생각하고, 그분이 뜻하신 바를 선택하고, 그분이 사랑하시는 것을 사랑하고, 그분이 판단하시는 바에 따라 판단을 하고, 그럼으로써 그분이 항상 우리 안에 계시다는 것을 깨달음으로써, 우리는 마음을 편히 가지고 살아갈 수 있다.

―조지 맥도날드

★월 ○일

 자기회복에 막 들어섰을 때 우리는 이런저런 이유로 인해서 마음의 갈피를 잡을 수가 없었던 일들이 많았다. 성장과정에서 받았던 학대와 그것으로 인한 마음의 상처를 아직도 감당해야 했던 것이다. 우리는 거의 모든 일, 거의 모든 사람들에 대해서 당황하고, 소외를 당했다고 여기고 두려워했다. 자기 가치를 확립하지 못했고, 대다수 사람들은 그저 당연지사로 여길 뿐인 일들을 어떻게 취급해야 할지를 몰라서 쩔쩔매곤 했다.
 과거의 상처를 치유해서 새로이 성장해 간다는 것은 물론이고, 자기를 과거의 속박으로부터 풀어내는 것마저도 불가능하다고 여겼었다.
 그러나 우리는 길을 발견했다. 영적인 삶을 추구하는 길, 바로 그것이었다. 신에 대한 믿음과 신뢰가 깊어짐으로써, 삶의 갖가지 도전들에 직면했을 경우, 우리는 더 이상 우리의 유한한 능력에만 의존할 필요가 없어졌다. 삶에 대한 정신적 원리들을 확립함으로써, 흔히 우리를 어리둥절하게 했던 나날의 삶의 문제들에 대한 해결방안을 제공받을 수 있었다. 다른 사람들에게로 손을 내밀 수 있게 됨

 으로써 자기연민이라는 감정도 그 모습을 감추었다. 우리는 신의 사랑을 경험하고 받아들일 수 있었다.
 엉뚱한 말로 들릴지도 모르지만, 일찍이 우리가 이런저런 고통을 당했었다는 사실을 오히려 감사히 여기는 사람들이 우리 중에는 많이 있을 것이다. 지난날의 그러한 경험들이 오늘에 와서 우리를 새로운 삶으로 인도해 주는 도구 구실을 한다는 것을 우리는 믿는다. 우리가 미처 꿈도 꾸지 못했을 만큼 생산적이고 기쁨에 넘치는 정신적인 삶에로.

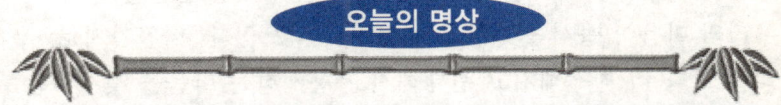

오늘의 명상

정신적인 성숙을 거듭함으로써 나는 그 어느 때보다도 더 깊은 수준에서 나를 회복시킬 수 있다.

14. 정신적 성숙

★월 ○일

그저 시간만 흘려보내고 있다는 생각이 들 때가 있다. 매사가 그저 막연하기만 하고, 종결이 지어지는 일이라곤 아무 것도 없는 것 같고, 좌절과 불안과 공허감을 느낀다. 오랫동안 우리는 그런 식으로 허송세월을 보내온 것 같다.

신에 대한 믿음을 갖기 시작한 이후에도 그같은 지지부진에서 벗어나지 못한 이들이 우리 중에는 더러 있을 것이다. 삶을 위한 새로운 계획도 목적도 없었고, 뚜렷한 목표도 없었다. 정신적인 성숙을 기하겠다는 의지를 품어보기도 했으나, 그저 시간만이 하염없이 흘러갈 따름이었다.

예컨대 우리는 부정직이나 질투심이나 분개심 같은 성격적 결함들을 버리겠다는 각오를 했었지만, 그것은 그러한 감정들로 인하여 우리의 마음이 몹시 불편했을 경우만의 각오였다. 마찬가지로, 우리는 보다 더 친절해지고 관대해지고 용서하는 마음을 갖겠다는 각오도 했었지만, 그것 역시 어디까지나 그러한 태도들이 우리의 대인관계에서 긴장과 적대감을 덜어 주리라고 여겨졌을 때만의 각오였을 뿐이다.

　말할 것도 없이, 그런 임시방편의 각오만으로는 우리의 삶이 크게 달라지지 않았다. 순간 순간을 고육지책으로 때워나가는 경우가 태반이었으므로, 여전히 우리는 시간을 허송할 따름이었다.

　마침내 우리는, 성장하고 성숙하기 위해서는 우리의 눈을 더 높이 들어야 한다는 것을 깨닫기에 이르렀다. 미련을 남기지 않을 정도로 정신적으로 성숙되는 길을 모색해야 할 것이고, 우리의 창조주께서 의도하신 바에 따라서 삶을 살아나가고자 매진해야 할 것이다.

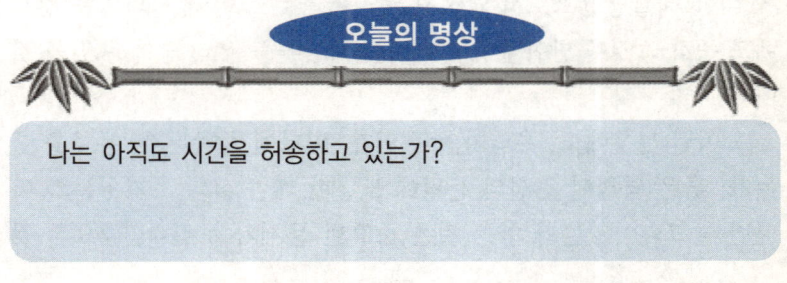

나는 아직도 시간을 허송하고 있는가?

★월 ○일

　우리가 영적인 정신――신의 의지를 발견하여 그것을 실천하고자 하는 욕구――을 갖기에 이르기까지는 사람에 따라서 그 이유도 달랐고, 시기도 달랐을 것이다. 서로 똑같은 노선을 따라서 영적인 정신을 경험한 사람은 아무도 없을 것이다.

　무엇보다도, '지고한 신'에 대해서 우리는 서로 다른 개념을 가지고 서로 다르게 이해를 했었다. 그것은 우리가 저마다 독특한 방식으로 영향을 받고 인격이 형성되었기 때문이다. 성장배경이 서로 다르므로 우리 중에는 그 힘에 대해서 마음의 문을 흔쾌히 여는 이들도 있는가 하면, 거의 불복종에 가깝다고 할 정도로 회의적인 사람들도 있다. 그러나 오랜 세월 동안 이어져 온 갖가지 삶의 문제들에 대한 해결방안으로서 영적인 정신이라는 것이 제시되었을 경우에도 즉각 그것을 받아들이고자 하는 사람들도 우리 중에는 있을 것이다.

　그 어떤 경우에도, 우리가 누구인가, 어디에서 왔는가, 무엇을 했는가, 혹은 영적인 정신의 문턱에 도달한 때가 삶의 초기였는가 아니면 늘그막이었는가 하는 것은 중요한 문제가 못된다. 중요한 것

은 새로운 출발을 할 의지가 있느냐 없느냐 하는 것, 바로 그것뿐이다.

  더구나 일단 우리가 영적인 정신에로 나아가는 길로 들어선 이후에는, 나아가는 그 걸음이 빠르냐 더디냐 하는 것, 혹은 다른 사람과 비교해서 어떠한가 하는 것은 중요하지가 않다. 우리는 저마다 자기에게 알맞은 보조로 나아가면 되는 것이다. 언제 거기에 도달하느냐 하는 것은 신께서 정해주실 것이다.

오늘의 명상

  영적인 정신에로 들어가는 문을 여는 열쇠는 우리 모두에게 공통된 것이다. 그것은 바로 의지라는 열쇠이다.

★월 ○일

무신론에서 벗어나 신에 대한 믿음으로 나아가는 데는 많은 시간이 걸렸음에도 불구하고, 내가 정신적인 원칙이라는 것을 진정으로 이해하는 데에는 그 이후에도 여러 달이나 걸렸다. 그리고 그것들을 나의 삶에 적용할 수 있기까지는 더욱 많은 시간이 걸렸다.

새로운 개념들, 가치들, 목표들은 어린 시절에 나에게 주입되어 어른이 되어서까지도 생각 속에 고착되어 있었던 것들과는 완전히 배치되었다. '받기 위해서 준다,' '포기를 하고 신에게 모든 것을 맡긴다,' 혹은 '용서를 함으로써 자유를 얻는다'고 하는 말들은 대체 무엇을 뜻하는 것인지 나는 도무지 알 수가 없었다. 자주 소외의 감정이 되살아나곤 했다. 친구들이 나에게 늘 변함없이 참을성을 가지고 후원을 해주었음에도 불구하고.

상당한 기간 동안 나는 심리적 갈등을 느끼고 내가 혼란에 빠져 있다는 사실마저도 알아차릴 수가 없었다. 그러나 마음의 문을 최대한으로 열어둔 채로 나는 다른 사람들의 경험에 대해서 귀를 기울였다. 그리고 마침내 나는 정신적 원칙들의 의미를 쉽게 파악하지 못한 사람이 비단 나만은 아니라는 것을 깨달았다.

　나는 처음에는 정신적 원칙들을 사소한 일들에다 적용해 보았다. 어떤 특정한 원칙에 대해서 완전히 이해를 할 수 없었고, 또 그 효용성을 굳게 믿지도 않았지만, 적어도 그것을 나의 삶에 적용해 볼 수는 있으리라는 생각에서였다.
　문득 깨달음이 다가온 것이 언제였는지 무엇이었는지, 나는 정확히 알지 못한다. 하여간에 깨달음은 찾아왔다. 그리고 나의 삶은 크게 바뀌기 시작했다.

오늘의 명상

　어떤 정신적 원칙을, 그것을 완전히 이해한 후에야 삶에 적용할 수 있고, 거기서 이익을 얻을 수 있으리라고 생각할 필요는 없다.

★월 ○일

우리는 정신세계로의 여행길에 나섰다. 하지만 그 목적지에는 영원히 도달할 수 없다는 사실만을 깨달았을 뿐이다. 정신적 완성은 신의 직분일 뿐이며, 우리는 다만 그것을 향하여 부단히 나아가길 바랄 따름임을 깨달았다.

그같은 여행을 한다는 사실 자체에서 우리는 흥분을 느끼고 응분의 대가를 받는다. 그것만으로도 그 여행을 계속할 가치는 충분하다. 우리는 새로운 발견을 하고, 경이를 경험하고, 변신을 겪고, 우리 자신이 신에게 보다 더 가까이 다가가고 있음을 감지한다. 우리는 절망에서 환희로, 의혹에서 이해로, 증오에서 사랑으로 나아간다.

그렇다고 해서 그 길이 언제나 평탄하게 우리 앞에 펼쳐져 있다는 뜻은 아니다. 협곡이 있고, 험한 봉우리가 있고, 고원이 있고, 우회로와 비탈길들이 있다.

화살이 날아간 궤적처럼 곧게 뻗은 길을 나아갈 때보다는, 엉뚱한 길로 들어서거나 일시적으로 길을 잃어버렸을 때에, 오히려 더 우리의 입지점이 확실해진다는 놀라운 사실마저도 우리는 이따금

발견하게 된다.

  때로는 우리의 여행이 끝났다고——막다른 골목에 닿았다고 여겨지고도 한다. 그러나 그러한 때에는 신이 우리에게 길을 보여 주신다. 다시 한 번 길이 우리 앞에 환히 열리는 것이다.

  정신적인 여행의 길을 나아감에 있어서 나에게 이정표가 되는 것은 자유와 기쁨과 마음의 평화이다.

★월 ○일

 이따금 나는 전혀 발전을 하지 못하고 있다는 생각으로 기가 꺾이곤 한다. 시간이 촉박하다는 생각으로 초조해하고, 때로는 퇴보하고 있다는 생각마저도 든다. 그러나 그럴 때마다 나는 어김없이, 내가 실제로는 그 얼마나 많은 전진을 했는가를 스스로 알게 해주는 경험을 하는 것이었다. 다만 그 경험이 반드시 극적인 것만은 아니었지만.
 좋은 사례를 한 가지 들자면, 한번은 친구와 함께 야구장엘 간 적이 있었다. 우리보다 몇 줄 앞의 관중석에서 두 사람이 원정팀을 광적으로 응원하고 있었다. 그들은 홈팀을 응원하는 사람들에게 요란하게 야유를 퍼붓고 손짓 발짓을 하고, 심지어는 욕설까지 해대는 것이었다.
 5회째 경기가 진행되고 있을 무렵, 친구가 얼굴 가득 미소를 머금은 채 나에게 고개를 돌렸다. 그가 말했다. "옛날 같았으면 자네하고 난 저 두 얼간이 같은 녀석들을 가만 놔두지 않았을 테지. 흥분해서 맞고함을 지르거나 아예 저놈들을 운동장 안으로 던져 버렸을 거야. 하지만, 보라구——지금 우리는 아예 신경도 안 쓰잖

아?"

 그리고 우리는 껄껄 소리를 내어 웃고는 지난날과 달라진 점들을 몇 가지 더 짚어보고, 우리가 얼마만큼 진전했는가를 돌이켜 보았다. 과연 발전을 하기는 했는가 하고 의심스러워했던 나는 거기서 다시 한 번 내가 정말로 발전을 하고 있음을 분명히 깨달을 수 있었다.

오늘의 명상

자기회복에 있어서 발전이 이루어지고 있는가에 대한 회의가 들 때면 한 달 전, 일 년 전, 혹은 5년 전의 일을 기억해 보기로 하자.

금주의 다짐

정신적인 노선에 따라서 삶을 살아감으로써 나는 다시 한 번 건강해지고 건전해질 수 있었다. 지난날의 상처들은 치유되었고, 나는 자유로이 앞을 향해 나아갈 수 있었다.

정신적 성숙에 들어서기 이전에는, 삶을 여유롭게 할 도구들이 나에게 없었고, 실제로 나는 어떻게 살아가야 하는가에 대해서 아무런 생각도 갖지 못했었다. 오늘, 신의 가호가 있어 나는 흔히 나를 당혹에 빠뜨리고 좌절감을 맛보게 해주었던 삶의 도전들에 맞서거나, 그것들을 뛰어넘을 수 있는 길을 발견했다.

처음으로 나의 인생은 목적과 방향과 안정을 갖게 되었다. 변화의 물결에 내가 휩쓸려가고 있을 경우에도, 나의 내면의 정신적 자아는 외부의 그 어떠한 환경에 의해서도 흔들림이 없었다. 강력하고 자애로우신 신께서 어김없이 나를 인도해 주시리라는 것을 나는 굳게 믿었다.

이제 정신적 성숙의 대가를 받아 누리기 시작했으므로, "그저 시간만 흘려 보낸다"고 하는 것은 나에게는 얼토당토 않은 일이 되었다. 나는 한정된 목표를 택하는 길을 버리고 정신적 성숙에 있어서 한치의 미련도 남기지 않는 길을 택할 것이다. 정신적 완성이란 목표에는 영원히 도달할 수 없겠지만, 그러한 사실이 나의 기를 꺾어놓지는 못한다. 그 여행에서 나는 이미 환희를 맛보고 있으므로.

오늘의 명상

목적의식과 자신감을 갖고서 이 하루를 맞이할 수 있음에 나는 감사를 드린다.

15.
비난자와 순교자

 헌걸찬 한 인간으로서 스스로 깨달은 목적을 향하여 일로매진하는 것, 마침내 네 몸이 완전히 닳아 없어질 때까지 자기의 일에 최후의 남은 힘까지 다 바치는 것, 이 세상이 자기를 행복하게 만들어 주지 않는다고 불평과 불만을 토로하고, 안절부절못하는 이기적이고 왜소한 인간이기보다는 스스로 자연의 힘에 친화되려 노력하는 것, 그것이야말로 삶의 진정한 기쁨일 것이다.

——조지 버나드 쇼

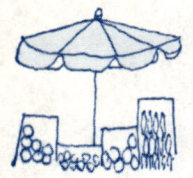   

★월 ○일

인격과 정신의 성숙은 이제 우리의 삶에서 분명한 현실이 되었다. 그러나 회복과 변화를 이루지 못한 이들이 우리 중에는 아직도 더러 있을 것이다. 과거 속에 그 뿌리가 내려져 형성된 자기존재의 아이덴티티와 마음상태를 벗어버리지 못한 것이다. 우리는 언제나 희생자인 채로 살아왔다.

지금 자기에게 고통을 주고 있는 모든 문제들은 어린 시절에 홀대를 받았던 데에 그 원인이 있다고 생각함으로써, 실패한 관계와 파괴적인 행위와 탐닉과 절망 등등에 대한 스스로의 책임을 회피하였다. 그리하여 해결방안을 찾거나 무슨 행동을 하거나 변화를 꾀하지 않아도 될 빌미를 스스로에게 부여했던 것이다.

스스로 순교자연하는 그같은 심리로 인해서 언제나 과거 속에 고착된 채로 살아왔고, 그러면서도 한편으로는 여러 가지 방법으로 자기를 속여왔었다는 사실을 이제 깨달았다. 그러는 동안에 우리는 자기발견과 정신적 교화라는 도전을 감행하지도 못했고, 따라서 그 대가를 누리지도 못하였다. 그 대신 우리는 불평불만과 자기연민으로 스스로의 삶을 얼룩지게 하였다.

　우리의 삶이 과거의 경험들에 의해서 크게 영향을 받고 때로는 깊이 손상을 입기도 한다는 것은 물론 의심할 바 없는 일이다. 그러나 과거의 경험들에 비추어볼 때, 오늘 우리가 삶의 발전을 꾀하고 우리의 삶에 대해 책임을 질 사람은 바로 자신밖에 없다는 것을 굳게 믿는다. 온갖 문제들을 헤쳐나가고 자유를 누리고 기쁨을 함께 나누는 삶은 오직 나 자신의 힘으로만 이룰 수 있다는 것을.

오늘의 명상

아직도 나 자신을 과거의 불쌍한 희생자로 여기는 한, 나는 현재의 자기마저도 희생시키고 만다.

★월 ○일

 자기 삶의 조건들에 대해서 깊은 불만을 가진 한 젊은이와 길게 이야기를 나눈 적이 있었다. 그는 직업작가가 되겠다는 간절한 소망을 품고 있었는데, 몇 번의 좌절을 경험한 끝에 자기는 그 방면에서는 성공을 거둘 수 없다고 확신하기에 이르렀다고 했다. 그는 모든 대인관계와 경제적 문제들에 대해서도——사실은 이 세상에 적응을 하고 삶의 기쁨을 누릴 능력에 대해서도——그런 식으로 생각하고 있었다.
 그는 술주정꾼 집안에서 성장한 사람이었다. 재능과 가능성은 충분함에도 불구하고, 그는 자기가 '나쁜 인자'에 의해 태어났으며, 그리하여 자기는 삶의 그 어떠한 분야에서도 성공을 거둘 수 없다고 생각했던 것이다.
 나는 그가 '실패할 운명'을 타고 태어난 것이 결코 아니라는 점을 인식시켜 주려고 애썼다. 그가 가족배경이나 '나쁜 인자'에 의해 태어났다고 하는 자기 합리화로 스스로를 측은히 여기고 매사를 포기하는 구실로 삼지만 않는다면, 그 정반대가 오히려 진실일 수도 있다고 나는 그에게 말해주었다.

    우리가 대화를 나누던 도중에, 그는 그의 오늘의 모습이 있게 한 요인들이 무엇인지를 어렴풋이 깨닫는 것 같았다. 그러나 그같은 통찰을 가지고 모험을 회피하고 현재의 상태에 고착하는 것이 아니라, 새로운 삶을 위한 출발점으로 이용할 수 있기까지는 그 이후로도 몇 달이나 더 걸렸다.

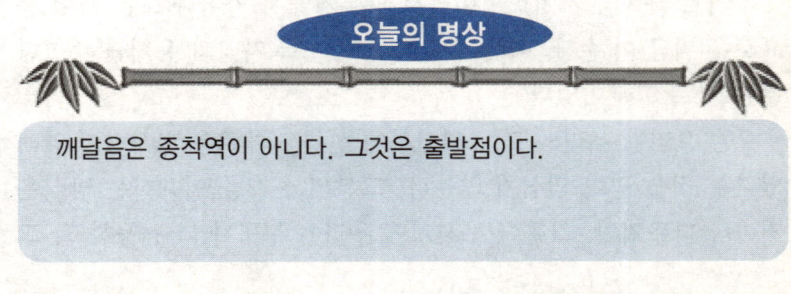

오늘의 명상

깨달음은 종착역이 아니다. 그것은 출발점이다.

15. 비난자와 순교자

★월 ○일

자기를 희생자라고 여기던 시절에 우리는 우리의 관심을 가족에서 신에게로 돌린 때가 여러 번 있었다. "어째서 그분이 나에게 이토록 가혹하게 하실까?" 그렇게 우리는 울부짖곤 했다. 어쩌면 신은 우리를 처벌의 대상으로 골랐는지도 모른다고 믿었었다. 우리가 끊임없이 역경에 처하는 것은 그분이 우리를 시험하고 있기 때문이라고 보았었다. 혹은 그분이 우리를 아예 잊었거나 완전히 버렸는지도 모른다는 생각까지도 했었다.

그같은 생각에는 실로 웃지 못할 아이러니가 있다. 마침내 절망에 빠져서 불쌍한 우리를 구원해 주십사고 기도를 드렸을 때, 우리에게 길을 보여주신 분은 바로 그분이었다.

우리로 하여금 자기연민이라는 황무지에서 일어나 모든 것이 풍요로운 지금 이 순간, 이곳에 이를 수 있도록 자극과 용기를 주셨던 분이 바로 그분이었다.

오늘 우리는 우리의 모든 일상사에 신의 자애로우신 사랑이 임해 있다는 것을 믿어 의심치 않는다. 그분의 존재를 이해하는 방식은 저마다 다르지만, 그분이 보시기에 우리는 누구나 다 동등하고, 그

분의 배려와 보호를 받을 자격이 누구에게나 있다. 우리는 신을 우리 고난의 원천이 아니라 그 궁극적인 해결방안이라고 본다.

오늘의 명상

나의 사랑하는 아버지는 나의 가치를 결코 시험하시지 않는다. 다만 언제나 은총으로서 나의 가치를 나에게 확인시켜 주실 따름이다.

★월 ○일

 일이 잘못될 때면 나는 언제나 주위 사람들 탓으로 돌렸다. 직장에서 어떤 계획이 실패하면 윗사람이나 '조직'을 원망했다. 엉망이 된 기분으로 집에 돌아와서는 나와 더불어 사는 사람들에게 화풀이를 했다. 실수를 했을 때는 그릇된 지침이나 산만한 분위기를 원망하고 동료들을 원망했다.
 새로운 방향을 모색하고 모든 것이 다 잘 되어 나가기 시작했을 때, 나는 나의 단점과 불운을 두고 남을 탓하는 짓을 당장 그만두지 않으면 그 화가 내게 미친다는 것을 깨달았다. 자기의 감정과 행동들에 대해서 스스로 책임을 져야 한다는 생각이었다. 좌절을 당하거나 짜증이 나거나 혹은 실수를 저질렀을 때, 나의 내부에서 그 이유를 찾고 그 해결방안을 모색하는 것이 무엇보다 현명한 처사임을 나는 깨달았던 것이다.
 시간이 흐르면서 나는 보다 더 성숙된 태도를 기르고 성숙된 행위를 하고자 노력하는데 상당한 발전을 보았다. 오늘 나는 남들을 보고 무슨 탓을 하기 이전에 나 자신의 결점을 인정하려고 애를 쓴다. 나는 건설적인 행동을 함으로써 잘못을 바로잡고 실수를 만회

한다. 그리고 필요할 경우에는 즉시 보상을 한다.

나는 더 이상 물밑에서 헤엄을 치지 않는다. 나의 모든 행위를 정당화하는 데에 스스로를 탈진시키지 않는다. 내 주위에 있는 사람들의 삶을 복잡하게 만들지 않는다. 이러한 식으로 살아나가는 것이 나에게는 훨씬 더 수월하다.

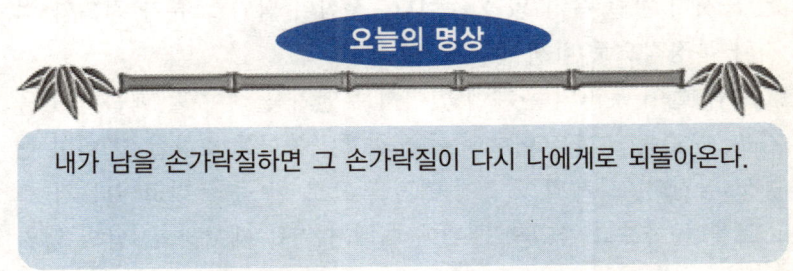

오늘의 명상

내가 남을 손가락질하면 그 손가락질이 다시 나에게로 되돌아온다.

15. 비난자와 순교자

★월 ○일

오랫동안 우리의 관계는 매우 바람직하지 못한 상태였다. 친구관계나 결혼관계, 가족이나 직장동료들이나 이웃들과의 관계도 역시 그러했다.

지난날의 일들을 면밀히 살펴보면 우리의 자기중심적인 행위로 말미암아 그같은 관계들이 얼마나 얼룩져 왔던가를 다방면에서 확인할 수 있을 것이다. 남을 탓하고 스스로 순교자인양 했던 점이 특히 파괴적인 요인으로 작용했다는 것을.

어떤 문제에 대해서 남에게 그 탓을 돌림으로써 자기의 책임을 회피했을 때, 그 관계는 어떻게 되는가? 당장 분열되고 말 것이다. 우리는 더욱 멀찍이 떨어져 버릴 것이며, 서로가 더 가까워지는 것은 도저히 바랄 수가 없을 것이다. 진심이 담긴 교류가 적의와 억지와 부정직으로 바뀌어 버릴 것이다.

요즘 들어 우리의 관계에 있어서 무언가 풀려야 할 매듭이 있을 경우, 우리는 조화를 이루려 애를 쓸 뿐, 불화를 조장할 그 어떤 행동도 삼간다. 문제의 해결에 어떤 식으로 한 몫을 하고 있는지 스스로를 돌아보고 자기의 행위에 대해서 거듭 재고하되, 남의 행위

　에 대해서는 전혀 개의치 않으려 애쓴다. 의견 교류의 통로가 항상 열려 있도록 유념한다. 일을 되는 쪽으로 생각하고 이해와 배려의 마음을 가지려고 애를 쓴다.
　한때 원만한 대인관계를 유지한다는 것이 우리에겐 불가능하다는 생각을 했었다. 그러나 이젠 모든 것이 달라졌다. 우리가 남들과 조화롭게 관계를 맺으려고 애쓰는 것, 그것이야말로 우리의 자기회복이 일으킨 기적들 중에서도 가장 눈부신 것이라 하지 않을 수 없을 것이다.

오늘의 명상

　나의 목표는 문제를 해결하는 것일 뿐, 누가 옳고 누가 그르냐 하는 것을 판단하는 것은 아니다.

★ 월 ○일

우리의 삶으로 인하여 순교자가 되었다고 여기는 사람들의 마음을 흡족하게 해주려고 부질없이 애를 태우는 사람들이 있다. 그러는 자신을 스스로 증오하면서도, 우리로 하여금 죄책감을 갖도록 압력을 가하는 부모님이나 파트너나 고용인들 앞에서는 전혀 속수무책이다. 우리는 손쉽게 조작 당하고 모든 비난을 한 몸에 다 받겠다는 듯이 묵묵히 처신한다.

그같은 사례는 한두 가지가 아니다. 자식을 위해 모든 것을 희생한 은덕을 고마워할 줄 모른다고 볶아대는 부모님, 기계고장에서부터 세금고지서에 이르기까지, 무슨 일이 잘못되기만 하면 터무니없이 불평을 해대는 고용인, 부푼 마음으로 계획했던 살림살이가 제대로 마련되지 않았다고 상대방에게만 책임을 전가하고 억지를 부리는 배우자 등등.

그같은 죽음의 무도회에서 발을 뺄 때가 되었다는 결심이 섰다면——자기의 권위와 자존을 살릴 때가 되었다는 결심이 섰다면——다음과 같은 몇 가지를 고려해 보는 것이 도움이 될 것이다.

우리로 인하여 자기가 순교자가 되었다고 여기는 사람들의 끊임

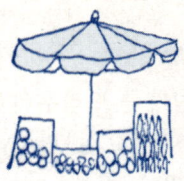

없는 요구를 말없이 들어주거나 굴복만 하면 그 요구가 한도 없이 이어질 것이다.

　죄책감을 주고받는 것은 대개의 경우 우리의 마음속에 깊이 각인된 심리유형이다. 그것을 바꾸는 데에는 시간과 인내심과 고통이 필요하다. 더구나 스스로 순교자인 양 여기는 사람들은 우리의 새로운 생활방식을 받아들여 주기는커녕 전면적인 역공격을 가해올 것이 뻔한 일이다.

　무엇보다 중요한 사실로써, 우리의 목표는 스스로 순교자인 양하는 사람들을 변화시키는 것이 아니라, 그들에게 대응하고 그들과 관계를 해나가는 우리의 방식을 바꾸는 데에 있다.

오늘의 명상

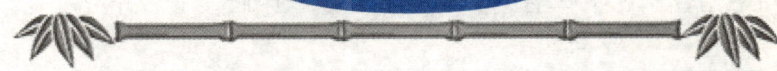

　스스로 순교자인 양하는 것이 하나의 선택이었듯, 희생자가 될 것이냐 말 것이냐 하는 것도 역시 나의 선택에 달려 있다.

금주의 다짐

나는 나의 과거가 나의 현재와 미래에 영원히 그림자를 드리우리라고 믿었었다. 나는 스스로를 운이 나쁜 희생자로 여겼고, 다람쥐 쳇바퀴 같은 인생을 살도록 정해진 운명이라고 여겼었다. 삶에는 여러 갈래가 있다는 것을 나는 보지 못했다. 나는 이 세상 만사가 그 얼마나 극적으로 변할 수 있는지를 어떤 꿈속에서도 상상해 보지 못했다.

과거의 경험들은 더 이상 장애물이 아니라 새로운 나날의 도전과 기회에 대처해 나갈 유익한 통찰력을 부여해 주는 원천이다. 나의 생각과 행동은 바로 지금 이곳에서의 일에 집중되어야 한다.

나는 책임을 진다. 역경에 처하거나, 두려움과 죄책감과 자기연민 같은 해로운 감정이 나를 다시 찾아올 때, 나는 더 이상 남을 탓하지도 않을 것이고, 그들에게서 무슨 위안을 얻으려고도 하지 않을 것이다. 나는 나 자신과 나의 내면에 계시는 신의 힘에 의지함으로써 냉정과 내적 평안을 되찾을 것이다.

스스로를 순교자인 양하는 사람들의 공격을 받을 때, 내가 취할 수 있는 반응은 명백하다. 나는 과거에 거의 자동적으로 그랬던 것처럼 수세에 몰려 항복을 할 수도 있을 것이고, 아니면 나의 입장을 설명하고 그 게임을 거부하는 쪽을 택할 수도 있을 것이다.

오늘 나에게 고난이 닥쳤을 때 나는 굴복하기보다는 그것을 극복하는 길을 택한다. 오늘 나는 행복과 정신적인 깨달음을 추구하는 길을 택한다.

오늘의명상

나는 순교자도 희생자도 아니다. 나는 미몽에서 깨어났고, 책임감을 갖고 있으며, 회복되어 가고 있다.

16.
감정에 대하여

가벼이 찰랑거리며 흐르는, 그렇게 흐르는 느낌이 든다고
우리가 말하는 수면의 흐름 아래에——가벼이 흐르는
느낌이 든다고 우리가 생각하는 그 흐름 아래에,
소리 없이 흐르는 흐름이 있다.
깊은 곳에서 모습도 없이, 힘차게 흐르는,
우리가 진정으로 느끼는 커다란 줄기의 흐름이 있다.

——매튜 아놀드

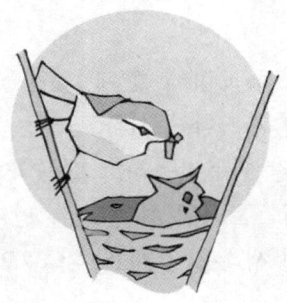

★월 ○일

우리가 아주 젊었을 적에는 감정으로 인하여 온갖 문제들이 빚어질 여지가 많았다. 우리 중에는 '지금 네 기분은 어떠니?'라는 질문이 단 한번도 주어지지 않았던 가정에서 자라난 사람들이 있을 것이다. 실제로 우리는 감정을 솔직히 표현해서는 안 된다고 교육을 받아왔다. 학교에서 생긴 사소한 일이나 애완동물의 죽음 등 깊이 마음에 상처를 입은 일에 대해서까지도 그러했다.

혹은 단지 '긍정적인' 감정만을 가지라는 식으로 강요를 받았는지도 모른다. 부정적인 감정을 표출하면 그 자리에서 거부를 당했다. 가정의 혼란스러운 분위기로 말미암아 아주 고통스러운 기분이 들었을 때에도 우리는 그것들을 스스로 검열해야 했던 적이 많다.

그같은 그릇된 배경을 고려해 볼 때, 감정을 솔직히 드러내서는 안되며 자기 감정을 숨기거나 무시하고 또는 가장하는 것이 더 바람직하다, 매사에 민감하게 반응하고 슬픔과 두려움과 실망 같은 '타당하지 못한' 감정들을 표현하는 것은 남자답지 못하고 또 미숙한 짓이라는 등등의 생각을 갖게 된 것은 오히려 당연한 결과이

다. 자기가 어떠한 감정을 갖고 있는지를 남들이 알게 하는 것은 좋지 못한 처사라고 여겼다. 그렇게 하면 자기의 마음만 다치게 될 뿐이라는 것이었다.

 자기회복에 들어서자, 우리는 감정을 처리하는 문제에 있어서 전혀 다른 것을 배웠다. 감정은 우리가 살아가는 세계에서 중요한 한 부분을 이루고 있다. 그것들은 엄연히 존재하는 것이며 현실적인 것이다. 그것들은 대면되어야 하고 표현되어야 하고 포용되어야 하며, 변화되거나 다스려져야 한다. 우리의 갖가지 감정들은 자칫 덤덤하고 단색조 일색이기 쉬운 이 세계를 환히 채색해 주고 다양한 차원을 부여해준다.

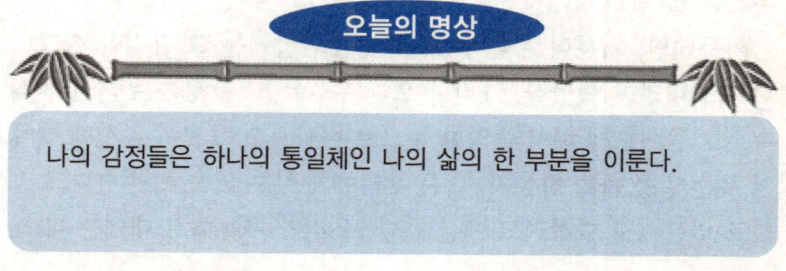

오늘의 명상

나의 감정들은 하나의 통일체인 나의 삶의 한 부분을 이룬다.

16. 감정에 대하여

★월 ○일

　감정에 대해 우리가 어느 정도까지 솔직해질 수 있느냐 하는 것은 우리의 정서적 신체적 안정의 정도와 깊이 관련되어 있다는 것을 우리는 확신한다. 우리가 감정을 의식의 표면에 떠올리려 하는 것은 바로 그 때문이다. 고무적인 것이건 혼란스러운 것이건 우리는 모든 감정들을 자신의 내부에 '존재'하도록 허용한다.
　누구나 알다시피, 인간의 온갖 감정들 중에는 아주 추상적이고, 그리하여 그리 중요하지 않은 감정들도 있는 법이다. 그것들은 우리에게 다가왔다가는 사라진다. 마치 꿈처럼. 그러나 우리에겐 솔직하게 꺼내어놓고 다스려야 할 문제점들이 있다는 것을——대개는 우리의 내면에——밝히는 데 크게 도움이 되는 감정들도 있음을 우리는 잘 안다.
　이를테면, 기분이 우울해졌을 때, 지난날에는 그 감정을 슬그머니 지워버리곤 했었다. 그러나 오늘 우리는 그 감정을 우리의 의식 속으로 들어오게 해서 솔직한 눈으로 바라보고 그것이 자신에 대해서 무슨 말을 하려 하는지, 혹은 우리에게 무슨 일을 해야 한다고 말하고 있는지를 밝히려고 애를 쓴다. 우리가 우울해진 데에는 다 이

유가 있을 것이다. 이런 일 저런 사정, 혹은 그렇고 그런 것들이 합쳐져서 우리의 마음을 우울하게 했을 것이다.

  다행히도 이제 우리는 더 이상 우리의 감정을 부인하거나 거기에 질질 끌려가지 않는다. 우리는 우리의 감정들로부터 많은 것을 배울 수 있고, 그것들을 즐길 수도 있다.

오늘의 명상

  오늘 내가 그 어떤 감정을 품고 있다 하더라도 문제가 될 것은 전혀 없다.

★월 ○일

십대 시절에 느꼈던 무수한 고통스러운 감정들을 나는 아직도 기억하고 있다. 서로 모순되는 감정의 군대들이 나의 마음이라는 전쟁터를 누볐었다. 나는 부모님을 증오하면서도 한편으로는 그분들이 나를 사랑해주고 인정해 주기를 간절히 원했었다. 스스로가 미워서 자살해 버리고 싶다는 충동까지도 느꼈으나, 한편으로는 걸핏하면 내 주위 사람들보다 내가 모든 면에서 월등하다는 생각에 빠지곤 했었다. 완전히 몸이 마비되어 버릴 지경까지 자의식에 함몰되면서도 한편으로는 사람들의 눈에 들고 싶다는 생각을 떨쳐버리지 못했었다.

열세 살이던가 열네 살이던 때에 나는 술이 그같은 감정들을 없애 주거나 적어도 그 강도를 덜어줄 수 있으리라는 생각을 하기에 이르렀다. 그리하여 나는 여러 해 동안 술에 의지했었다.

마침내 내가 술을 끊고 자기회복을 시작했을 때에, 그동안 내가 마음속에 깊이 묻어두었던 감정들이 즉각 되살아나는 것이었다. 그 감정들은 예전과 조금도 다름없이 강렬하고 괴상스러웠다. 다시 한 번 나의 감정들이 나에게 고통을 안겨주고 있었다.

    열심히 일에 매달리고 한편으로는 새로운 친구들의 도움을 받음으로써, 나는 서서히 내 감정의 정체를 밝히기 시작했고 이해도 할 수 있게 되었다. 그것은 그리 어려운 일도 아니었다. 여러 해 동안 나는 나쁜 감정뿐 아니라 좋은 감정까지도 나의 의식에서 지워 버리려 애썼다. 그러나 이내 나는 안정된 정서의 바탕 위에서 삶의 기쁨과 황홀감과 흥분을 맛볼 수 있었다.

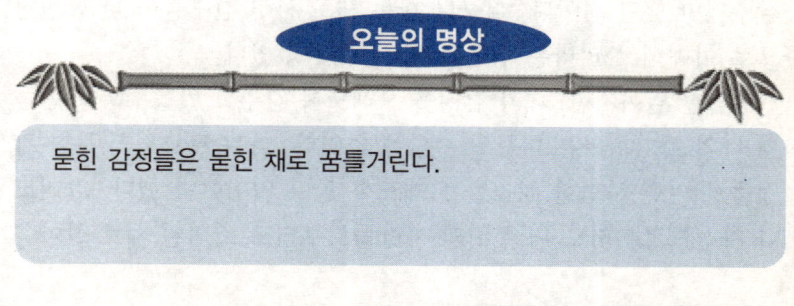

오늘의 명상

묻힌 감정들은 묻힌 채로 꿈틀거린다.

★월 ○일

자기회복의 초기단계에서 나는, 오랫동안 억눌려 있었던 감정을 솔직하게 꺼내어 대면하기 시작했음에도 불구하고, 그것들을 내놓고 표현하는 데에는 그로부터 몇 달이나 더 걸렸다. 나로서는 불안과 시기심과 당혹감과 좌절감 등등, 현재 내가 품고 있는 감정들을 토로하기보다는, 지난날의 비정상적인 행위들과 쓰라린 경험들에 대해 이야기하는 편이 훨씬 수월했다.

이제 나는 그 시절에 내가 어째서 나의 감정을 그리도 단단히 감추려 했던가를 이해할 수 있다. 우선, 나는 다른 사람들을 신뢰하지 못했었다. 나는 내가 품고 있는 어떤 감정들을 수치스럽게 여겼었고, 그리하여 마음의 상처를 받을 게 뻔하다는 생각에서 그것들을 감추기만 했던 것이다. 더구나 나는 새로 사귄 친구들이 나를 진정으로 이해해 주리라는 믿음도 가질 수가 없었다.

당연한 일이지만, 내가 감정을 오래도록 감추고 있을수록 그만큼 더 나의 자기회복은 더뎌질 수밖에 없었다. 나는 토로되지 못한 감정들로 인한 불편한 심기를 오래도록 안고 있어야만 했다. 그리고 나 자신으로부터도 내 주위의 사람들로부터도 소외된 채로 살아올

수밖에 없었다.
 마침내 내가 그 방어벽을 어느 정도 헐어버리고 특별히 나를 괴롭히는 몇 가지 감정들을 남들 앞에서 드러내자 그제서야 커다란 안도감을 느낄 수 있었다. 그런데 더욱더 용기를 북돋아 준 것은, 사람들이 매우 동정적이고 이해심을 가지고서 나를 대해 주더라는 점이었다. 그리하여 나는 앞을 향하여 성큼 나아갈 수 있었고, 발전을 가속화하기 위한 토대 위에 설 수 있었다.

오늘의 명상

내가 신뢰하는 사람들에게 나의 감정들을 토로하는 것은 지속적인 자기회복을 위해서 반드시 필요한 요소이다.

16. 감정에 대하여

★월 ○일

　우리는 흔히 감정에 의해 좌지우지되어 왔다. 우리가 그것들을 통제한 것이 아니라 오히려 그 정반대였다. 오히려 감정들에 의해 통제받아 왔던 것이다. 우리로 하여금 극단적인 행위를 하게 했고, 전혀 하고 싶지 않았던 행위마저도 하지 않을 수 없도록 우리를 강요했었다.
　몹시 화가 났을 때, 우리는 역공격을 하거나 앙갚음을 했었다. 오해를 받는다 싶을 때엔 세상의 문을 닫아버리고 몇 날 며칠이고 혼자서 틀어박혀 지냈다. 자신에 대해서 실망을 느꼈을 때엔 자기 파괴적인 행위를 서슴지 않았다. 더욱 나빴던 점은, 고통스러운 감정에 사로잡혔을 때에 우리는 언제까지고 거기에 매달려 있으려고 했던 것이다.
　시간이 우리를 달라지게 해 주었다. 이제 더 이상 우리는 감정이 시키는 대로 울화와 고통을 감내하지 않는다. 비록 지금도 옛날과 똑같은 감정들을 느끼기는 하지만, 그것들에 의해서 지배를 받으며 몇 주일을 허송하는 경우는 절대로 없다. 더구나 이제 우리는 그 어느 때보다도 자신의 감정에 대해서 책임을 질 수 있게 되었다. 감정

을 다스리고, 제거해 버리고, 놓아 버리거나 달라지게 할 수가 있다.

 무엇보다도 다행인 것은, 이제 우리에겐 여러 가지 선택의 가능성이 열려 있다는 사실이다. 부정적인 감정을 다스리기 위해서 우리는 더 이상 파괴적인 행위를 할 필요가 없다. 자기의 감정으로 인하여 스스로를 속박시킬 필요도 없게 되었다. 특히 그것들이 터무니없는 것이거나 우리의 새로운 삶의 길에서 벗어난 것일 경우에는 더욱 그러하다.

오늘의 명상

나는 나에게 해를 입힐지도 모르는 감정들을 오래도록 붙들고 있어서는 안 된다.

16. 감정에 대하여

★월 ○일

한 친구가 나에게 말했다. "난 나 자신조차도 인정하고 싶지 않았던 감정들이 너무나 많았었어. 그런 감정이 일어날 때, 나는 그걸 곧이곧대로 받아들이는 게 아니라 다른 어떤 것으로 보려고 했지. 예를 들어서 군중 속에서 심기가 불편해질 때, 나는 내가 지루해졌다고 여기거나 아니면 그 자리에 있는 다른 사람들은 바보들이라고 생각하곤 했지."

나는 그의 말뜻을 정확히 알 수 있었다. 나 역시도 오랫동안 그런 식으로 지내왔기 때문이었다. 마치 나의 감정이 두 갈래로——받아들일 수 있는 것과 받아들일 수 없는 것들로——나뉘는 것 같았다. 내가 말했다.

"나는 휴일이 다가오는 걸 몹시 싫어했었지. 돈이 드는 나들이를 해야 하고, 사람들이 철없이 구는 꼴들도 보기가 싫었고, 싫어도 가족하고 같이 시간을 보내야 하고, 뭐 그런그런 이유에서였지. 물론 그럴 때에 내가 진정으로 느꼈던 감정은 소외라든가, 고통스러운 기억들이라든가, 우울한 기분 같은 것들이었어."

우리는 자기 감정을 위장하면 할수록 그만큼 더 그것들을 다스려

나갈 기회를 잃게 된다는 데에 의견의 일치를 보았다. 우리의 진정한 감정들을 솔직한 눈으로 들여다보기만 하면, 그리고 건설적인 방법으로 다스리기만 한다면, 우리는 스스로 파놓은 구덩이에서 빠져나올 수 있고, 완전히 새로운 방식으로 인생을 경험할 수 있으며, 우리 자신에 대해서 훨씬 더 편안한 마음을 유지할 수가 있을 것이다.

오늘의 명상

나는 짜증이 나고 지겨워지고 조급해질 때, 내가 진정으로 어떤 감정을 느끼는지를 나 자신에게 물어볼 것이다.

금주의 다짐

나는 내 감정을 소중히 여긴다. 그것은 실재하는 것이고 생동하고 있으며, 나의 육체와 조금도 다를 바 없이 내 존재의 일부를 구성하고 있다. 그것이 나의 삶에 박진감과 깊이를 부여해 준다.

나는 모든 감정이 저마다 자유로이 떠올라서 내 의식 속으로 들어오게 할 것이다. 내가 어떤 감정을 부인하거나 위장하거나 혹은 지워버리려고 들면, 결국 하나의 통일체로서의 내 존재의 귀중한 한 부분을 상실해 버리는 것과 다름없음을 나는 잘 알고 있다.

나는 나의 모든 감정들을 어떠한 판단도 내리지 않은 채로 받아들인다. 받아들일 수 있는 감정 혹은 받아들일 수 없는 감정, 타당한 감정 혹은 터무니없는 감정, 옳은 감정 혹은 그릇된 감정이라고 하는 것은 없다. 감정이란 것은 그저 그렇게 있을 뿐이다.

나는 감정들을 남에게 솔직하게 털어놓는다. 남들과 솔직하게 감정을 교류하고 비교해 봄으로써 우정과 위안과 이해를 얻는다.

나는 내 감정들을 적이 아니라 동맹자라고 여긴다. 그것들은 나의 내면세계와 외부세계의 진실을 똑바로 보도록 나를 돕는다. 내가 언제 어떠한 곳에서 달라져야 하는지를 나에게 가르쳐 준다. 나는 기쁜 감정들이 금새 물러가 버리거나 혹은 불쾌한 감정들이 내 마음속에 오래도록 머물러 있으면 어쩌나 하는 두려움을 갖지 않는다. 나의 감정들은 나의 삶 속에서 유유히 흘러가는 강물과도 같은 것이다.

오늘의 명상
나는 두려움이 아니라 기대감을 갖고서 나의 감정들을 바라본다. 수치심이 아니라 받아들이려는 태도로, 회피하고자 하는 것이 아니라 감사하는 마음으로 바라본다.

17.
허심탄회

우리의 마음속에는 이름표가 붙은 상자들이 무수히 있다. 즐거울 때에 꺼내보는 것, 절대로 생각을 해서는 안 되는 것, 더 깊이 알 필요가 없는 것, 검토되지 않은 것들, 무의미한 것, 긴급한 것, 위험스러운 것, 미묘한 것, 불가능한 것, 버려진 것, 유보된 것, 남을 위한 것, 나의 장점들 등등의 이름표가 붙은 상자들이.

―― 폴 발레리

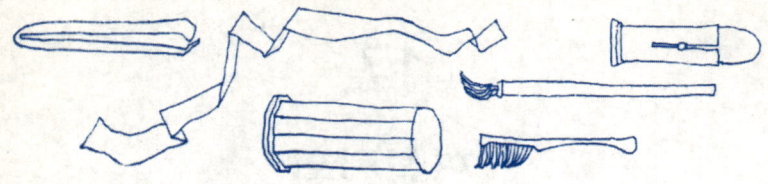

★월 ○일

"제 말을 고깝게 듣지는 마세요." 그 사나이가 나에게 말했다. 내가 새로 가입한 자기회복자 모임이 끝난 뒤, 그는 나더러 가는 데까지만 차를 좀 태워달라고 했다. 나는 어깨를 한번 움찔거려 보이고는 다음 말을 기다렸다.

"요사이 당신 말을 유심히 들어봤어요." 그가 말을 이었다. "그런데 당신은 다른 사람들의 말에 대해서 경멸적인 태도를 보이더군요. 물론 당신 스스로는 그런 줄 모르는 것 같았고요."

나는 갑자기 기분이 상해서 그에게 당장 차에서 내리라는 말을 할 뻔했다. 바로 그 때 그가 한 말을 듣고서야 비로소 나는 마음이 진정되었다. "제가 이런 말을 하는 건, 저도 전에는 늘 그런 식이었기 때문입니다. 전 사람들의 말을 듣기는 했지만, 진정으로 귀를 기울일 생각은 없었지요. 그 바람에 전 거의 여섯 달 동안이나 제 자리를 맴돌았어요."

"당신이 그렇게 된 것은 바로 당신의 사고방식 때문이란 걸 명심하셔야 합니다." 그는 나에게 조심스럽게 말했다. "당신의 사고방식, 당신이 일을 처리하는 나름의 방식이 바로 당신을 파멸케 한

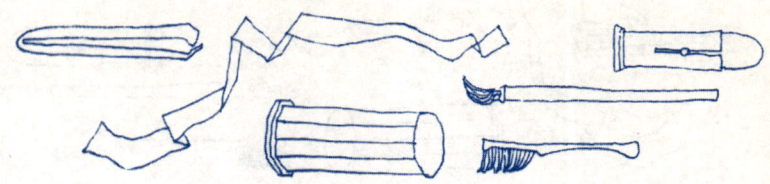

원인이었어요. 당신이 진정으로 남들과 잘 어울리려면 새로운 생각, 새로운 방식들에 대해서 마음의 문을 활짝 열어야 합니다."
  한참 뒤에야 어쩌면 그의 말이 옳을지도 모른다는 생각이 들었다. 나는 사람들과의 관계에서 내가 언제나 술을 퍼마시고 싸움을 걸고 말다툼을 하고 거세게 대들기만 하는 등, 그 얼마나 '일방적'이었던가를 기억해 보았다. 그리고 무슨 일이 어떻게 돌아가는지도 알 수 없는 세계로 내가 내몰리고 있다는 것을 알아차릴 수 있었다. 어쩌면 그의 말이 옳을지도 모른다.

배우기 위해서 귀를 기울이고, 귀를 기울이기 위해서 배운다.

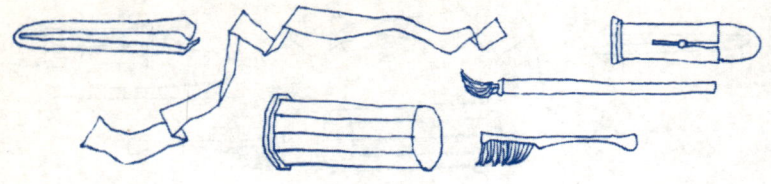

★월 ○일

 마음의 편협성은 우리 삶의 현실과는 상관없이 제멋대로, 자력으로 생장하는 것이 아님을 우리는 깨닫기 시작했다. 그것은 우리의 어린 시절에 길러졌던 태도와, 여러 가지 성격적 결함에 의해 형성된 것이었다. 우리의 마음을 편협하게 한 요인들 중에는 아직도 우리가 알아차리지 못한 것들도 많다.
 흔히, 새로운 생각을 받아들이려 하지 않는 우리의 태도는 우리 주위에서, 혹은 우리의 내부에서 진행되고 있는 현실을 부정하고자 하는 욕구가 우리에게 강함을 반영한다. 예컨대 부모 중의 한 쪽이 심한 알콜 중독자일 경우, 우리는 그분의 병적인 마음상태와 그로 인한 여파에 대해서 생각조차 하지 않으려 든다.
 또 다른 결손가정에서는, 부정적인 감정들로 인하여 마음의 편협성이 길러진 경우도 있을 것이다. 만약 우리가 신체적, 성적인 학대를 받았다고 한다면, 두려움과 수치심과 죄책감으로 인하여 마음의 문이 굳게 닫혀 버리기가 쉽다. 무슨 일이 있었던가 하는 점뿐만 아니라 어떠어떠한 도움을 받을 가능성에 대해서까지도.
 혹은 마음의 편협성은 자기중심적인 사고로 인해서 빚어진 것인

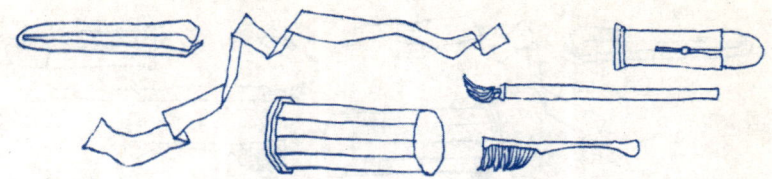

지도 모른다. 이 지구가 자기를 중심으로 돈다거나, '나는 모든 것을 다 알고 있다'고 하는 식의 독단적인 환상으로 말미암아서.

   지난날의 그같은 태도들과 삶의 방식들을 돌이켜볼 때, 그때야말로 이젠 우리 마음의 문이 열렸으며, 점점 더 환히 열려가고 있다는 사실에 대해서 감사를 드려야 할 순간일 것이다.

나의 마음이 편협해지면, 나는 반드시 달라져야만 할 순간에도 달라질 수가 없다.

17. 허심탄회

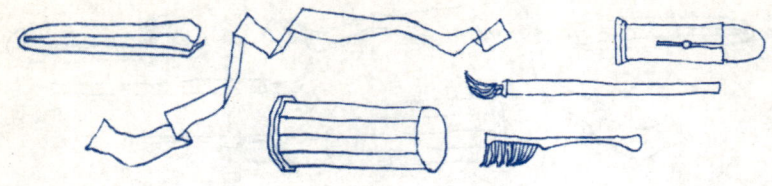

★월 ○일

우리는 많은 것들을 배웠고, 대부분의 사람들이 배운 것들을 삶에 적용시키는 데에 성공했다. 한 때 우리가 느꼈던 절망감이 사라졌고, 이제 우리는 우리 자신에 대해 기쁨을 느끼기 시작했다. 대인관계가 개선되어가고 있고, 직장에서도 동료와 협조하여 일을 해나가고 있으며, 문제가 생겼을 때에는 무엇을 어떻게 해야 하는지를 잘 알고 있다. 이젠 모든 것이 우리에게로 방향전환을 시작했다.

그런데 우리는 배우고자 하는 자세를 여전히 견지하고 있는가? 오늘의 우리를 있게 하는 데에 그 무엇보다도 크게 도움이 되었던, 바로 그 활짝 열린 마음자세로 사람들의 말에 귀를 기울이고 배우려 하고 있는가? 어쩌면 우리는 이젠 충분히 배웠다는 생각이 들기 시작했는지도 모르고, 배우고자 하는 동기만으로도 앞으로 전진해 나갈 수 있으리라 여기고 있는지도 모른다.

우리 중에서 바로 이같은 함정에 빠져든 사람들은, 그것이 곧바로 후퇴로 이어질 수도 있다는 사실을 경험으로 깨달았을 것이다. 다른 사람들의 생각이나 제안에 대해 마음의 문을 닫아버렸을 때에 우리는 흔히 괴리감을 느끼게 된다. 새로운 수준의 이해에 도달하

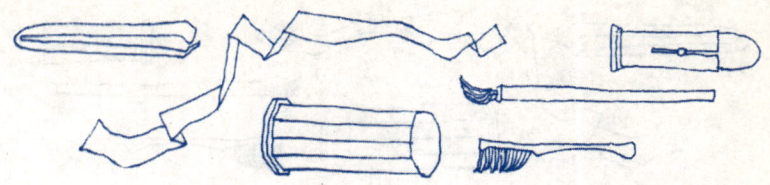

려는 노력을 그만두었을 때에 우리는 염세적이 되고 두려움에 떨고 걸핏하면 화를 내는 등, 옛날 방식으로 되돌아갈 위험에 처하고 말 것이다.

그러나 항상 배우려는 자세를 견지할 때, 우리는 지속적인 발전을 거듭해 나갈 수 있을 것이다. 우리의 정신적 발전 가능성의 깊이와 넓이에는, 그리고 우리가 추구할 삶의 풍요로움에는 결코 한도가 있을 수 없다.

나는 나의 삶을 충실하게 살 것이다. 나는 언제나 새로운 생각들을 받아들일 것이다.

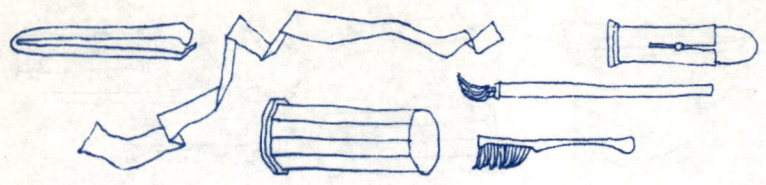

★월 ○일

　우리가 허심탄회한 마음을 육성할 때, 날마다 새로운 경험과 새로운 활동을 하고, 새로운 생각과 새로운 기쁨을 가질 수 있는 기회가 넘쳐흐르게 된다. 마음의 문을 활짝 열면 열수록 그만큼 더 우리는 우리에게 축복처럼 내려진 삶의 풍요로움을 깊이 음미할 수 있는 것이다.

　우리는 삶이란 것이 지속적인 발전과 변화의 과정임을 깨닫기 시작했다. 더 많은 것들이 우리 앞에 드러나고 우리에게 주어졌다. 마음의 문을 활짝 열어놓은 탓에, 우리는 자칫 놓쳐버릴 수도 있는 특별한 기쁨들을 누릴 수 있었고 특별한 사실들을 발견할 수 있었다.

　다른 사람들의 견해와 시각을 충분히 받아들임으로써 우리는 자신의 삶의 지평을 넓힐 수 있었다. 우리는 주위의 세계를 이전과는 전혀 다른 방식으로 경험한다. 어떠한 인간, 어떠한 조직, 어떠한 창조물, 자연의 그 어떠한 형태에 대해서도 일일이 관심을 갖는다. 거기에는 우리가 배울 만한 무언가가 반드시 있기 마련이다.

　신의 존재에 대해서도 마음의 문이 더욱 넓혀짐으로써, 우리는 우리의 삶을 복되게 하려는 그분의 사랑과 의지를 더욱 확실히 깨

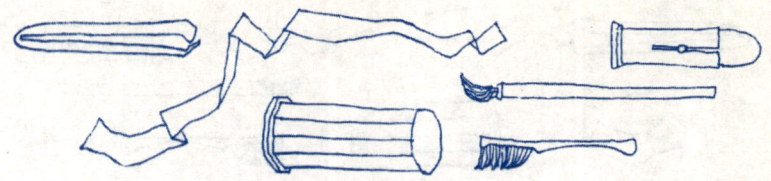

달아간다. 그 복(福)은 생각지도 않았던, 혹은 절대로 그럴 수가 없을 것 같았던 경로를 통해서 우리에게로 전해질 것이다. 어쨌거나 우리는 신께서는 적절한 순간에 적절한 방법으로 우리에게 그분의 의지를 실현시켜 주실 것임을 굳게 믿는다.

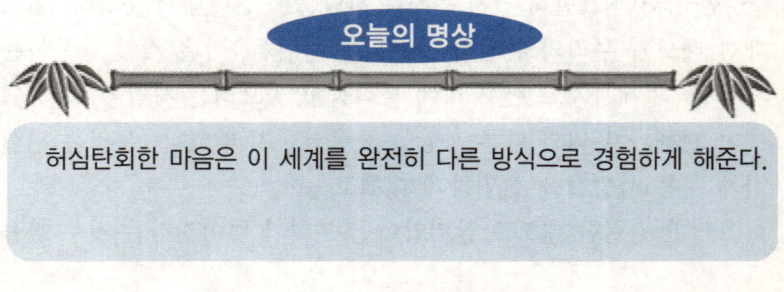

허심탄회한 마음은 이 세계를 완전히 다른 방식으로 경험하게 해준다.

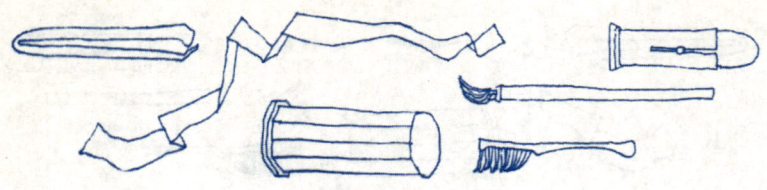

★월 ○일

 우리는 스스로 몹시 편협하다는 생각을 해본 적이 없었다. 반대로, 이웃들이나 함께 일하는 사람들이나 심지어는 낯선 사람들에게까지도 아주 '민주적인' 태도로 대해 주었다고 하는 자부심을 품어왔던 것이 사실이다.
 정신적인 삶의 길로 접어들고 점차로 마음의 문을 열기 시작했을 때 비로소 우리는 자신이 그 얼마나 편협한 인간이었던가를 절실하게 깨달았다.
 물론 우리가 아량이 없이 대했던 대상들은 사람에 따라서 달랐지만, 그렇게 하고자 했던 심리상태는 대체로 같았던 것 같다. 우리는 자기 기분을 몰라주는 이들을 참아내지 못했고, 취향이 속된 사람들, 한 자리에 가만히 있지 못하는 사람들을 견뎌내지 못했다. 삶에 대한 태도가 우리와 완전히 상반되는 사람들, 작은 것에 만족하는 사람들, 언제까지고 한 자리에 눌러붙어 있으려는 사람들, 신앙에 대한 견해가 우리와 다른 사람들을 용납하지 않았다. 우리는 편협하게 구는 사람들을 편협하게 대했고…….
 그러한 편협한 태도로 말미암아 부조화가 빚어진다는 것은 불을

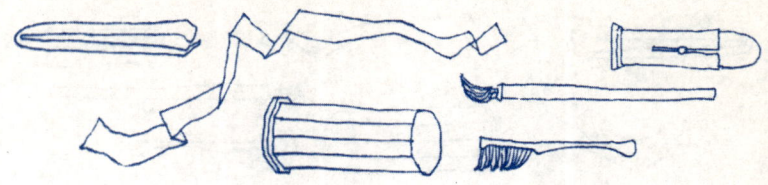

보듯 뻔한 일이다──그러나 우리의 목표는 조화롭게, 형제 같은 애정을 갖고서 살아나가는 것이다.

 마음이 편협하면 매사에 대해 자기 나름의 판단을 내리려 들게 마련이다──그러나 우리의 목표는 더 많은 것을 수용하려는 자세를 갖는 것이다.

 편협한 마음은 우리를 조바심 나게 한다──그러나 우리의 목표는 평온한 마음상태를 유지하는 것이다.

 편협한 태도는 마음의 문을 닫는 것이다──그러나 우리의 목표는 마음의 문을 활짝 여는 것, 허심탄회에 이르는 것이다.

 내가 편협한 마음을 가질 때, 그로 말미암아 가장 심각한 피해를 입을 사람은 바로 나 자신이다.

17. 허심탄회

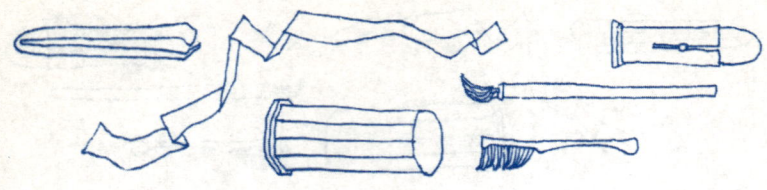

★월 ○일

우리의 모임에서, 술과 약물 중독에서 벗어나려고 발버둥쳤던 십여 년 동안의 경험을 들려준 사람이 있었다. 해독센터와 요양소와 병원들을 그는 수시로 들락거렸었노라고 말했다. 그런 곳에 들어가 있는 동안에는 정신이 온전하게 기능했으나 밖으로 나오면 이내 다시 예전상태로 돌아가곤 했다는 것이었다.

"한때는 이렇게 살다가 죽을 수밖에 도리가 없다는 생각마저 들었지요. 나 같은 인간에겐 아무런 희망도 없다는 생각이었죠. 내 인생이 어찌해서 그리도 힘겹게 되었는지 난 알 수가 없었답니다."

그런데 몇 년 전부터 그는 정신이 맑아지고 제정신을 차렸다고 했다. 누군가가 물었다. 무엇이 어떻게 변했기에 갑자기 그렇게 달라질 수가 있었느냐고.

그가 대답했다. "이러다간 영영 안되겠다 싶어서 마지막엔 사람들이 시키는 대로만 했습니다. 그들이 시키는 것이 옳은지 그른지 생각도 하지 않았고, 질문도 하지 않았고, 나에게 맞도록 바꿔 보려고도 하지 않았지요. 그저 따르기만 했습니다. 그 덕분에 이렇게 된 거죠."

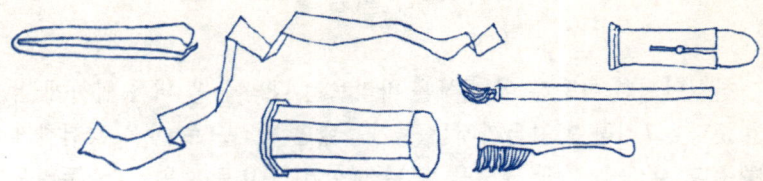

"전에는 누군가가 저에게 이렇게 저렇게 해 보라고 권하면, 저는 한 귀로 듣고 한 귀로 흘려 버리곤 했지요. 사정이 남들과는 다르다고 생각했고, 언제나 외고집만 부렸었어요. 사람들이 저에게 왼쪽으로 가라고 하면 저는 오른쪽으로 갔습니다. 그러다 보니 어느새 전 뒷골목 같은 데에서 고개를 푹 숙이고 있는 사람들 틈에 끼여 있더군요. 그제서야 저는 다른 사람들의 말에 진심으로 귀를 기울여야겠다는 결심을 하게 되었던 겁니다."

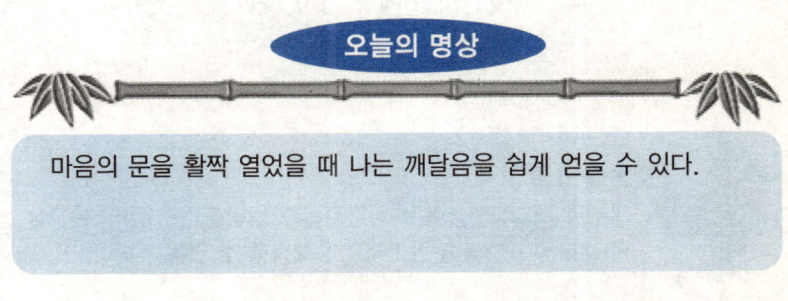

오늘의 명상

마음의 문을 활짝 열었을 때 나는 깨달음을 쉽게 얻을 수 있다.

금주의 다짐

　허심탄회한 마음은 이 세상을 바라보는 나의 눈을 더욱 환하게 밝혀준다. 그리하여 지금까지는 불가능했던 방식으로 삶을 경험하게 해준다. 마음을 활짝 열었을 때 나의 삶은 풍요로 채워진다. 두려움이나 부인이나 자기중심적인 태도 등의 장벽이 나의 새로운 시야를 흐리게 하려 들 때엔 즉시 그것들을 허물어 버릴 행동을 취할 것이다.

　나는 변화를 환영한다. 나는 새로운 생각들과 방법들과 제의들을 흔쾌히 받아들인다. 이제 나는 마음의 문을 활짝 열었으므로 삶이 그만큼 더 수월해졌다. 나는 부담 없이 동료들의 경험이나 지혜에서 많은 이익을 얻을 수 있다.

　배우고자 하는 자세를 견지하는 한, 내가 정신적으로 발전해갈 수 있는 깊이와 넓이에는 결코 한도가 있을 수 없다. 내가 아무리 멀리까지 나아갔다 하더라도, 제 아무리 마음이 편해지고 나의 삶이 기쁨에 넘치고 풍요로운 것이 되었다 하더라도, 이 세상에는 아직도 내가 배울 것들과 더 나아갈 여지가 남아 있는 것이다.

　활짝 열린 정신과 마음으로 새로운 나날을 맞이하려 노력하므로, 나는 나 자신과 다른 사람들을 더욱 친절히, 이해심과 인내심을 가지고서 대할 수가 있다. 그리고 경솔한 짓을 하거나, 판단을 내리려 하거나, 완고하게 굴었던 이전의 자세는 점차 사라져갈 것이다.

오늘의명상
새로운 해결방안들을 허심탄회하게 받아들임으로써 나는 삶의 새로운 도전들에 효과적으로 대응할 수 있을 것이다.

18.
자기발견을 위한 도구들

우리 자신의 마음과 이야기를 나눔으로써, 신과 하늘을 향하여 우리가 어떠한 자세로 임하는지를 스스로에게 묻는다는 것은 지극히 현명한 일이다. 우리가 어떤 면에서 실패를 했는지, 그 실패의 전철을 밟지 않기 위해서는 무엇을 해야 하는지, 어떻게 하면 슬기로워지고 선해질 수 있는지, 다른 사람들에겐 어떻게 대해야 하며, 어떻게 하면 신과 우리의 양심과 우리의 동료들로부터 우리가 용인을 받을 수 있는지를 묻는다는 것은.

———에드워드 영

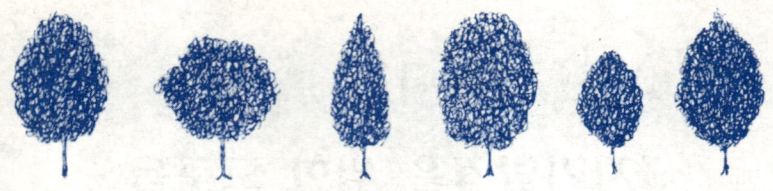

★월 ○일

올바른 정신이 들기 전까지 나는 자기인식이라는 것으로부터 아주 멀찍이 떨어져 있었다. 내가 나 자신에 대해서 발견하는 사실들은 하나같이 나에게 고통을 안겨주는 것인 듯싶었다. 게다가 나는 마땅히 알아야 할 것들을 이미 다 알고 있다고 여겼었지만 사실은 거의 아무 것도 모르고 있었던 것이다.

자기회복의 과정에 있는 사람들과 교제를 하고부터 그 모든 것이 크게 달라졌다. 놀랍게도 그들은 자기들의 감정과 두려움과 스스로에 대해서 발견한 사실들을 솔직히 나에게 털어놓는 것이었다. 조금씩 마음이 열리면서, 나는 그들을 통해서 나 자신에 대한 많은 것을 깨달아갔다.

나는 언제나 노여움에 사로잡힌 채로 지내왔었다. 그런데 다른 사람들의 말에 귀를 기울이자 나는 노여움의 원인과 그 결과와, 그리고 그 해결방안에 대해서도 이해가 가기 시작했다. 인간과 인간들이 만든 제도를 증오함으로써 나는 오랫동안 나 자신을 갉아먹었던 셈이었다. 그러나 그같은 적의의 정체가 무엇인지를——그리고 그것이 나를 파괴할 수도 있었다는 사실을——나는 자기회복 단계

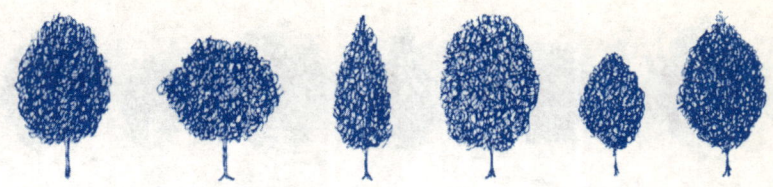

에 들어서서야 비로소 알 수 있었다. 나는 언제나 이런저런 강박관념에 사로잡혀 있었지만, 자기회복에 들어선 이후에야 그러한 감정들을 제대로 다스릴 수가 있었다.

　나는 이제 지속적이고도 풍부하게 자기를 발견해 가고 있다. 다른 사람들의 말에 진지하게 귀를 기울이고 그들과 교류함으로써 새로운 진실들과 사실들을 나는 끊임없이 발견해 가고 있다. 나는 그 배움을 결코 멈추지 않을 것이다.

누군가가 자기 개인의 경험과 힘과 희망에 대해서 나에게 솔직히 말해 줄 때 나는 그를 통해 배우기 위해서 귀를 기울인다.

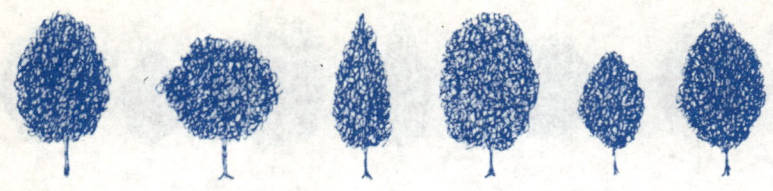

★월 ○일

 자기발견을 위한 가장 실질적이고 효과적인 도구들 중의 하나로서, 자기 자신의 모든 점을 기록한 신상명세서를 작성해 보는 방법이 있다. 두려움 없이 철저하게 자기의 과거와 현재를 살펴봄으로서 우리는 자기의 발전을 저해했던 기질상의 요인이 어떠한 것들이었는지, 또 계발할 만한 가치가 있는 것은 어떤 것들인지를 파악할 수 있을 것이다.
 우리가 자기의 신상명세서를 작성하는 것은, 내가 누구이며 이 세상의 어떠한 지점에 서 있는지를 분명히 밝혀보기 위해서이다. 또한 이기심이라든가 미숙함, 부정직, 매사를 자기 방식대로 판단하려는 태도 등의 성격적 결함의 정체를 밝힐 수도 있을 것이다. 그렇게 함으로써 우리는 그같은 결함이 어떤 식으로 우리 내부에 존재해 왔으며 어떤 식으로 우리의 행복을 가로막았던가를 알 수 있을 것이다. 예컨대, 자기연민이라는 감정이 어떻게 우리의 발목을 잡고 늘어졌었는지, 혹은 안정되고 평안하다는 기분을 느끼기 위해서 우리가 그 얼마나 철저하게 남에게 의존하는 삶을 살아왔던지를 생전 처음 깨닫는 사람들이 우리 중에는 많을 것이다.

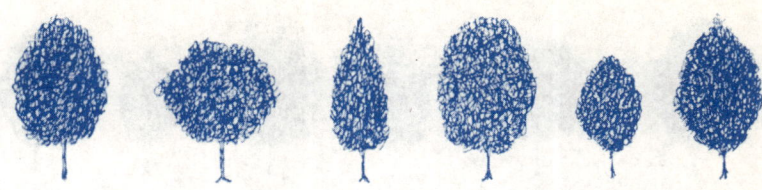

　자기의 신상명세서를 작성한다는 것은 자기를 한번 시원하게 청소하는 기회가 된다. 그것을 통해서 우리는 마침내 모든 비밀들을 털어낼 수 있고 과거의 잔해들을 일소할 수 있게 된다. 그것은 또한 미래를 향한 길을 안전하게 나아가는 데에 필요한 지도가 될 수도 있고, 우리가 어느 정도로 발전을 하고 있는지를 측정케 하는 기준선이 될 수도 있다. 무엇보다도 의미가 큰 것은, 우리로 하여금 자만심을 버리고 겸손한 자세를 갖게 해주는 한편 우리를 우리 자신과 다른 사람들에게, 그리고 신에게 더 가까이 다가가게 하는 것이다.

　이젠 내가 진정으로 어떠한 사람인지를 발견해야 할 때가 되었다. 그러기 위해서 나는 나의 모든 면을 낱낱이 기록해 보겠다.

★월 ○일

 자기회복에서 우리는 이제 굳건한 발판 위에 섰으므로, 자기의 신상명세서를 작성하는 일을 기꺼이 할 수가 있다. 그것은 자신을 더 깊이 파헤쳐서 더 많은 사실들을 발견하기 위해서이다. 그러나 처음엔 시작하기가 두렵다는 생각이 들 것이다. 무엇을 기록해야 할지, 어떤 방법으로 해야 할지, 혹은 얼마만큼 상세히 써야 할 것인지를 잘 알 수가 없을 것이다.
 사정이 그러할 때 명심해야 할 것은, 그같은 명세서를 작성하는 것은 개인의 정신적 성숙을 기하기 위해서라는 사실이다. 그같은 목적을 염두에 두고 있으면, 최선의 방법이 무엇인지를 알아내기가 한결 수월해질 것이다.
 오래 묵은 원한들과 그 원인들을 먼저 기록하고, 그 다음엔 자신의 내부로 눈을 돌려서 자기의 어떠한 행위로 말미암아 그같은 갈등이 빚어졌는지를 살피는 사람들도 있을 것이다. 자기의 발전이 어떠한 유형으로 저해당해 왔는지를 더 면밀히 이해하기 위해서 자기의 두려움과 감정들과 성격적 결함을 일일이 짚어보는 이들도 있을 것이다.

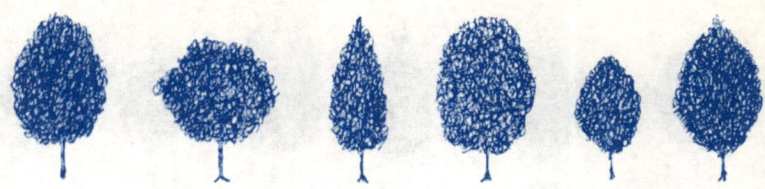

그같은 명세서의 또 하나의 중요한 의의는 그것을 통해서 마음속에 묻어둔 모든 비밀을 들춰낼 수가 있다는 점이다. 당신은 속이 다 후련하다는 안도감을 경험할 것이고, 그럼으로써 늘 불안하기만 했던 마음을 털어버릴 수 있을 것이다.

자리에 차분히 앉아서 명세서를 써 나갈 때엔 그것이 자기발견을 위한 도구라는 사실을 잊어서는 안 된다. 그것은 자기를 채찍질하기 위한 것이 아니다. 그러므로 자기의 모자라는 점들을 밝히는 만큼이나 자기의 자질들을 밝히는 것도 마찬가지로 중요한 일이다.

오늘의 명상

나는 정직하고 철저하게 신상명세서를 작성할 것이다. 내가 적은 내용들은 조만간에 내가 거기에서 벗어나고자 하는 점들이기 때문이다.

18. 자기발견을 위한 도구들

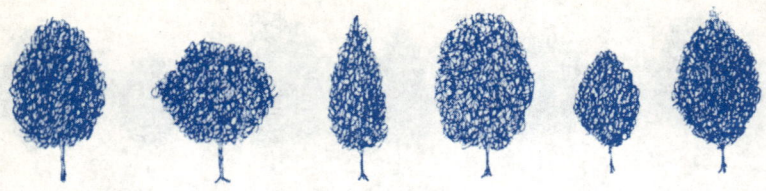

★월 〇일

　그렇게 작성된 자기의 신상명세서를 남에게 읽어주면 더욱 효과적이라는 말을 들었을 때, 우리는 하나같이 반발을 했었다. 물론 그것은 수치스럽고 당혹스러운 사실들을 인정하기가 어려워서였을 것이다. 그리하여 '그게 무슨 소용이람?' 하고 모두들 항변을 했었다.
　중요한 것은 인격과 정신의 성숙을 더욱 진전시키는 것이다. 묻어둔 비밀이라는 짐을 벗어버리고 우리의 성격적 결함들을 다른 사람들과 신에게 고백함으로써 우리는 더욱 겸손한 태도를 가질 수가 있게 된다고, 이미 경험한 친구들은 하나같이 우리에게 힘주어 말했었다. 그리고 그들의 말이 과연 옳다는 것을 우리는 이내 알아차렸다. 자기의 신상명세서를 남에게 읽어준다는 것은 그것을 작성하는 것만큼이나 중요하다는 사실을 우리는 알 수 있었던 것이다.
　무엇보다도, 우리에게 아주 유익한 반응들이 있었다. 우리의 절친한 친구들은, 스스로는 발견할 수가 없었던 심리유형이라든가 결점들, 자질들을 지극히 정확하게 지적해 주었다. 우리는 고백을 할 상대방을 신중하게 골랐었고, 그들도 전에 유사한 경험을 한 사람

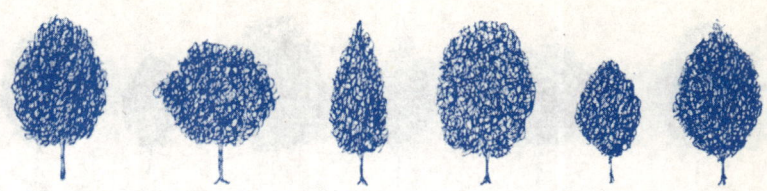

들이므로, 우리를 잘 이해해 주었을 뿐만 아니라 아주 구체적인 해결방안까지도 제시해 줄 수 있었다.

  게다가, 우리는 그 누구도 스스로 생각했던 것만큼 '나빴거나' '병든' 상태가 아니었다는 사실을 깨닫기에 이르렀다. 또한 우리는 그처럼 깊은 수준에서 다른 사람을 신뢰함으로써 마침내는 전혀 예기치 않았던 우정까지도 얻게 되었다. 우리 중의 많은 사람들이 그것을 계기로 해서 비로소 자신을 용서하기에 이르기도 하였다.

오늘의 명상

나는 아직도 무거운 마음의 짐을 혼자서 감당하려 하고 있는가?

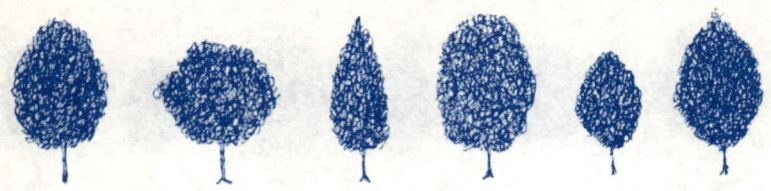

★월 ○일

자기의 신상명세서를 작성해서 다른 사람에게 읽어준 경험이 있는 사람들로부터 나는 좋다는 말 이외엔 들어본 것이 없다. 그리하여 마침내 나도 그것을 해 보리라는 결심을 하기에 이르렀다. 처음엔 내키지 않았지만 일단 시작을 하고 나자 그만둘 수가 없었다. 마치 내 몸속에서 무슨 댐 같은 것이 터진 것 같았다. 그동안 내가 부정해 왔던, 혹은 잊혀졌던, 혹은 오랫동안 묻혀 있었던 감정들과 결점들과 지난날의 과오들이 한꺼번에 공책 위에 쏟아졌다.

나는 그 명세서를 내가 신뢰하는 한 친구에게 읽어 주었고, 그리고 생전 처음으로 나는 나에게 해로운 태도와 행위에 대해서 완전히 파악할 수가 있었다. 내가 그 얼마나 사람들의 인정을 받으려고 애써 왔으며, 삶에 대한 두려움에 그 얼마나 철저하게 사로잡혀 있었던가를, 나는 거의 계시에 가깝다고나 할 정도로 환히 알 수 있었다.

한편으로는 이루 말로 다할 수 없는 안도감을 느꼈고, 또 한편으로는 변화되어야 할 일들이 너무나 많다는 사실에 중압감을 느껴야 했다. 그리고 나는 그같은 변화들을 나 혼자만의 힘으로는 불러일

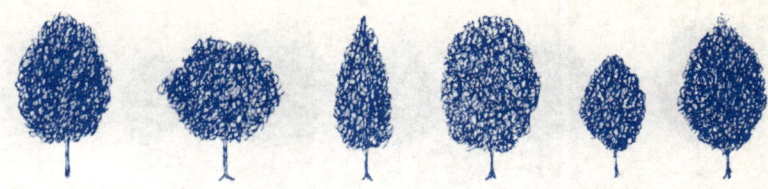

으킬 수 없다는 사실을 확인하기에 이르렀다.

　그같은 깨달음의 덕분으로 나는 나의 성격적 결함들을 제거하고 또 정신적인 성숙을 심화시키기 위해서 반드시 해야 할 바들을 행하기 위해서 신의 도움을 구하겠다는 의지를 갖게 되었다. 돌이켜보건대, 자기의 신상명세서를 작성해서 다른 사람에게 읽어 준다는 것은 신앙을 향해 나아감에 있어서 중요한 계기였다는 것을 나는 인정하지 않을 수 없다.

오늘의 명상

내가 나의 결점들을 인정하는 것은 그것들이 나에게 고착되어 있다는 것을 뜻하지는 않는다.

18. 자기발견을 위한 도구들

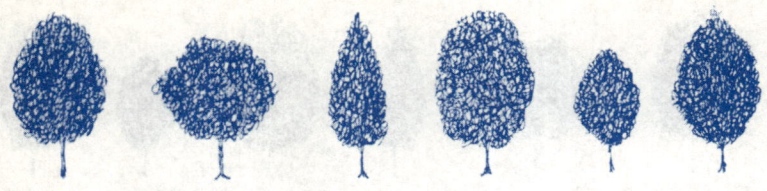

★월 ○일

우리는 자기분석이라든가 독서, 다른 사람들과의 상호관계 등 여러 경로를 통해서 자기자신을 발견하기에 이른다. 그런데 거기에는 우리가 미처 보지 못한 경로들도 있겠거니와, 그중에서도 가장 중요한 것은 바로 우리의 내면에 있는 정신적인 샘을 통한 것이다.

때때로 우리가 전혀 기대하지 않았던 순간에, 그 의의가 매우 크고 심오하기까지 한 통찰력이 저절로 우리에게 주어지는 경우가 있다. 그러나 대개의 경우 신의 의지라는 것은 우리가 무언가를 포용하려는 마음자세를 갖추고 있을 때에 우리에게로 전해지는 법이다.

스스로를 더욱 깊이 알기 위해서 우리의 정신적 통로를 더 환하게 틔워 놓으려면 무엇을 어떻게 해야 하는가? 조용히 물러앉아서 자신을 깊이 성찰해봄으로써 정신적 발전을 기하는 사람들도 있을 것이다.

날마다 조금씩 시간을 내어 자기가 이해하고 받아들인 신과의 유대를 강화해 나가는 사람들도 있을 것이다. 또 신에게 가장 가까운 곳이라고 스스로 설정한 장소에 가서 일정한 시간을 보내는 것을 규칙으로 삼는 사람들도 있을 것이다.

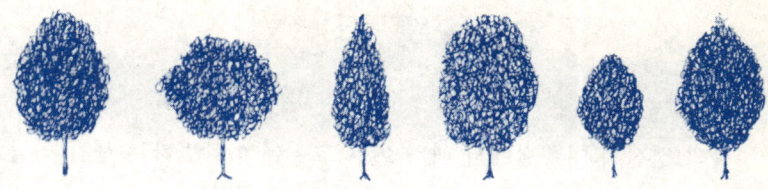

　　우리가 그같은 행위를 하는 것은 신과의 관계를 이룩하고, 그분의 은총을 통해서 스스로에 대해서 더 많은 사실들을 발견하기 위해서이다. 그렇게 함으로써 우리는 다른 이익들도 얻는다. 우리는 우리 삶의 전반에서 타당한 결정을 내리는 데에 도움이 될 지침을 얻는다. 우리는 마음의 평화를 얻고 자기회복에 있어서의 더 큰 진전을 이룬다.

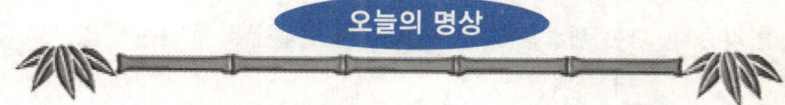

오늘의 명상

자기발견을 추구함에 있어서 나는 나의 내면에서 울려나오는 정신의 목소리에 특별히 주의를 기울일 것이다.

금주의 다짐

　나의 정신적 여행길에서 내가 어떤 고원에 이르렀다는 생각이 들 때, 나는 다시 새로운 영역으로 도전해 갈 것이다.
　뒤를 돌아보았을 때, 거기에 내가 이미 지나온 숱한 봉우리들과 계곡들이 보인다면 그야말로 가슴이 벅차지 않을 수 없을 것이다. 더욱 그 의미가 깊은 것은 그 길을 따라오면서 나는 나의 자기발견의 수준을 쉬임없이 심화시켜 왔다는 점이다.
　나의 진정한 자아를 발견하여 한시도 망각하지 않고, 한편으로는 그 자아로써 다른 사람들과의 교류를 통하여 나는 소외에게는 죽음을, 우정에게는 탄생이라는 것을 선사하였다.
　나의 과거와 현재의 모든 모롱이들을 두려움 없는 자기 성찰로 탐사함으로써 나는 미래를 향해 안전하게 나아가기 위한 지도를 마련하였다.
　내가 발견한 사실들, 파헤친 비밀들을 인정함으로써 나는 이루 말로 다할 수 없는 안도감을 맛보았다. 다른 사람들과 신 앞에서 스스로의 무거운 짐을 벗어버림으로써 나는 믿음과 자기용서에로 나아갈 수 있는 문을 활짝 열어 젖혔다.
　이렇듯 다양한 자기발견의 경로들이 나의 삶을 풍요롭게 해 주었으므로 나는 이제 나의 앞에 펼쳐져 있는 일들에 대해서 커다란 기대를 갖는다. 나는 새로운 변경, 새로운 지평이 내 앞에 펼쳐져 있으리라 기대한다.

오늘의명상
자기발견의 영역에는 한계선이 없다. 그 대가도 역시 무한하다.

19.
성공과 성취

어째서 우리는 그토록 필사적으로 서둘러 성공을 거두려 하는가? 어째서 우리는 그토록 기를 쓰고 일에 매달리는가? 동반자와 보조를 맞추지 않는 이가 있다면 그의 귀에는 아마 다른 북소리가 들리고 있는 것이리라.

——헨리 데이비도 쏘로우

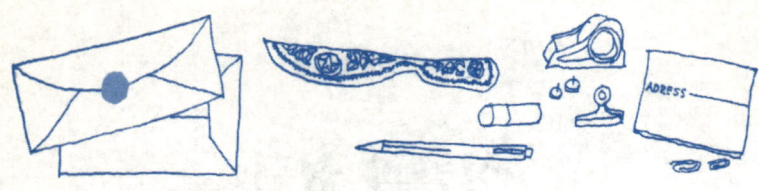

★월 ○일

나는 한때 잡지사에서 일을 한 적이 있는데, 그때를 회상하면 내가 성공과 성취라는 것에 대해서 얼마만큼이나 민감하게 생각했던가 하는 사실이 떠올라 나도 모르게 마음이 무거워지곤 한다. 그 조직 속에서 나는 남보다 먼저 인정을 받았고, 얼마 가지 않아서 커버 스토리를 쓰기 시작했다. 급료도 인상되었고 편집차장으로 승진도 되었다.

그렇게 성공을 거두자 생각이 달라졌다. 나는 급료를 더 인상해 달라는 요구를 했고 그것이 받아들여졌다. 또 직급도 더 승진되었다. 편집차장에서 부장으로, 주간으로. 마침내 나는 나를 위해서 제1편집주간이라고 하는 전혀 새로운 직위를 만들어 내라고까지 요구하기에 이르렀다. 그렇게만 된다면 나는 모든 편집자들의 머리 위에 올라설 수 있을 것이고, 나의 위에는 명색뿐인 잡지 편집인 단 한 사람만이 있을 뿐이었다.

지금 와서 생각하건대, 내가 어째서 그토록 유치하게 굴었는지 알 수 있을 것 같다. 말하자면 나는 열등감에 빠진 병적인 자기중심주의자였던 셈이다. 그 당시 나는 자신을 스타라고 여겼으나, 마음

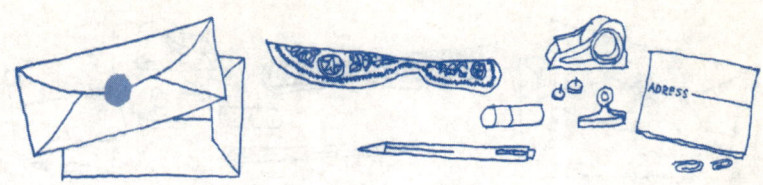

속 깊은 곳에서는 스스로를 사기꾼이라고 생각했었다. 나는 절대로 글을 쓸 수 없는 사람이라는 생각이 들었다. 그같은 중압감으로 인하여 나는 더욱더 남의 인정을 받으려고 기를 썼다. 그런데 인정을 받으면 받을수록 나의 '스타의식'과 형편없는 자존심 사이의 간격은 더욱 벌어져 가는 것이었다. 내가 스스로에게 가한 중압감은 실로 어마어마한 것이었다.

신의 가호가 있어, 이젠 그 모든 것이 달라졌다. 오늘 무엇이 나이고 무엇이 내가 아닌지를 잘 알고 있고, 그 사실만으로도 나는 만족을 느낀다.

직업이 곧 나는 아니다. 은행구좌에 돈이 많다는 사실이 내 인격을 결정하지는 않는다. 나의 내면에 있는 나, 그것이 진정한 나이다.

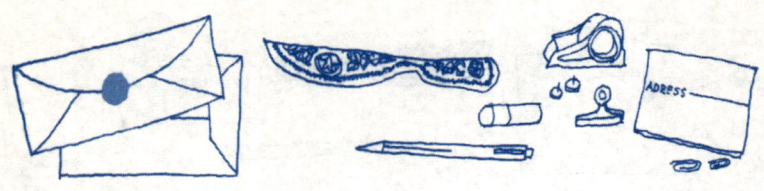

★월 ○일

자기발견의 초기단계에서부터 우리는 이전까지는 그런 것이 있는 줄도 몰랐던 두려움들을 발견하고 그것에 대해서 다른 사람들과 이야기를 나누기 시작했다. 사람들과의 접촉을 두려워하고 거부하고 실패한 경험들을 다른 사람들이 우리에게 말해줄 때, 우리는 똑같은 심정을 느꼈고, 그들의 경험으로부터 무언가를 얻으려고 노력했다.

그런데 '성공을 두려워한다'는 것은 무엇일까? 우리는 그 뜻을 쉽게 이해할 수가 없었다. 그러나 점차 우리의 일상행위에는 바로 그러한 유형의 심리가 작용하고 있다는 사실을 알게 되었다. 우리는 우리 앞에 다가오는 좋은 것을 받아들이지 못하는 이유를 탐구하기 시작했다.

우리는 다가온 행운이 현실이 아닐 것으로 생각한다——행운은 다가왔을 때 그랬던 것처럼 순식간에 사라져 버린다. 우리는 성공을 거두었을 경우에도 그 결과를 제대로 '누릴 수 없으리라는' 생각을 해왔던 것이다. 우리는 변화를 두려워했다. 특히 스스로를 '성공할 수 없는 사람'이라고 보아왔던 해묵은 관념을 버리기를

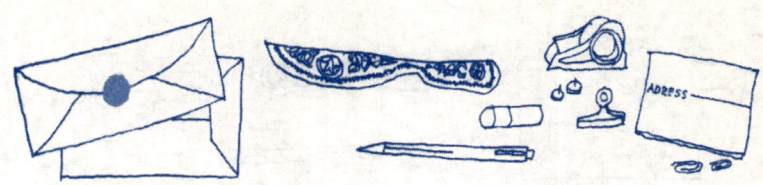

두려워했다. 무엇보다도 우리는 성공을 거둘 자격이 없다는 믿음을 무의식적으로 품어왔던 것이다.

  요즘에 들어서도 성공에 대한 두려움이 얼굴을 뜨겁게 할 때, 우리는 신의 도움을 구함으로써 그같은 마음을 씻어버리고 오히려 감사하는 마음을 가지려 노력한다. 많은 세월이 흘렀고 우리의 이해력도 깊어졌으므로, 그같은 부정적인 감정들과 터무니없는 반응들은 그 힘을 잃었다. 우리는 신을 더욱더 신뢰하게 되었고, 그분의 축복을 흔쾌히 받아들일 수 있게 되었다.

오늘의 명상

신이 보시기에, 나는 나에게로 온 좋은 것들을 누릴 자격이 있다.

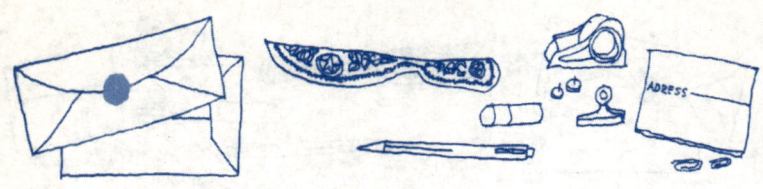

★월 ○일

그 사실을 우리는 전혀 모르고 있었지만, 아주 어린 시절부터 우리는 자신에게로 오는 그 어떠한 성공이나 행운을 거부하도록 길들여져 있었다. 우리는 온갖 수단을 다해서 그 사명을 완수해왔다. 아주 미묘한 것이어서 그 실체가 잘 드러나지 않은 수단들도 있었고, 반면에 불을 보듯 명백한 수단들도 있었다.

예컨대, 아주 분위기가 좋은 주택가에서 임대아파트를 발견했을 때에 우리는 처음엔 그 사실을 쉽게 믿으려 들지 않는 경우가 있었다. 뜻밖의 횡재를 얻었을 때엔 언제나 그런 식이었다. 관록이나 경제상태가 갑자기 좋은 쪽으로 급진전을 할 경우, 우리는 갈피를 잡을 수가 없었다. 하루는 교만스레 굴었다가 그 다음날엔 시무룩해지는 식이었다. 어떤 사람들과의 관계가 아주 특별한 쪽으로 발전을 하려는 순간에 그만 우리는 그 관계를 중단하고 싶은 심정을 느끼곤 했었다.

대다수의 경우, 성공에 대해서 부정적인 반응을 보이는 것은 자존심이 아주 낮다는 사실을 반영한다. 스스로 가치 없는 인간이라는 생각을 하고 있기 때문에 우리는 좋은 것들을 흔쾌히 받아들일

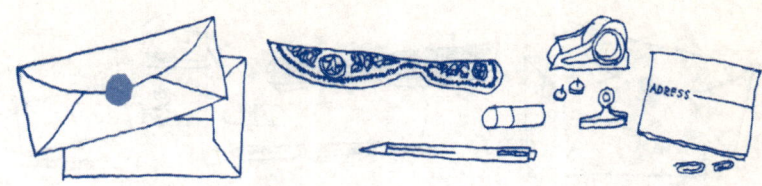

수가 없는 것이다.

　이제 자신에 대한 그같은 결정적인 사실들을 발견했으므로, 우리는 우리의 삶에서 무언가 보람찬 일이 일어나고 있다는 것을 감지할 때에도 '매만지다가 그만 부숴버릴 것 같은' 식의 심리상태로 돌아가지 않는다. 스스로 자격이 없다고 말하는 그 부질없는 메시지를 지워버릴 수 있는 방법을 우리는 터득했다.

오늘의 명상

나는 나 자신에 대한 파괴공작원 같은 역할을 더 이상 하지 않을 것이다. 나는 나의 성공과 성취를 당당하게 받아들일 것이다.

★월 ○일

저마다 방식은 달랐지만, 우리는 모두 그것을 해내었다. 지위와 돈과 재물과 권력을 받아들이기 시작했다. 우리는 어떤 특정한 지위, 꿈같은 집, 근사한 자동차 같은 것들을 갖고자 하는 목표를 품었다.

많은 이들이 열심히 일을 했고 많은 것들을 희생시켰다. 그같은 목표들을 성취하는 것은 우리에게 있어서 지극히 중요한 의미를 지니는 것이었다. 그것이 성공이라고 하는 것에 대한 우리의 이상을 실현하는 길이었기 때문이었다.

갖은 노력을 다해서 마침내 우리가 '승리자'가 되었을 때, 우리는 가슴이 한껏 부풀었다. 그러나 그 부푼 가슴은 어쩔 수 없이 다시 가라앉혀야 했다. 우리는 커다란 실망감과 함께 우리의 삶에서 진정으로 달라진 것은 아무 것도 없다는 것을 깨달았다. 그리고 예전과 똑같은 조바심과 두려움과 불안을 가져야 했다. 우리는 예전과 조금도 다름없는 불안과 불행감을 느꼈다.

그같은 과정을 거듭 되풀이함으로써 마침내 우리는 도저히 불가능한 곳에서 성공을 발견하려 해왔다는 사실을 깨달았다. 우리는

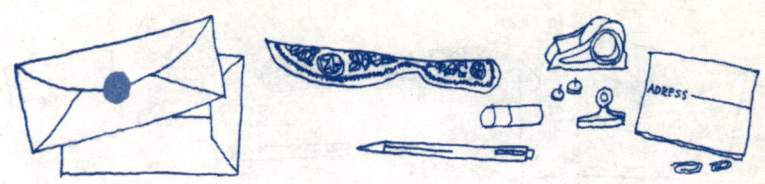

  깨달았고, 거듭거듭 깨닫고 또 깨달아야 했다. 진정한 성공은 외부의 사물들과는 아무런 상관도 없으며, 우리의 내부에 있는 모든 것들을 통해서만 이루어질 수 있다는 사실을.

  우리는 아직도 자기 삶의 운명을 개선하고자 노력하고 있지만, 물질을 성취하는 것이 곧 성공과 승리를 뜻한다고 하는 환상은 이미 버린지 오래이다. 우리가 진정으로 자기다워지려는 의지를 가질 때——정신적 교화와 내적 평화를 기하는 것이 우리의 일차적인 목표가 될 때, 우리는 진정한 승리자가 될 수 있다.

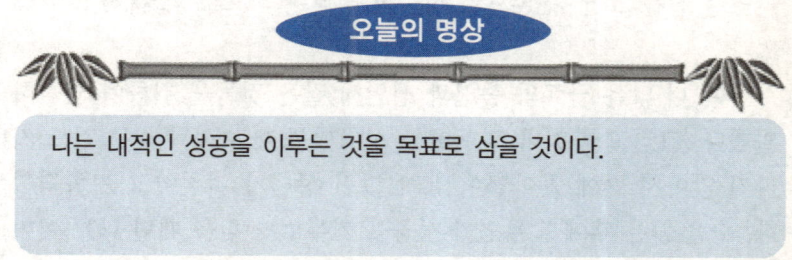

나는 내적인 성공을 이루는 것을 목표로 삼을 것이다.

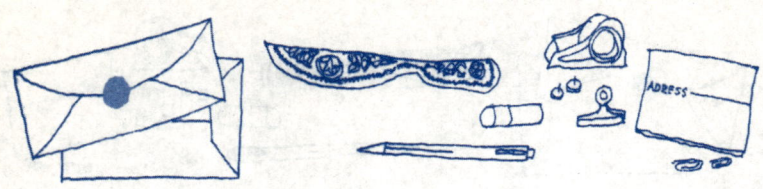

★월 ○일

내가 여전히 술을 마시던 동안에는, 간혹 무언가를 이룰 때마다 그만 그 성취감에 못 이겨서 술판을 벌이곤 했었다. 술이란 것이 나에게 아주 심각한 문제임을 잘 알면서도, 나는 나의 삶 속에는 어떤 예측 가능한 자기파괴의 유형이 내재해 왔다는 것에는 전혀 생각이 미치질 못하였다. 나의 마음속에 깊이 각인된 어떤 메시지들이 나로 하여금 그같은 행동을 하도록 유인하고 있다는 사실을 나는 알아차리지 못했다.

나의 부모님은 내가 성공을 거둘 자격이 없고 그럴 능력도 없다고 귀가 따갑도록 말씀하시곤 했다. 오랫동안 나는 그 말이 틀렸다는 것을 증명하려고 노력했었다. 그러나 번번이 나는, 이를테면 다 지었던 집을 그만 내 손으로 허물어 버리는 식으로, 굴복하고 말았었다.

나는 더 많은 급료와 승진과 선인세 같은 것들을 위하여 열심히 일했다. 그리고 마침내 그 목표를 성취했을 때는 고작 몇 시간도 지나지 않아서 술에 곯아떨어졌고, 그런 상태가 며칠이고 지속되었다. 술을 끊은 후에도 무언가 성공을 거두었다 싶을 때면 나는 이미

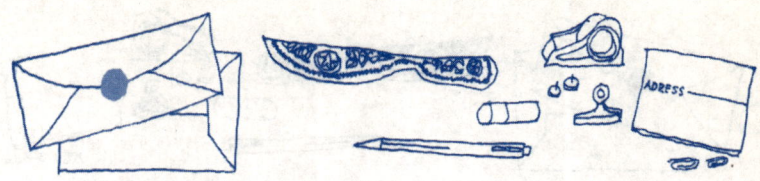

상상 속에서나마 술판을 벌이곤 했다.

  나의 어린 시절의 그 메시지들은 이제 그 힘을 거의 잃었다. 더구나, 성취와 승리라는 것도 예전과는 그 의미가 완전히 달라졌다. 날마다 나는 내 앞에 닥친 일에 매진하려고 노력한다. 성공이 나에게로 다가오면 나는 감사하는 마음으로 받아들인다. 그렇지 않을 경우에도 나는 아무런 부담을 느끼지 않는다.

오늘의 명상

  나는 좋은 것을 누릴 자격이 있고 가치도 있다. 나는 지난날의 부정적인 메시지들을 지워버릴 것이다.

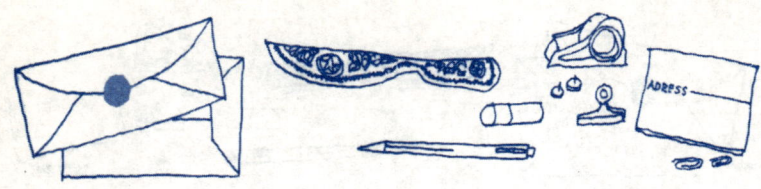

★ 월 ○일

 이제 우리는 정신적으로 더욱 성숙되었으므로, 성공과 성취라는 것에 대한 판단도 극적으로 달라졌다. 신께서 보시기에 우리 각자는 저마다 독특한 인간들이다. 우리는 서로 다른 환경에서 성장했고, 서로 다른 길을 택해 걸어가고 있으며, 운명도 제각기 다르다.
 사정이 그러할진대, 어떤 사람이 성공자이며 어떤 사람이 실패자인지를 그 어떤 기준을 갖고서 판단할 것인가? 어떠한 잣대를 가지고서 우리의 성취 정도를 측정할 것인가? 어떤 사람에겐 성공일 수 있는 것이 다른 사람에게는 성공이 될 수 없는 경우가 얼마든지 있을 것이다.
 예전에 우리는 어떤 사람이 어떠어떠한 물질적 목표를 성취했을 때, 그 사람은 성공에 '도달했다'고 믿었었다. 그러나 오늘 우리는 진정한 기쁨은 그 과정에 있으며, 성공이란 것은 그 과정의 어느 순간 순간에 우리에게 주어지는 것일 뿐 끝이 없는 것이라고 믿는다.
 오늘 우리는 물질적 목표를 추구함에 있어서 그 욕구를 자제하여 보다 더 유연한 자세로 임한다. 우리의 우선적 목표는 신의 의지가

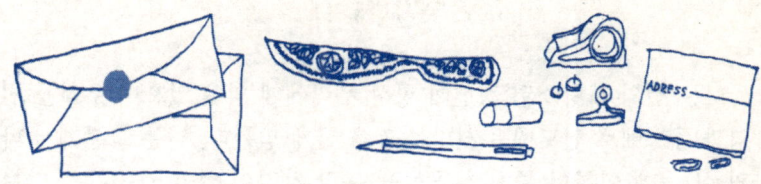

무엇인지를 발견하여 그것을 실천하는 것이기 때문이다. 그 목표가 그분이 우리를 위해 꾸며놓으신 계획과 조화되지 않는다는 것을 발견했을 때, 우리는 흔쾌히 그것을 수정하거나 버릴 수 있다.

성공이 우리에게 주어지면 우리는 그것을 겸허하게 받아들이려 노력한다. 우리에게 주어진 그 어떤 성공도 우리 자신이 아니라 신께서 이루어주신 것임을 굳게 믿기 때문이다.

오늘의 명상

나는 신을 굳게 믿고 그분의 의지를 실천하겠다는 생각을 갖고 있으므로 나의 삶은 이미 성공한 것이나 다름없다.

19. 성공과 성취

금주의 다짐

　나는 신의 사랑스런 정신이 항상 우리에게 임해 있으며 우리를 번영과 풍요로 인도해 주신다는 것을 굳게 믿는다. 나는 그분께서 나의 삶 속에 이루어 주신 성공들을 누릴 자격이 있고 가치가 있다는 것을 확신한다. 그렇지가 않다고 우기는 생각들이 나의 마음속에 끼여들면 나는 그것들을 거짓이라고 단정해 버릴 것이다.

　나에게 행운이 찾아오거나 승리를 거두었을 때, 나는 감사하는 마음으로 흔쾌히 받아들일 것이다. 성공에 대해 과대평가하거나 과소평가하지 않을 것이며, 다만 그것들을 당당하게 받아들이려는 노력만을 할 것이다. 신께서 나에게 허락하신 선물에 대해서 나는 회의를 품지 않을 것이며, 또한 그것들을 생산적인 방법으로 이용할 수 있는 나의 능력에 대해서도 의심하지 않을 것이다.

　나는 물질을 추구하는 데에 매달리지 않을 것이다. 수입이 늘고 재물이 넉넉해진다 해서 내가 발전되는 것은 아니기 때문이다. 그러한 것들도 물론 나의 번영에 한 몫 기여하기는 하겠지만, 보다 중요한 것은 순화된 성격, 참을성과 친절성, 관대함 등등의 정신적 자질들일 것이다.

　나의 성공과 성취에 대해서 신에게 감사를 드리기 위하여 나는 나의 재능과 능력들을 한껏 이용할 것이다. 자신의 삶뿐만이 아니라 다른 사람의 삶에도 행복과 충만이 깃들도록 노력할 것이다.

오늘의명상
성공은 신께서 나에게 주신 선물이다. 내가 그것을 어떻게 받아들이느냐, 그것으로 무엇을 할 것이냐에 따라서 나는 그분에게 그 고마움을 보답할 수 있을 것이다.

20.
기도와 명상

어떤 사람이 거침없고 유창한 말로 기도를 올리는데, 그 곁에서 자기는 간신히 몇 마디를 더듬거리기만 하는 때가 있을 것이다. 그럴 때 당신은 자기를 꾸짖고 그 사람을 부러워하게 된다. 마치 금도금이 된 열쇠가 문을 더 잘 열 수 있기라도 하다는 듯이.

——윌리엄 거날

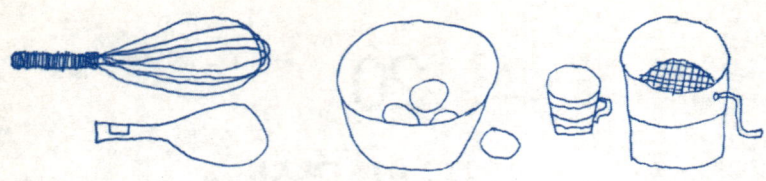

★월 ○일

역사상 수많은 사람들이 기도와 명상은 내적인 힘을 얻는 수단이라고 여겨왔다. 그것은 우리에게도 마찬가지이다. 우리가 그 어디에 있건, 그 무슨 일을 하고 있건, 혹은 그 어떤 도전에 직면해 있건, 기도와 명상은 우리에게 지침을 주고 평안한 마음을 갖게 해주고, 우리가 믿는 고귀한 힘을 가진 존재가 우리에게 가까이 있음을 감지하게 해준다.

기도는 우리가 신과 '이야기를 나누는' 수단이다. 그것은 우리의 생각과 욕망과 두려움과 감사의 마음을 그분에게 전하는 수단이다. 무엇보다도 중요한 점은, 기도는 우리가 무엇을 하기를 바라는지 어떤 인간이 되기를 원하는지를 그분에게 물어볼 수 있는 수단이 된다. 우리의 기도가 신을 달라지게 할 수는 없겠지만, 적어도 그것이 우리 자신을 달라지게 할 수는 있다는 것을 조금도 의심하지 않는다.

명상은 우리가 신의 말씀을 '듣는' 수단이다. 명상을 할 때 우리는 몸과 마음을 산만하게 하는 외부 세계의 모든 잡다한 일들로부터 우리를 격리시킨다. 스스로 택한 방법에 의해서 우리는 신으

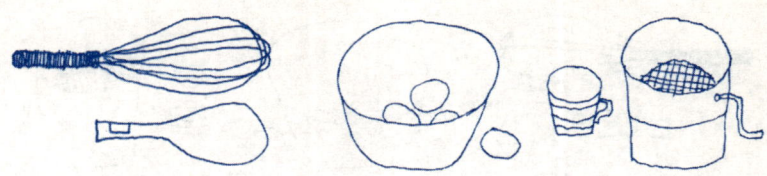

로부터 지침을 구하고, 그럼으로써 그분을 이해하는 데에로 나아간다.

많은 사람들이 신의 실재를 믿어왔으나, 우리가 기도를 드리고 명상을 하기 시작한 것은 그 믿음이 구체화된 이후부터였다. 오늘 기도와 명상 덕분에 우리는 신의 존재가 우리의 삶 속에 임해 있다는 것을 진정으로 느낄 수 있다.

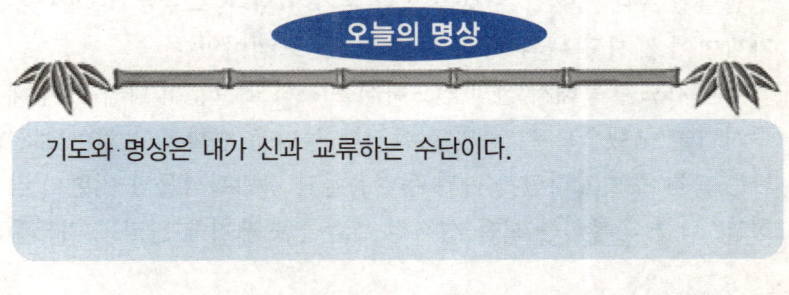

오늘의 명상

기도와 명상은 내가 신과 교류하는 수단이다.

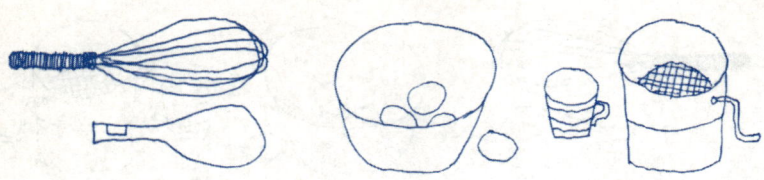

★월 ○일

나는 기도라는 건 해봤자 아무 소용이 없다는 생각으로 오랫동안 살아왔다. 그러다가 마침내 나도 기도를 하기 시작했지만, 그것은 내가 정신적으로 크게 교화되었기 때문은 아니었다. 사실 나는 그 때까지도 회의적이었다. 밑져야 본전이라는 식의 태도로 기도를 올렸었다.

지금 와서 돌이켜보건대, 그때 나는 '이렇게 해서 무엇을 얻을까?'라는 의문을 가졌더라면 훨씬 더 나았으리라는 생각이 든다. 기도를 통해서 나는 신의 존재란 것은 이 우주 속의 그 어떤 힘보다도 훨씬 더 모호한 존재이며, 혹은 인간의 상상력으로 그려볼 수 있는 존재가 아니라는 것을 확신하기에 이르렀다. 나는 그분과 어떤 인간적인 유대관계 같은 것을 느낄 수가 있었다. 그분은 나와 아주 가까이에 계시고 나와 아주 친근하다는 느낌이었다.

나는 기도를 통해서 신의 인도하심을 구하고 그분이 나와 함께 해주시기를 구했으므로, 나의 삶에서는 놀라운 변화들이 일어났다. 나는 고작 쭈뼛거리면서 나의 두려움들과 강박관념들과 원한의 감정들, 나를 괴롭히는 모든 성격적 결함들을 제거해 달라고 기도를

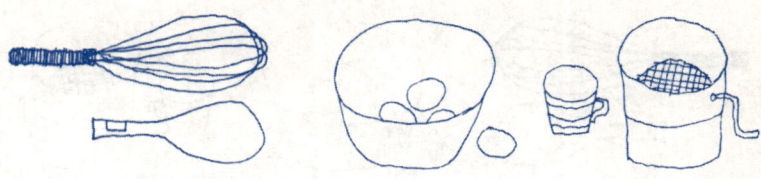

드렸을 뿐인데도, 그분은 기꺼이 그렇게 해주셨다. 재앙과도 같은 어떤 일, 혹은 예측하지 못했던 일들이 일어나서 나를 흔들리게 할 때, 기도는 언제나 나의 안전한 정박지가 되어 주었다. 그러할 때에 나는 신에게로 마음을 돌림으로써 안정을 되찾고 자신감을 가질 수 있었다.

  기도를 통해서 나는 내가 신의 아들임을 거듭 확인한다. 나는 결코 혼자가 아니라는 사실을, 그분이 언제나 나의 곁에서 나를 보호하시고 돌보아 주신다는 사실을 거듭거듭 확인한다.

오늘의 명상

  신이여, 오늘 이 순간에도 당신이 나의 곁에 계심을, 나의 모든 기도에 화답해 주심을 감사드립니다.

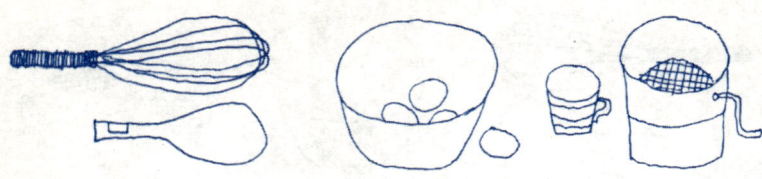

★월 ○일

규칙적으로 명상을 실천할 때 우리는 신의 인도하심을 더 민감하게 깨닫고 받아들일 수 있다는 것을 알게 된다. 우리가 명상을 하는 목적은 바로 그것이다. 우리에 대한 그분의 의지를 깨닫는 것이다.

우리는 누구나 자기에게 알맞은 명상법을 택할 수 있다. 신의 말씀에 귀를 기울이는 데는 방법상의 옳고 그름이란 것이 있을 수 없다. 예컨대, 어떤 사람들은 촛불을 켜놓고 그 빛을 뚫어지게 들여다볼 것이다. 마음속으로 어떤 장소를 그려보는 사람도 있을 것이고, 자신이 채워지기를 기다리는 텅 빈 그릇으로 여기는 사람들도 있을 것이다. 자기만의 공간에서 홀로 명상에 잠겨야만 하는 사람들도 있을 것이다. 혹은 교회나 사당이나 사원 같은 숭배의 장소에서 신에게 더 가까워짐을 느끼는 이들도 있을 것이다.

우리가 이런저런 갈림길에 도달했을 때, 그리하여 우리에게 나아갈 길을 가르쳐 달라고 신께 의지할 때에는, 특히 명상을 통해서 우리의 마음이 편안해질 수 있다는 것을 발견한다. 때로는 그분의 인도하심이 곧바로, 우리가 명상에 잠겨 있을 동안에 우리에게 전해지기도 한다. 혹은 여러 시간 여러 날이 지나고 여러 주일이 지난

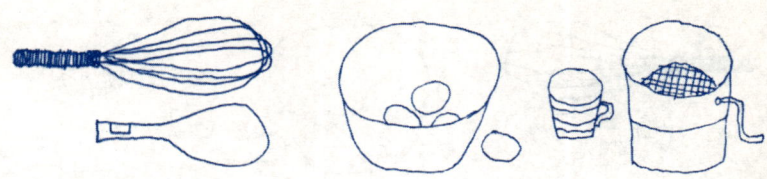

뒤, 밀려드는 생각이나 느낌을 통해서 그것을 감지하기도 한다.

　더러는 신의 메시지가 분명하지 않은 것 같은 때도 있을 것이고, 아예 없다고 여겨지는 때도 있을 것이다. 그렇더라도 우리는 실제로 그분의 인도를 받고 있는 것처럼 처신하려고 노력해야 한다. 명상을 통해서 우리의 마음속으로 어떤 직감이나 예감 같은 것들이 전해졌을 수도 있다는 믿음을 가질 때, 우리는 그분의 인도를 받을 수 있다.

오늘의 명상

신은 내가 질문을 하기도 전에 이미 그 해답을 아신다. 그분은 내가 구하기도 전에 이미 무엇을 필요로 하는지를 아신다.

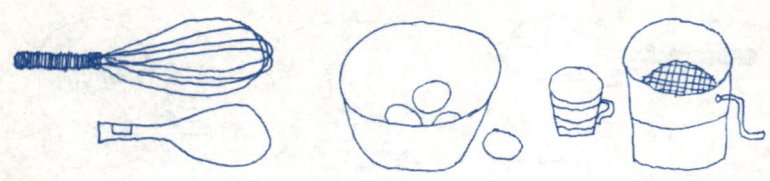

★월 ○일

이제는 기도와 명상을 실천하는 것이 우리 삶의 중요한 요소가 되었다. 그것이 없다면 우리는 상실감과 공허감을 느낄 것이다. 그런데, 처음 기도를 드리고 명상에 잠기려 할 때, 사람들은 선뜻 시작을 못하고 머뭇거리곤 한다. 그리고 우리가 그렇게 머뭇거리는 것은 대개의 경우 두려움 때문이다.

대체 우리는 무엇을 두려워했던가? 자기존중심이 낮기 때문에, 신이 우리를 귀찮게 여긴다면 어쩌나 하고 두려워했다. 또 경험이 없기 때문에, 기도나 명상을 제대로 할 수가 없을 것이라고 두려워했다. 우리의 감정을 다스리는 데에서 큰 어려움을 겪었기 때문에, 또다시 마음이 닫히게 되면 어쩌나 하고 우리는 두려워했다. 우리의 온전하지 못한 성장과정으로 인하여, 우리는 신을 두려워했다.

그러나 우리는 자신과 주위 사람들의 삶 속에 신의 권능이 임해 있다는 명백한 증거를 언제까지고 무시하고 있을 수 없으므로, 결국 그 머뭇거림을 털어 버린다. 용기를 내어 신에게로 손을 내밀면 이내 그같은 모든 두려움들은 사라져 버릴 것이다.

기도와 명상은 전적으로 개인적이고 개별적인 것이다. 그 사실은

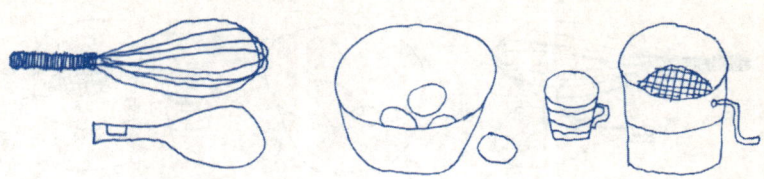

우리가 이제껏 발견한 숱한 사실들 중에서도 가장 중요한 것에 속한다. 우리는 '그럴듯한' 방법과 말과 형식을 취하려고 애쓸 필요가 전혀 없다.

신은 우리의 가슴과 마음속에 무엇이 들어 있는지를 훤히 아신다. 그분은 우리가 자신을 이해하는 것보다 훨씬 더 잘 우리를 이해하신다.

오늘의 명상

기도를 드릴 때 나에게 필요한 것은 정직과 열린 마음, 그것뿐이다.

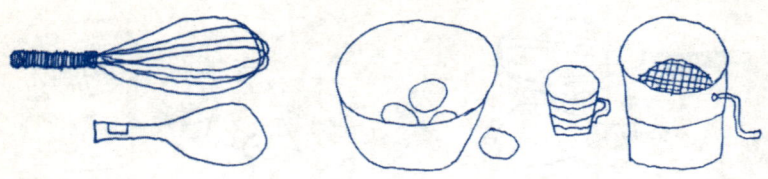

★월 ○일

나는 부모님을 뵈러 가는 것을 늘 겁내곤 했었다. 그분들에게서 무슨 말이 나올지 모르기 때문이었다. 지난날의 경험에 비추어 보건대, 나는 어떤 식으로든 비난의 말을 듣게 될 것이었다. 비록 그 날이 성스러운 날이거나 생일날이거나 축제일이라 하더라도.

자기를 회복해 가는 동안에 나의 신앙심도 깊어졌다. 그리고 기도와 명상을 실천함으로써, 언제부턴가 나는 부모님을 뵈러 간다는 것이 그렇게 부담스럽게 느껴지지 않게 되었다. 신과의 교류를 지속하는 동안에, 나는 나에게 닥치는 문제들 속에 자기 파괴적으로 함몰 당하기보다는 적극적으로 그 해결방안을 찾는 쪽으로 나아갈 수가 있었다.

나는 나의 부모님들을 있는 그대로 받아들이게 해 달라고 신에게 빌었다. 보다 더 그분들을 깊이 이해하고 인내심으로 대하게 해달라고, 그분들을 용서할 수 있게 해달라고, 자제심을 실천하게 해달라고 나는 빌었다.

부모님의 집으로 출발하기 전에, 혹은 그분들로부터 걸려온 전화를 받기 전에, 나는 잠시 기도를 드리고 명상을 함으로써 마음을 단

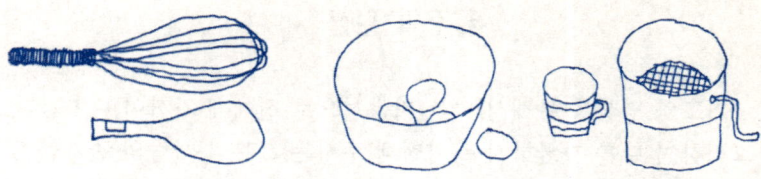

단히 다졌다. 그분들이 계신 곳으로 가야 할 때, 혹은 그분들의 전화를 받아야 할 때가 되면, 나는 신께서 언제나 내 곁에 나와 함께 계시면서 나의 생각과 행동을 인도해 주시며 중심을 잃지 않고 두려움도 갖지 않도록 해 주신다는 것을 느끼곤 했다.

오늘의 명상

모든 도전에 대면하기 전에 나는 먼저 마음을 가다듬고 내 곁에, 나와 함께 계시는 신의 존재를 생각할 것이다.

금주의 다짐

　기도와 명상을 통해서 나는 지속적으로 신에게 가까이 다가간다. 그리하여 나를 자극하시고 지탱해 주시는 그분과 사랑의 관계를 맺는다. 그분과 함께 하는 고요한 시간을 가짐으로써 나는 다가오는 나날들을 맞이한다. 나는 평화를 얻고 안정을 찾았다.

　언제라도 그분에게로 마음을 돌릴 수 있다는 사실을 깨달음으로써 나는 깊은 위안을 느낀다. 거기에는 제한이 없다. 내가 누구이든, 무엇을 하는 사람이건, 혹은 그 어떤 난관을 겪고 있건, 그분은 나와 함께 계시면서 매사가 다 잘되어 나가리라는 말씀으로 나를 다독거리신다.

　기도를 드리고 명상에 잠김으로써 그분과 대화를 나눌 때, 나는 나의 환경과 관계들을 새로운 눈으로 바라보고 새로운 가능성들을 감지한다. 신을 나의 지혜와 활력의 원천으로 삼음으로써 나는 문제 그 자체보다는 그 해결책을 모색하는 데에 정신을 집중한다.

　신은 나 자신보다 더 나를 잘 이해하신다. 그분은 내가 언제 무엇을 필요로 하는지를 내가 구하기도 전에 이미 아신다. 그러므로 내가 기도와 명상을 할 때에 어떤 말을 어떤 방법으로 할 것이냐 하는 것은 중요하지 않다. 그분은 언제나 나의 가슴속에 계시는 것이다.

　오늘, 내가 어떤 일을 하는 어떠한 인간이 되기를 원하시는지를 신에게 물을 때, 나는 나에게 내려진 온갖 축복들에 대해서 먼저 감사를 드릴 것이다.

오늘의 명상
나는 의기소침을 딛고 일어서서 신의 위대함을 생각하는 데에로 나아갈 것이다.

21.
독립에 대하여

이 세상이 그대에게, 그대가 마땅히 택해야 할 바라고 말하는 것을 겸허하게 받아들이기보다는, 그대가 진정 어떤 것을 택하고 싶은지를 아는 것, 그것이 그대의 영혼을 생동케 하는 길이다.

——로버트 루이스 스티븐슨

★월 ○일

우리가 점차 홀로 서게 된다는 것은, 진정으로 우리를 새롭게 해 줄 새로운 삶의 길을 발견했다는 확실한 증거이다. 언제나 무언가에 대해 결핍을 느꼈고 어떤 것에든 의존했던 나날들은 이젠 까마득한 옛일이 되었으며, 우리는 그 사실에 감사를 드린다.

자기의 감정적 경제적 욕구, 심지어는 지적인 욕구까지도 그것을 충족시키기 위해서 많은 사람들이 다른 사람에게――부모와 친구들과 배우자에게――의존했었다. 우리는 자기를 보살피고 자기를 올바르게 하기 위해서 여러 분야의 전문가들과 단체들에게 의존을 했었다. 또한 술과 마약에 의존한 이들도 있을 것이고, 혹은 불안한 마음을 털어 버리고자 충동적으로 음식을 탐하는 등의 행위에 의존하기도 했다.

우리는 그같은 기질들을 스스로 개탄했었다. 누군가에게 돈을 꾸어 달라고 말할 때, 우리를 위기에서 구해 달라거나 우리가 두려워하는 것을 대신 해 달라고 말할 때, 우리는 수치심을 느꼈다. 그러기를 거듭하면서 처음부터 형편없었던 자존심이 더욱 더 침식당하고 말았다.

　차츰차츰, 그리고 상당한 어려움을 겪으면서, 우리는 사람들과 장소와 사물에 의존했던 태도에서 벗어나기 시작했다. 신의 도움을 얻고 또 다른 사람들의 격려를 받음으로써 우리는 스스로에 대해 책임을 지고 매사에 스스로 판단을 내리는 법을 배웠다. 넓은 의미에서 자립의 방법을 익히게 된 것이다. 작은 한 걸음 한 걸음을 내딛을 때마다 우리의 자부심은 그만큼 고양되어 갔다.

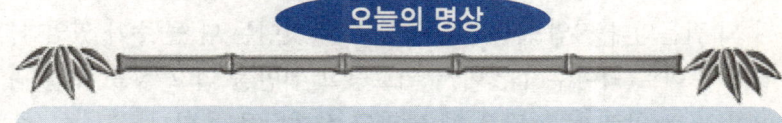

나는 점차 홀로 설 수 있게 되어가는 나 자신이 자랑스럽다.

★월 ○일

   나는 자신을 독불장군으로 여기곤 했었다. 친척이나 친구들이나 직장동료들에게서 뿐만 아니라 사회 전체로부터 독립된 자립적인 인간이라고 여겼었다. 나로 말할 것 같으면, '그 누구로부터도 그 어떠한 도움도 받을 필요가 없는' 사람이었다.
   이제 나는 어느 정도 성숙되었으므로, 나 자신을 보는 예전의 태도가 180도 달라졌다는 것을 분명히 알 수 있다. 무얼 가지고서 스스로 자립한 인간이라고 여겼었는지는 모르되, 사실 나는 감정과 물질상의 모든 면에서 남들에게 의지를 해왔던 것이다.
   예컨대 남들로부터 칭송을 듣고 위세를 부리려는 마음에서 나는 술자리 같은 데에서 연신 거짓말을 늘어놓곤 했었다. 내 기분에 따라서, 혹은 상대방이 솔깃하게 들어준다 싶을 때, 나는 시험비행사나 뇌 전문의나 직업 운동선수 등등 그 무엇이든 다 될 수가 있었다. 일이 뜻대로 되어주지 않아서 위로받고 위안을 얻고 싶을 때엔 위안이 되고 위로가 될 말을 해 달라고 상대방을 졸랐다.
   무엇보다도 더 나빴던 것은, 나는 언제나 상대방으로부터 인정을 받으려 애를 태웠던 점이다. 그리고 인정을 받지 못하면 마음이 무

너져 내리곤 했었다. 하지만 다른 사람들의 행동이나 호의에 의해서는 내가 진정한 평온과 감정적 안정을 얻을 수 없다는 것을 마침내 깨달았다. 그같은 욕구는 오직 나 자신의 내면에서만 충족될 수 있고, 그리고 신에 대한 진정한 이해를 통해서만 충족될 수 있다.

오늘의 명상

남들을 통해서 내가 평온해지고 인정을 받고 위세를 부리려 든다면, 그것은 내가 남에게 너무 많은 것을 기대하는 것이고, 나 자신에 대해서는 무책임한 행위가 된다.

★월 ○일

"난 열 여덟 살에 첫 결혼을 했지." 한 친구가 말했다. "그렇게 해서 난 집에서 탈출을 했던 거야. 식구들하고 아웅다웅하는 게 그만큼 지긋지긋했던 거지."

"난 항상 불안했고 두려움을 느끼고 있었어. 마음이 늘 텅 빈 것 같았지. 나는 아내가 그 자리를 메워줄 거라고 기대했어. 그러니 그 결혼이 오래가지 못할 수밖에."

그 친구의 두 번째 결혼도 역시 그런 식이었다. 이번에는 그의 온갖 욕구가——동기를 얻고 자극을 받고 지침을 얻고 사랑을 받고자 하는 모든 욕구가——집과 자식과 사회적 지위 등으로 인해서 해소되리라는 기대를 품었다. 말할 것도 없이 그는 두 번째 이혼에 이르고 말았다.

자기회복자들의 모임에 참여함으로써 그는 마침내, 문제는 자기가 지금껏 생각했던 것처럼 사람들과의 불화나 '잘못된 선택들' 때문에 빚어진 것이 아니라, 지나치게 남에게 의존하여 자기의 삶을 완성시키려 했던 데에서 빚어졌다는 사실을 깨달았다. 온전치 못한 성장배경으로 인하여 그에게는 풀어지지 않은 갈등들과 감정

적 결함이 무수히 남아 있었고, 그것들이 그가 결혼한 여자들에 의해서 해소되리라고 그는 기대했던 것이다.

"결혼이 파탄에 이른 건 물론 불행한 일이겠지." 친구가 말했다. "그러나 나에겐 남에게 의존하는 태도를 고칠 수 있는 기회가 주어진 셈이었지. 이제 난 조금씩 매사를 스스로의 힘으로 해결해 나가고 있고, 그 사실이 그저 기쁠 따름이야."

오늘의 명상

나는 받기보다는 주는 데에 더욱 마음을 기울임으로써 나의 모든 관계들을 개선할 수 있다.

21. 독립에 대하여

★월 ○일

다른 사람에게 의존하는 것으로는 정신적 안정을 이룰 수가 없다는 것을 우리는 알고 있다. 마찬가지로 우리는 다른 사람을 '고쳐줄' 힘도 없다는 것을 잘 안다. 그런데도 우리는 이따금 그같은 생각의 함정에 빠져들곤 한다.

지나치게 우리에게 의존하는 사람과 무슨 일을 도모하고 있다고 가정해 보자. 장차 무슨 일이 벌어질 것인가?

무엇보다도 먼저 우리는 그 관계를 거의 일방적으로 이끌어가기가 십상일 것이다. 상대방을 지배하고 조종하고 거들먹거리기까지 함으로써 우리는 그 사람의 욕구에 의해 놀아나는 꼴이 되고 말 것이다. 그리고 상대방은 머지 않아서 되받아치고 우리에게서 등을 돌리고 말 것이다.

혹은 그와는 정반대인 상황을 가정해 보자. 우리는 감정적으로 취약한 상태에 빠질 것이고, 상대방에게 도가 지나칠 정도로 의존함으로써 매사를 우리에게 유리한 쪽으로 돌리려 할 것이다. 그 결과가 어찌될 것인가?

우리가 남에게 너무 많은 것을 기대하면 그들은 반드시 우리를 실

망시킬 것이다. 그리고 우리는 크게 좌절하고 상심할 것이다. 더욱이 우리의 문제들을 풀 기회, 더욱 성숙될 기회, 우리 자신의 내면에서 힘을 얻어 자기완성을 기할 기회를 잃어버릴 것이다.

　오늘 우리는 성원과 격려와 사랑을 남들로부터 구하는 것을 두려워하지 않는 한편, 그들에게 지나치게 의존하지 않으려고 조심하고, 또 그들이 우리에게 지나치게 의존하려 드는 것도 허락하지 않는다.

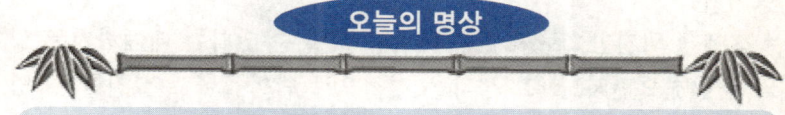

오늘의 명상

의존적인 관계를 청산하기 위해서는 쌍방의 노력이 있어야 한다.

★월 ○일

 자신감을 얻고 평온을 얻기 위해서는, 사람과 장소와 사물에 의존하는 태도를 버리고 그 대신 신에게 의지하는 법을 배워야 한다는 말을 우리는 들었다.
 그같은 생각을 쉽게 받아들이지 못하는 사람들이 우리 중에는 있을 것이다. 자신이 그 얼마나 의존적으로 살아왔는지를 여실히 깨달은 마당이므로 더 이상은 아무 것에도 의존하고 싶지 않다는 것이, 특히 추상적인 대상에는 더욱 의존하고 싶지 않다는 것이 솔직한 심정일 것이다. 혹은 신에게 의지를 한다는 것은 자신의 나약함을 드러내는 결과가 될 것이라고 여기는 이들도 있을 것이다. 그리하여 우리는 더욱 자립적인 인간이 되고 '강해지려고' 애를 쓰는 것이다.
 신에게 의지함으로써 많은 혜택을 누릴 수 있다는 데에까지는 생각이 미쳤으면서도, 그 생각을 진정으로 받아들이고 실천할 수 있게 해줄 믿음은 아직 갖지 못한 사람들이 많다. 그것은 과연 그 분이 우리에게로 오실까 하는 의혹 때문이다.
 그같은 첫 의혹을 걷어냄으로써 우리는 그 생각을 날마다 조금씩

우리의 삶에서 실천해 나갈 수 있었다. 우리가 두려움을 느낄 때, 우리는 신에게 의지함으로써 힘과 용기를 얻었다. 혼란스럽고 갈피를 잡을 수 없을 때 우리는 먼저 그분에게 해답을 구했다. 우리가 무언가를 필요로 할 때엔 기도를 올려서 그분의 도움과 지침을 구했다. 그러기를 오래도록 거듭함으로써 우리는 신에게 의지하는 것이 진정한 독립에 이르는 길임을 깨달았다.

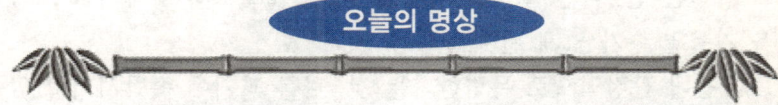

오늘의 명상

신에게 의지하는 것은 자기가 나약하다는 증거가 아니라 모든 힘의 근원이 된다.

★월 ○일

많은 사람들이 그러하듯이 나는 이제 더 이상 나의 삶과는 상관도 없는 아버지와 어머니에게 끊임없이 나를 얽어매고자 하는, 충족되지 못한 의존욕구들을 지닌 채로 자기회복에 들어섰다. 어른이 되어서도 나는 그분들의 사랑과 관심과 인정을 받으려고 갖은 애를 썼으나, 그분들에겐 그럴 능력이 없었다. 나는 언제나 욕구불만이었고 언제나 무언가를 바라면서 지냈다.

'욕구불만인 아이'인 채로 살아간다면 실패만이 기다리고 있을 뿐이라는 사실을 깨닫는 데에는 실로 많은 시간이 걸렸다. 무엇보다도, 나 아닌 그 어떤 사람도 나의 거대한 감정적 욕구들을 충족시킬 수는 없다. 더욱이, 남에게 의존함으로써 마음의 평안을 얻으려 하는 한, 나는 그것을 얻을 수 있는 스스로의 생각이나 노력을 기울일 수가 없게 된다.

마침내 감정적으로 독립한다는 것, 나를 과거에 속박시키고 있는 그릇된 희망들을 버린다는 것, 그것은 실로 커다란 도전이라 아니할 수 없을 것이다. 나는 나의 모든 중요한 욕구와 소원들이 남들에 의해서 이루어지지 않는 한은 아직 충족된 것이 아니라고 믿

는 태도를 우선 버려야 했다. 나는 그같은 욕구들을 대부분 나 자신의 힘으로 채울 수 있다는 사실을 밝혀야 했다. 다른 사람들로부터 사랑을 받고 인정을 받기 위해서 나는 우선 나 자신의 내면을 들여다보아야 했다.

오늘의 명상

나는 나의 내면에서 근거를 발견함으로써 감정적 독립이라는 목표를 성취할 수 있다.

금주의 다짐

나는 내가 점차 자립해 가고 있음을 소중하게 생각한다. 나의 내면으로 점점 더 깊이 들어가고, 한편으로는 신에게로 더욱 가까이 다가감으로써 나는 완전함을 느끼고 내적 평안을 느낀다. 나의 마음속에 빈 자리가 있다면, 나에게 거친 모서리가 있다면, 그것은 외부적인 요인에 의해서는 채워질 수 없고 매끈히 닦여질 수도 없음을 확신한다.

의존하려는 심리를 더 깊이 이해하고, 그러한 심리가 나의 삶에 작용하는 미묘한 과정에 대해서도 잘 이해하게 되었음을 천만다행으로 여긴다. 그 이해는 나에게 행동의 동기를 부여해주고, 점진적이지만 힘찬 변화를 일으킬 기회를 부여해 준다.

사람과 장소와 사물에 대한 의존을 버렸으므로 나는 나 자신을 위해서 훨씬 더 많은 것을 행할 수 있다. 나는 책임을 질 수 있고, 스스로 결정을 내릴 수 있고, 모든 면에서 스스로를 성원할 수 있으며, 나에게 타당한 길을 택해서 추구해 나갈 수 있다.

날마다 나의 자존심이 높아진다. 한때는 심한 욕구불만으로 인하여 항상 마음이 불안하고 수치심까지도 느꼈었지만, 이제는 새로이 발견한 나의 자립심으로 나는 긍지와 만족을 느낀다.

이젠 내가 의존하면서도 마음이 편할 수 있는 대상은 단 하나뿐이다. 신에게의 의존, 바로 그것이다. 그분은 언제나 변함없이 나에게 지침과 용기와 힘을 주신다는 것을 나는 깨달았다.

오늘의 명상
감정의 평안을 얻고자 하는 나의 욕구는 가장 바람직한 방법으로 충족되었다. 나의 내면으로부터, 그리고 신에의 의존을 통해서.

22.
자각에 대하여

　스스로를 아는 것, 그것이 모든 철학의 마지막 목표이다. 그리고 그 앎의 끝은 신을 아는 것이다. 먼저 스스로를 알면, 신을 아는 데에 이를 수 있을 것이다. 신을 알면, 그 다음엔 그분을 사랑하고 그 분을 닮는 데에 이를 수 있을 것이다. 먼저 지혜의 길에 들어서게 될 것이고, 이어서 지혜 안에서 자기를 완성시킬 수 있을 것이다.

——프란시스 퀘일

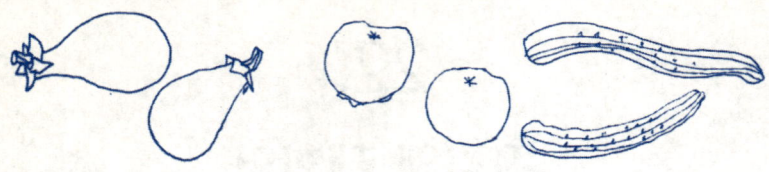

★월 ○일

 자기에 대한 깨달음의 폭이 넓어져 간다는 것, 그것이 우리의 삶에 강력한 영향을 미친다는 것에 대해서는 의심의 여지가 없을 것이다. 이제 우리는 우리가 누구인지, 어떠한 연유로 오늘과 같은 모습을 갖게 되었는지, 어떻게 하면 스스로를 변화시키고 성숙시킬 수 있는지를 발견해 가고 있다.
 지난날에도 우리는 스스로에 대해서 전혀 모르고 있었던 것은 아니었으나, 스스로에 대한 믿음과 인식은 다분히 그릇되고 고통을 안겨주는 것이었다. 자기에 대한 통찰이 없지 않았으나, 그것이 끝내는 강박관념이 되고 말았다. 성격적 결함들을 깨달았을 때에도 그것들을 무시하거나 부인하거나 위장했었다. 우리는 스스로를 자각하고 있었던 것이 아니라 자의식에 빠져 있었던 것이고, 자기중심적인 태도로 일관해 왔던 것이다.
 오늘 우리는 그 정반대가 되었다. 우리는 진정한 자각에 이르는 것을 최우선의 과제로 삼고 있으며, 그 과제는 달성되어 가고 있다. 스스로에 대해서 더욱 자세히 알게 됨으로써 외부의 온갖 압력들에 대하여——그리고 우리 자신의 자기 파괴적인 기억들에 대해서

 도──보다 더 안전하고 보다 덜 취약하게 되었다. 방어적인 자세에서 벗어나 그 어느 때보다도 활짝 마음의 문을 열어두었다. 자기의 가치와 이상과 목표와 포부를 다시 평가하려는 의지를 갖고 있고, 또 그럴 능력까지도 갖게 되었다.

 그 모든 것의 근간이 되는 것은, 우리가 비록 점진적이기는 하지만 꾸준히 자부심을 높여가고 있다는 사실이다. 우리의 직관과 통찰력을 신뢰하고, 자신을 돌보고, 나아가 자신을 사랑하는 법까지도 배웠다.

오늘의 명상

자기자신에 대한 강박관념적인 깨달음과 정직한 깨달음 사이의 차이점을 나는 알고 있는가?

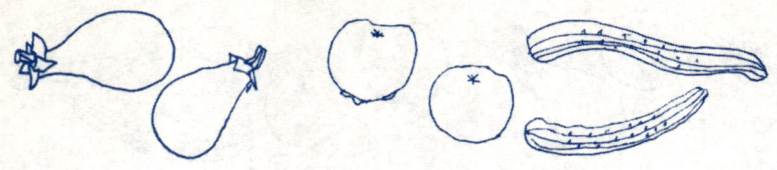

★월 ○일

나는 이따금 '옛 시절의' 나의 태도와 행동들에 대해서 생각을 해보곤 한다. 그리고는 나를 그런 식으로 몰고 갔던 힘, 언제나 변함이 없었던 기만적인 태도, 나의 뒤에 남겨졌던 자기파괴의 흔적들에 대해서 내가 그 얼마나 까맣게 모르고 있었던가 하는 생각으로 깜짝깜짝 놀라곤 한다.

자각에 이르는 과정은 실로 더디고도 더딘 것이었다. 그러나 때로는 갑자기 머리 속이 환해지는 통찰이 떠오르곤 했고, 그것들이 실로 짧은 한순간에 나의 삶을 극적으로 바꾸어 놓은 경우도 없지 않았다.

예컨대, 자기회복에 들어선 지 몇 년이 지났을 때, 나는 나의 삶이 그야말로 위기의 연속이었다는 사실을 깨달았다. 위기가 도래했을 때 나는 그것을 더욱 악화시켰었다. 위기가 없었을 때엔 일부러 그것을 만들어 내었다. 돌이켜 보건대, 그같은 행위의 동기는 나의 삶의 진정한 문제들——술과 자기중심적 태도와 감정적인 미성숙 등등——에 대해서 나와 내 주위에 있는 모든 이들의 눈을 멀게 하는데 있었던 것 같다.

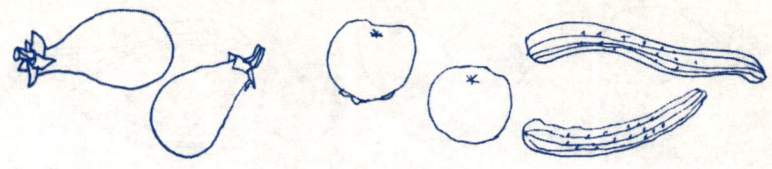

  마찬가지 이야기가 되겠지만, 어느 순간에 나는 자신이 소외를 당한 것도 역시 전적으로 나의 책임이었다는 것을 뼈저리게 깨달았다. 자존심이 극히 낮았기 때문에, 나는 있는 힘을 다해서 사람들을 나에게서 밀어냈던 것이다.

  이제는 그같은 행위의 원인과 결과를 알았으므로, 나는 새로운 노선을 모색할 의지를 갖게 되었다. 다행히도, 그 깨달음이 더욱 커져서 커다란 도움이 되었다. 옛날과 같은 태도가 다시 고개를 들면 나는 즉각 그것을 감지하고는 그것들을 물리치기 위해서 필요한 조치를 취한다.

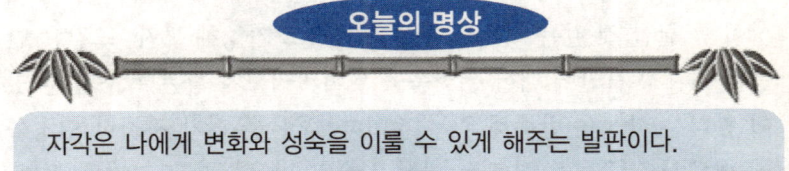

오늘의 명상

자각은 나에게 변화와 성숙을 이룰 수 있게 해주는 발판이다.

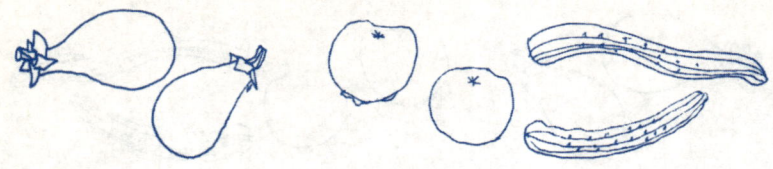

★월 ○일

흔히 우리를 슬프게 했던 것은 삶의 온갖 사건들 자체보다는 그것들에 대한 우리의 반응이었다는 것을 이제 우리는 잘 알고 있다. '옛 시절에' 우리의 진정한 문제는 윗사람이나 배우자나 날씨 같은 것이 아니라, 그것들에 대해서 어떻게 반응했는가 하는 점임을 우리는 깨달았다.

물론 아무 반응도 보이지 않을 수는 없다. 반응을 보인다는 것은 우리가 인간으로 살아있다는 증거이기 때문이다. 사실, 타당한 반응이건 터무니없는 반응이건, 반응을 함으로써 우리는 자신에 대해서 더 많은 것을 깨달을 수 있는 기회, 자각을 증진시킬 수 있는 기회를 얻을 수 있었다.

예컨대, 우리가 예기치 않았던 경제적 난국에 처해서 마치 이 세상이 곧 끝날 것 같은 식으로 반응을 했다고 가정해 보자. 그같은 반응은 경제적 불안에 대한 두려움을 씻어버리고자 하는 욕구가 늘 있어 왔다는 사실을 반증해 주는 것이다. 혹은 우리가 사소한 역경들에 대해서도 온몸을 부르르 떠는 식으로 반응한다고 가정해 보자. 그같은 태도가 있게 하는 근본 원인이 무엇인지를 탐색함으로써,

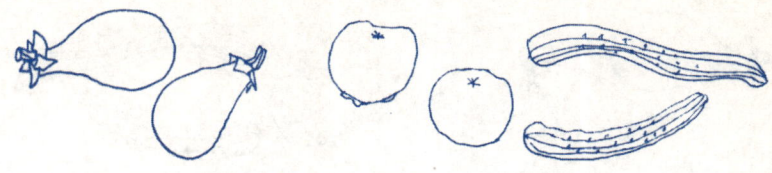

　주위 사람들의 이목을 끌고 싶어하는 유치한 심리나, 혹은 스스로에 대한 연민을 느끼고자 하는 경향이 우리 몸에 배어 있었다는 사실을 발견할 수 있을 것이다.
　삶의 여러 사건들에 대한 우리의 반응은 또한 우리가 발전해 나가고 있다는 사실을 밝혀 주기도 한다. 친구에게 행운이 찾아왔을 때, 시기심보다는 기쁨으로 그를 대한다면, 그것은 우리가 자기중심적인 태도를 차츰 버려가고 있다는 증거가 될 수 있다. 난감한 문제에 직면했을 때에 두려움으로 반응하기보다는 신에게로 마음을 돌린다면, 그것은 우리의 신앙이 깊어져 가고 있음을 스스로 자각하고 있다는 증거일 것이다.

오늘의 명상

　내가 보이는 반응으로부터 나는 나 자신에 대한 많은 사실을 깨달을 수 있다.

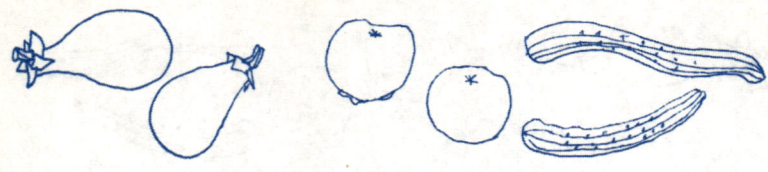

★월 ○일

 스스로에 대한 깨달음의 상태를 어떻게 유지할 것이며, 자기기만과 부인, 혹은 완전한 망각 등을 일삼았던 옛날식의 태도로 되돌아가지 않으려면 어떻게 해야 하는가? 어떻게 하면 우리는 스스로에 대한 깨달음을 지속할 수 있는가?
 가장 확실한 방법들 중의 하나는 나날의 사건들을 철저히 성찰하고, 우리의 느낌과 행위들에 대해서 특별히 주목을 해보는 것임을 우리는 알았다. 예컨대 우리는 완결짓지 못한 일이 있지는 않은지 정기적으로 스스로에게 물어본다. 다른 사람들에게 털어놓지 못하고 속으로만 담아두고 있는 일은 없는지, 그렇다면 어떻게 해야 하는지.
 자각을 얻기 위해서 우리는 또한 우리의 온갖 행위의 이면에 어떠한 동기와 성격상의 기질이 숨어 있는지를 밝히려는 노력을 한다. 부당하게, 불친절하게, 독단적으로 굴지는 않았는지——혹은 정직하고 호의적이고 인내심 있고 이해심 있게 남을 대했는지, 스스로를 되돌아본다.
 만약 우리가 잘못을 저질렀다고 판단되면 우리는 그에 상응하는

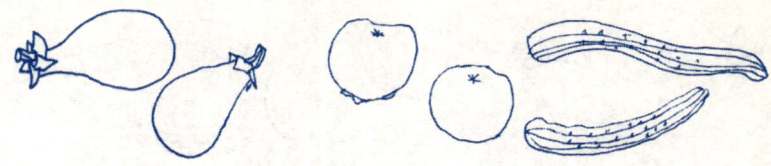

  보상을 해야 한다. 그리고 우리의 새로운 목표와 가치에 맞게 행동을 했다는 판단이 서면, 우리는 긍지와 자부심을 갖는다.
  자기정직성을 지키는 데에 방심함이 없이 그같은 행동을 변함없이 해나간다면 우리 자신에 대한 사실들이 점점 더 많이 드러날 것이다. 우리는 자신에 대한 떳떳함을 느낄 수 있을 것이고, 이 세상의 어느 지점에 우리가 서 있는지를 정확히 파악할 수 있을 것이다.

오늘밤에도 다시 한 번 나 자신을 성찰함으로써 나는 자기에 대한 깨달음을 지속시켜 나갈 수 있을 것이다.

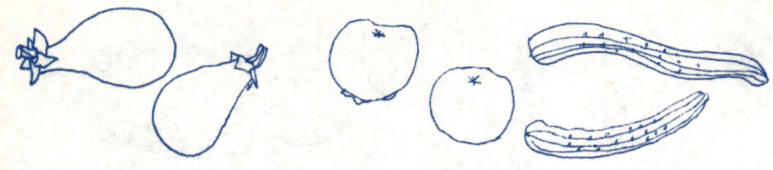

★월 ○일

자기평가를 나날의 삶의 한 부분으로 삼기 이전까지 우리는 지도가 없는 여행자나 마찬가지였다. 우리에겐 정신적인 목적지가 있었으나, 어떻게 하면 그곳을 향해 나아갈 수 있는지를 전혀 몰랐었다. 어떤 길을 따라 나아가야 하는지, 어떤 곳을 피해가야 하는지, 어떤 곳에서 멈추어서 주위를 살펴야 하는지를 우리는 몰랐다.

우리의 행위와 태도를 날마다 성찰함으로써 우리는 실질적인 깨달음을 얻기에 이르렀다. 이제 우리는 올바른 방향으로 나아가기 위한 장비들을 더 많이 갖게 되었다. 예컨대 우리는 이미 남들에 대해서 전보다 훨씬 더 너그러운 태도를 갖추고 있지만, 그래도 마음의 문을 더 넓게 열고 교류해야 한다고 생각할 수도 있다. 혹은 우리의 관계에서는 허물어져야 할 장벽들이 아직도 도사리고 있음을 깨달았을 수도 있다.

많은 경우, 우리의 새로운 깨달음은 우리에게 아주 이로운 변화를 불러일으킬 수 있는 방법과 동기를 부여해 주었다. 우리의 두려움과 분노의 정체를 밝히고 그 해결방안을 모색함으로써 우리는 그 같은 감정들과 그밖의 모든 부정적인 감정들이 더욱 해로운 방향으

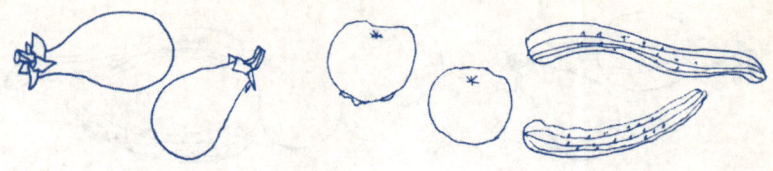

로 발전되는 것을 미연에 방지할 수 있다. 마찬가지로, 우리의 모든 문제들을 더욱 면밀히 고구하여 그것들을 해결하기 위해서 반드시 해야 할 바를 행함으로써 우리의 관계를 긴장시키는 모든 요인들을 제거할 수 있다.

  이제 우리는 날마다 우리의 온갖 결점들을 지적하고 밝히고 고쳐 나가고 있으므로, 그 어느 때보다도 더 편안한 마음을 유지할 수 있다. 우리에겐 올바른 삶을 위한 공식이 있으며, 정신적 성숙을 위한 수단이 있다.

  나날이 스스로를 평가함으로써 나는 내가 지금까지 어디에 서 있었는지를, 어디를 향해 나아가야 하는지를, 그러기 위해서는 무엇을 해야 하는지를 밝힐 수 있다.

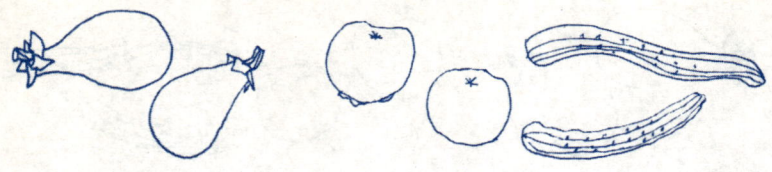

★월 ○일

  살아가는 방식의 극적인 변화, 새로 사귄 믿을만한 친구들——자기회복의 첫해에 내가 깨달음을 얻을 수 있었던 것은 바로 그것 덕분이었다. 나는 정직하게 나를 털어놓고 그들의 말에 귀를 기울였다. 나의 감정들과 두려움들을 공책에 옮겨 보기도 했다. 기도를 올리고 명상을 해보았다. 그러자 이따금 이런저런 통찰로 머리 속이 환해지곤 했다. 나의 발전은 그 속도가 매우 더뎠지만, 그럼에도 나는 자신에 대한 많은 사실들을 깨달아 가고 있다는 것에서 큰 용기를 얻을 수 있었다.

  그러나 자기에 대한 깨달음만으로는 충분치가 않다는 사실을 나는 경험을 통해서 알기에 이르렀다. 그것은 성장과정의 한 부분에 지나지 않는 것이었다. 자기에 대한 깨달음은, 그것이 아무리 많은 사실을 밝혀준다 하더라도, 스스로를 변화시키고자 하는 의지를 가졌을 때, 결정적인 행동을 취할 용기를 가졌을 때, 비로소 최대의 효과를 발휘할 수 있는 것이었다.

  예컨대, 내가 알콜에서 벗어난 지 얼마 후, 자기회복 단계에 있는 사람에게는 원한이라는 감정이 거의 치명적인 해를 입힌다는 말을

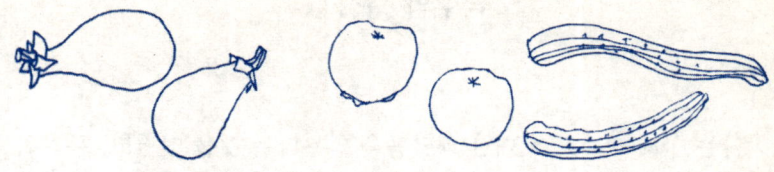

  주위 사람들로부터 들었다. 나는 내가 품고 있던 모든 원한들을 버리고자 갖은 애를 써 보았다. 그러나 나는 고작 두 가지의 원한을 버릴 수 있을 뿐이었다. 그리하여 여전히 그 고통스러운 상태에서 벗어나지 못했다. 그 원한의 감정들이 나에게 어떤 해악을 입히고 있는지를 잘 알면서도 나는 나를 자유롭게 할 행동을 취할 수가 없었던 것이다.

  그후로 나는 깨달은 바를 곧바로 행동에 옮기려는 노력을 거듭해 왔다. 아무 것도 하지 않을 경우, 어떤 대가를 치러야 하는지 항상 명심하면서.

오늘의 명상

  자각은 나에게 선택의 여지를 준다. 어떠한 선택을 하느냐 하는 것은 전적으로 나에게 달려 있다.

금주의 다짐

나는 한때 스스로에 대한 깨달음을 얻는다는 것을 꺼렸고, 두려워하기까지 했었다. 그러나 오늘 나는 모든 새로운 발견을 환영한다. 거기에는 나의 삶을 좋은 쪽으로 변화시킬 힘이 있음을 잘 알기 때문이다.

자기회복의 과정에서 종종 머리 속을 환하게 해주는 통찰을 얻음으로써 나는 진정한 나를 발견하기에 이르렀다. 생전 처음으로 나는 나의 가치와 능력과 목표와 포부를 확실히 이해할 수 있었다. 이제 나는 내가 누구인지, 이 세상의 그 어디에 서있는 사람인지를 알고 있으므로, 나를 나의 길에서 벗어나게 하려는 온갖 부정적인 영향들을 물리칠 수 있다.

오늘 나는 나의 자각을 넓히는 것을 최우선의 과제로 삼는다. 그리하여 이제 나에게는 옛날 같으면 도저히 상상도 할 수 없었을 정도로 많은 선택의 여지가 생겼다. 이제 나는 더 이상 무지와 편협이라는 감옥에 갇혀 있지 않으며, 자유로운 상태에서 깨달음을 얻어 나가고 성숙되어 가며, 감정적으로 정신적으로 발전해 나가고 있다.

나에게는 많은 자질이 있다는 것을 점차로 깨달아감에 나는 특히 감사를 드린다. 신과 동료들의 도움에 힘입어서 나는 그같은 좋은 자질들을 폄하하지 않고 충분히 발휘함으로써 지금까지의 나의 삶의 방식을 완전히 일신시키려는 노력을 기울인다.

오늘의명상

나는 나의 새로운 깨달음을 감사하는 마음으로 끌어안을 것이다. 감사하는 마음을 가짐으로써 나는 더 많은 점들을 깨달을 수 있을 것이다.

23.
원한에 대하여

　사소한 일에 화를 낸다는 것은 유치하고 천박한 짓이다. 격분해서 광포하게 구는 것은 야만적인 짓이다. 원한을 오래도록 품고 있는 것은 악마적 행실과 기질에 가까운 것이다. 그러므로 원한이 일어나는 것을 막고 억누르는 것은 지혜롭고 아름다운 일이며, 인간답고, 신성한 일이다.

―아이작 와츠

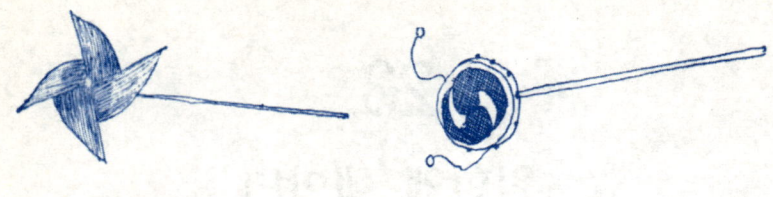

★월 ○일

우리가 자기회복에 들어섰을 때에 맨 먼저 들은 말들 중의 하나는, 원한을 갖는 것은 치명적이라고 하는 말이었다. 그것은 우리에겐 새로운 소식이었다. 비록 어린 시절부터 어른이 될 때까지 줄곧 원한의 감정에 의해 마음이 갉아먹혀 왔음에도 불구하고.

인간과 인간이 만든 제도에 대한 원한을 마음속에 품고 있는 것이 어떤 기분인지를 우리는 잘 알고 있다. 그런데도 우리는 원한이라는 감정이 실제로 어떤 모습을 띠고 있는지를 모른다. 다만 마음의 상처와 분노, 증오심이 풀어지지 않은 끝에 생긴 감정이라고만——우리에게 가해진 현실적인, 혹은 상상 속의 부당 행위들의 여파라고만 여길 뿐이다.

그같은 이해를 전제로 할 때, 오래도록 마음속에 응어리져 있었던 원한을 완전히 없애버리는 것은 거의 불가능한 일인지도 모른다. '우리의 인생을 망쳐놓았던' 부모님, 우리의 삶을 황폐하게 했던 파트너, 우리의 자동차를 차압해간 은행 등등을 우리는 절대로 용서할 수 없을 것이다.

그런데 더욱 중요한 사실은, 원한이라는 감정이 우리에게 그 얼

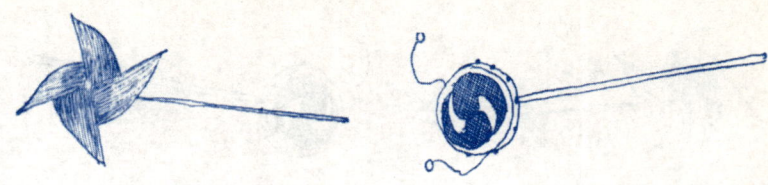

마나 심각한 피해를 입혔던가를——그것들이 진실로 치명적인 감정이었다는 사실을——우리가 여실히 깨닫기 시작했다는 점이다. 그러한 감정들로 인하여 우리는 언제나 감정적인 위기상태에 빠져 있었다. 어떠한 순간에 우리 가슴속에 맺힌 노여움에 불이 붙여지는지를, 고통스러운 강박관념들에 기름이 부어지는지를 우리는 알 수 없었다. 원한의 감정에 사로잡혀 있는 한 우리는 결코 현재 속에 편안히 머물 수가 없다. 과거의 상처를 어루만지고 미래의 앙갚음을 꾀하는 데에 항시 마음을 빼앗기는 것이다.

　원한으로 인해 우리의 생각이 어두워지고 우리가 우선해야 할 바가 망각되는 한, 우리는 결코 마음의 평화와 정신적 안정을 누릴 수 없다.

오늘의 명상

속을 태우는 원한으로 인해 화를 입을 사람은 바로 나 자신이다.

★월 ○일

  오래도록 노여움을 품고 있다가 마침내 그것이 원한이라는 감정이 되어 마음에 맺히려는 때가 자주 있지만, 나는 그것이 쉽게 뿌리 내리도록 내버려 두지 않는다. 다른 사람들에게서 들은 바의 세 가지 상식적인 금언이 나에게는 큰 도움이 된다.
  "당신이 누군가를 원망할 때, 그 사람은 요금도 내지 않고 당신의 머리 속에 들어와 앉는 셈이다." 처음 그 말을 들었을 때, 나는 그저 한 귀로 흘려들었다. 그같은 말은 전에도 수없이 들었기 때문이었다. 하지만 이제 나는 그 어떤 사람 그 어떤 일들도 나의 생각 속에 그런 식으로 자리를 틀고 앉게 하지 않는다. 그런 것은 생각만 해도 견딜 수가 없다.
  "당신이 누군가를 심하게 원망한다고 하더라도 그 사람은 그런 줄을 까맣게 모른다." 내가 미칠 듯이 분통을 터뜨리고 있을 때에도 나의 '적'은 태연히 자기 일에 열중하고 있는 경우를――혹은 내가 속을 태우며 뜬눈으로 밤을 지새는데도 나의 원수는 늘어지게 잠을 자는 경우를――생각할 때, 누군가에게 원한을 품는다는 것은 실로 어리석은 짓이라 아니할 수 없을 것이다.

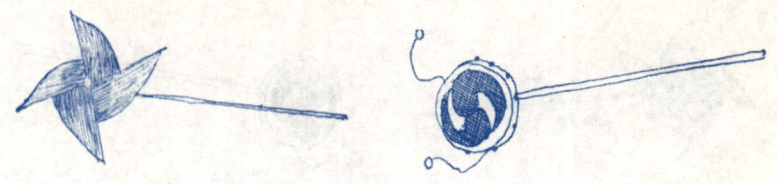

"원한이란 감정의 가장 해로운 점은 머리 속으로 온갖 보복행위를 그려보게 한다는 점이다." 나는 이 말의 뜻을 금방 알 수 있었다. 아직도 나는 그러했기 때문이다. 지난날 나는 사람들이 나에게 저지른 짓을 똑같은 방법으로 갚아 주려는 생각에서 이런저런 방책을 궁리하느라 그 얼마나 나 자신을 괴롭혔던가!

나의 '새로운 집'에는 원한이라는 감정이 들어설 여지가 없다.

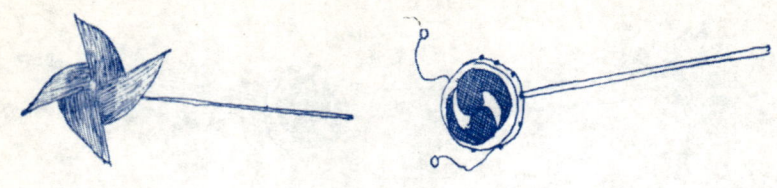

★월 ○일

원한의 감정을 흑과 백으로 분명히 구분했을 때, 비로소 우리는 그 감정들이 우리를 괴롭히는 힘을 누르기 시작했다. 먼저 우리는 우리의 기억을 더듬어서 원한의 감정들을 일일이 목록으로 작성했다. 그리고 우리에게 그토록 많은 원한이 있었다는 사실에, 너무도 오래도록 그 감정을 품고 있었다는 사실에 새삼 놀라지 않을 수 없었다.

우리는 그 감정들을 낱낱이 들여다봄으로써 그 원인을 발견하고, 어떤 식으로 우리에게 해를 입혔던가를 파악하고, 우리 자신에게 그 책임이 있었을 소지는 없었는지를 살펴보았다. 예컨대, 우리는 이런 식으로 썼다.

"나는 형을 증오한다. 그는 나를 함부로 대했다. 그래서 나는 모욕감을 느꼈고 자존심이 상했다. 그러나 나도 자주 그를 화나게 한다."

원한의 감정들을 이런 식으로 낱낱이 적어 봄으로써 우리는 그것들이 얼마나 부질없는 것이며, 쓸데없이 우리를 지치게 했으며, 그 얼마나 우리의 정신적 성숙을 저해했던가를 알 수 있었다. 더구나,

  다른 사람의 부당한 행위보다는 자신의 행위를 깊이 성찰함으로써 우리는 성격상의 많은 결함을 지적할 수 있었다. 예컨대, 우리는 종종 자기중심적이고 부정직하고 부당하게 행동했었다는 것을 알 수가 있었다.
  우리가 품고 있는 원한의 감정들은 우리가 그것들을 솔직하게 꺼내놓고 냉철한 눈으로 들여다볼 때 그 대부분이 사라질 것이다. 물론 완강히 버틴 채로 여전히 우리를 고통스럽게 하는 감정들도 있을 것이다. 그럴 경우, 그러한 감정들이 우리에게 보내는 메시지는 명백하다――진정 자유롭게 살기 위해서는 더 많은 행동을 해야 한다는 것, 바로 그것이다.

오늘의 명상

  나의 원한의 감정들은, 내가 그것들을 기록에 옮겨놓고 내가 마땅히 해야 할 바를 행한다면, 대부분 사라질 것이다

23. 원한에 대하여

★월 ○일

 마음속에 깊이 맺힌 원한을 지우기 위해서 내 스스로 취할 수 있는 행동은 한두 가지가 아닐 것이다. 그러나 우리를 그러한 감정의 속박으로부터 해방시키기 위해서는 신의 도움이 있어야 한다는 사실을 우리는 각자의 경험을 통해서 알고 있다.
 원한의 감정들을 낱낱이 기록한 명세서를 통해서 우리가 배울 수 있는 바를 모두 배움으로써 일단 길을 열어둔 다음, 그것들을 청산하는 일은 신에게 맡긴다고 하는 의지를 확실히 해야 한다. 원한의 감정들로 인하여 우리에게 어떠한 고통과 문제가 야기되었는지를 분명히 알고 있다고 하더라도, 이를테면 자기연민과 같은 감추어진 보상심리로 인해 우리는 여전히 그러한 감정들에 매달리려 할지도 모르기 때문이다.
 조건 없이 버리겠다는 각오가 되었을 때 비로소 우리는 그 감정들을 없애 달라고 신에게 도움을 청할 수 있다. 오직 그분만이 모든 힘을 갖고 있다는 걸 잘 알기에 우리는 믿음을 갖고 도움을 구할 수가 있다.
 우리의 의지를 더욱 확고히 드러내기 위해서는 새로운 수준에서

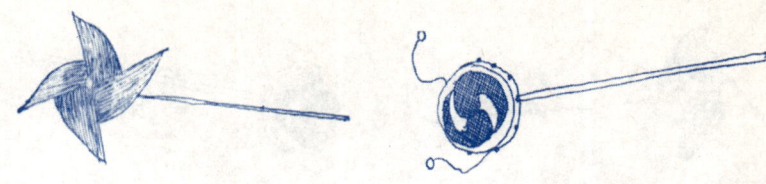

정신적인 노력을 기울여야 한다는 조언을 들었다. "네가 원망하는 자를 위하여 기도하라." 우리는 그렇게 들었다. "너에게 내려지길 바라는 안녕과 행복이 그들에게도 내려지기를 신께 기도하라."

처음에 우리는 이렇게 생각했다. "그게 제정신으로 하는 소리냐?" 그러나, 비록 마음 한편으로는 의심을 품고 있었지만, 나중에 그 조언에 따랐을 때 우리는 원한의 감정이 실제로 사라지는 것을 느꼈다. 신은 우리 스스로의 힘으로는 해낼 수 없는 것들을 이루어지게 해 주셨다.

오늘의 명상

나는 내가 할 수 있는 모든 것을 다할 것이다. 그리고는 신에게, 그분께서 하실 수 있는 것을 해달라고 기도할 것이다.

23. 원한에 대하여

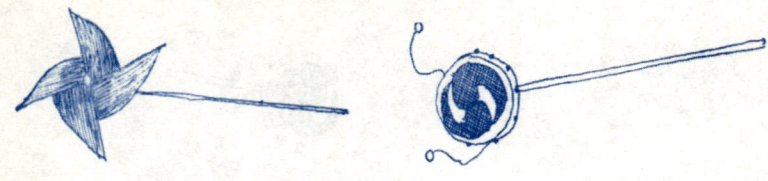

★월 ○일

 큼직한 원한의 감정들이 거의 물러간 뒤로도 오랫동안 내 마음을 갉아먹은 원한이 하나 남아 있었다. 마지막 순간까지도 온갖 험한 말들과 감정적인 학대로 나를 괴롭혔던 부모님에 대한 원망을 나는 영원히 씻을 수가 없을 것 같았다.
 그 원망이 나의 발목을 잡고 늘어졌다는 것은 두말할 것도 없는 일이었다. 그 감정이 나에게 해악을 끼치고 이 세계를 보는 나의 눈을 흐리게 했다는 사실도 역시 의심의 여지가 없었다. 그리고 그 해결방안을 찾기 위해서 나는 모든 장애물을 걷어내야 한다는 사실에도 물론 재론의 여지가 없었다.
 다시 한 번 나는 그 싸움에서 물러났다. 나는 완전히 굴복하고 신에게로 온 마음을 돌렸다. 기도를 드리고 명상에 잠기는 노력을 나는 배가시켰다. 그리하여 그 원한의 감정을 없애달라고 다시 한번 그분에게 간구하였다.
 어느 날, 명상에 잠겨 있었을 때에, 내가 부모님을 위하여 기도 드리기는 했어도 그분들을 용서한 것은 아니라는 생각이 마침내 떠올랐다. 그제서야 나는 용서가 바로 나의 문제에 대한 해답이라는

것을 깨달았다. 이젠 신의 도우심에 힘입어, 나는 나를 부당하게 대하셨던 부모님을 용서할 수 있고, 더불어서 나 자신까지도 용서할 수 있다.

  나는 이같은 원한은 결코 완전히 사라지지 않을 것이라고 생각한다. 그러나 이따금 그것이 내 마음을 휘젓는 것을 느낄 때면, 나는 즉시 생각을 신에게로 돌림으로써——그리고 용서의 마음을 다시금 생각함으로써 그것을 억눌러 버릴 것이다.

오늘의 명상

  원한의 감정은 극복될 수 있다——용서의 마음과 신의 도우심에 힘입어서.

★월 ○일

오늘 나는 지난날의 원한을 없애고자 노력할 뿐만 아니라 새로운 원한들이 마음속에 자리잡는 것을 막으려 노력한다. 우리의 새로운 삶에는 그 어떠한 종류의 원한도 끼여들 여지를 주지 말아야 하는 것이다.

그러나 사건은 언제나 일어나는 법이고, 그 중에서 정신적 성숙을 위한 기회를 부여해 주는 사건은 극히 드문 법이다. 우리는 부당한 행위를 당하고도 아무 일도 없었던 양 할 수는 없는 것이고, 전혀 화가 나지 않는 것처럼 굴 수도 없는 것이다.

그럼에도 불구하고, 우리는 그같은 사건들로 인해서 감정적으로 위험한 상태에 빠져드는 것을 되도록 회피하겠다는 각오를 한다. 그리하여 그같은 일이 일어날 경우 우리는 동요된 마음을 진정시키기 위해 할 수 있는 모든 노력을 다한다. 우리의 최우선 과제는 상처받은 감정이 변하여 원한이 되는 것을 사전에 막는 것이다.

부당한 행위를 하는 자의 행동을 어느 정도의 이해심과 관용의 마음을 갖고서 살펴보는 것도 크게 도움이 될 수 있다. 어쩌면 그 사람은 감정적으로나 정신적으로 상당히 흔들리는 상태에 있을 가능

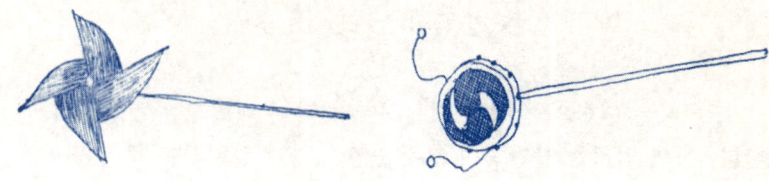

성이 크다. 그같은 견지에서 볼 때, 우리는 신에게 도움을 구함으로써 그 사람에게 애정을 느끼고 공감을 가질 수도 있을 것이며, 그러한 마음을 실제로 베풀어 줄 수도 있을 것이다

지난날의 원한에 대해서 내가 치러야 했던 대가는 실로 컸다. 이제 더 이상 나는 대가를 치러야 할 그 어떠한 원한도 가질 수가 없다.

금주의 다짐

오늘 나는 원한의 감정은 정신적 성숙과는 대립되는 것임을 확인한다. 신의 의지를 발견하여 그것을 실천하기 위해서는 묵은 원한을 버리고 모든 면에서 조화로운 관계를 이루고자 노력해야 한다.

풀리지 않은 노여움의 감정이 다시 전면에 나타날 때, 나는 그것이 기만적인 감정이며 나를 신으로부터 멀어지게 하는 감정임을 확인할 것이다. 나는 스스로에게 물을 것이다. 애초에 정신적 상처를 입게 된 것은, 어느 정도는 내 탓이 아니었을까? 내가 원한의 감정을 버리지 못하는 데에는 그것과는 상관없는 또 다른 이유가 있지는 않은가? 그리고 나는 그 감정들로부터 벗어나기 위해서 신의 도움을 구할 것이다.

무례하고 모욕적인 처사가 나의 감정을 날카롭게 할 때, 나는 먼저 나의 내면의 동요를 진정시키는 데에 정신을 집중할 것이다. 상황이 나에게 해가 될 가능성이 있는 쪽으로 흘러가면 나는 미리 거기에 대처할 것이고, 부정적인 감정들이 새로운 원한으로 발전해 가는 것도 미리 막을 것이다.

원한의 감정이라고는 조금도 없는 삶을 꿈꾸지는 않지만, 내가 지금껏 배운 정신적 원리들은 나에게 커다란 도움이 될 것이고 나를 그러한 상태가 되도록 해줄 것이다. 매사에 참을성과 이해심과 애정과 용서의 마음을 가질 때, 모든 나쁜 감정들은 순식간에 꼬리를 감추어 버릴 것이다.

오늘의 명상
원한의 감정들은 신에게로 이르는 통로를 막음으로써 나의 정신적 성숙을 저해한다.

24.
변화를 피하려는 의지

오늘은 어제가 아니다. 우리는 늘 변화한다. 그러할진대, 우리의 일들과 생각들이 변화하는 상황에 쉬임 없이 적응하고자 한다면, 어찌 같은 상태로 머물러 있을 수 있겠는가? 사실 변화는 우리를 고통스럽게 하지만, 우리에게 반드시 필요한 것이다. 기억이 나름의 힘과 가치를 지닌 것이라면 희망도 역시 그러하다.

———토마스 칼라일

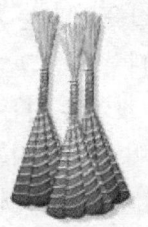

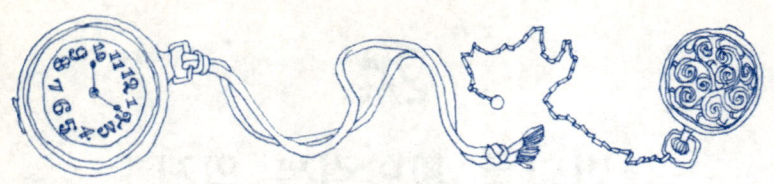

★월 ○일

 살아가는 동안에, 우리는 중대한 변화를 필요로 하고 원하는 때가 자주 있다. 어쩌면 우리는 우리 자신에 대한 그릇된 확신을 지닌 채로 일생을 살아왔는지도 모른다. 그러한 점을 감안할 때 우리는 오랫동안 견지하고 있던 태도와 행위들을, 특히 우리가 다른 사람들과 관계하는 데에 영향을 주는 것들을 반드시 바꾸어야 한다는 생각에 이를 수 있다.
 그러나 변화를 필요로 하고 원한다는 것은 변화하기 위해서 우리가 취해야 하는 생각과 행동의 일부분에 불과하다. 무엇보다도 중요한 것은 변화를 꾀하고자 하는 진정한 의지를 먼저 가져야 한다는 사실이다. 그같은 의지는 어디에서 오는가? 인간은 어떻게 하면 의지를 가질 수 있는가?
 때로는 단지 해로운 현실을 깨닫는 것만으로도 변화를 꾀하려는 의지를 불러일으킬 수 있다. 또는 그 의지를 갖기에 이르기까지는 오랜 기간 고통과 난관을 겪어야 하는 경우도 있을 것이다.
 의지는 때때로 그 근원이 어디인지를 알 수 없는 것처럼 보이기도 한다. 신은 우리에게 간혹 통찰과 깨달음의 순간을 주시고, 그 순

간에 이르는 과정에서 우리가 변화하게 하시곤 한다.

 무엇보다도 마음을 흡족하게 하는 사실은, 변화를 꾀하려는 의지는 우리가 자신의 가치를 평가하는 방식의 직접적인 산물이라는 점이다. 우리의 자부심이 높아지면——좋은 것을 누릴 자격이 있다는 생각이 들기 시작하면——우리는 우리의 삶에서 좋은 일이 일어나도록 하기 위해서 반드시 해야 할 바를 행하려는 의지를 갖게 되는 것이다.

오늘의 명상

의지가 변화의 전제조건이라는 사실을 나는 확신하고 있는가?

24. 변화를 꾀하려는 의지

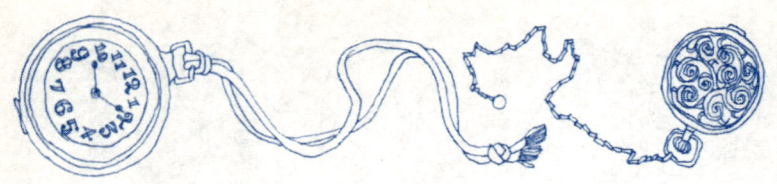

★월 ○일

"이젠 내가 달라져야 할 때가 되었다는 걸 난 알고 있어. 하지만 그럴 의욕이 생기질 않는 게 문제야." 한 친구가 말했다. "나를 가로막는 최대의 장벽은 손을 내밀어서 도움을 요청하기가 두렵다는 사실이야. 그처럼 친숙하게 다른 사람들과 관계를 맺는다는 걸 생각만 해도 난 겁이 나거든."

우리는 변화를 두려워하는 심리에 대해서, 그리고 그것이 우리의 자기회복을 어느 정도로 저해했던가에 대해서 한동안 이야기를 나누었다. "그건 나도 마찬가지야." 내가 친구에게 말했다. "막 수화기를 집어들려는 순간에 그만 수치심과 자존심이 나를 가로막더라구. 나는 나의 모든 것이 엉망이 되어 버렸다는 사실을 인정하기가 두려웠던 거야."

우리가 가장 두려워하는 바는, 우리에게 고통을 안겨주고 심지어는 우리의 삶 그 자체를 위협하기도 하는, 우리에게 친숙했던 삶의 방식들이 무너지는 사태에 직면한다는 것이었다.

"내가 꾀해야 할 변화는 아주 중요한 것들이야. 난 그걸 알고 있어." 친구가 말했다. "그 변화를 일으키기 위해서는 책임감을 갖고

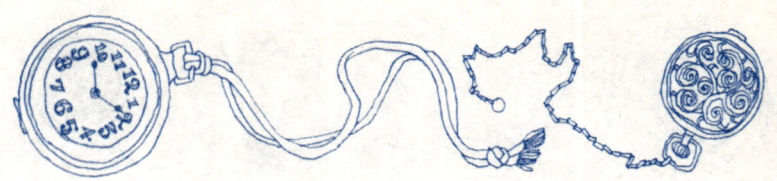

서 행동해야 한다는 것도 난 알아. 그런데 난 그같은 일을 하기가 그저 두려울 뿐이란 말이야."

"그래, 나도 모험을 하기가 두렵고 실수를 할까 두렵기도 해. 실패하면 어쩌나 하는 생각이 앞서는 것이지."

오늘의 명상

변화의 순간에 직면해서 두려움을 느낄 때, 나는 우선 내가 할 수 있는 바를 다한 뒤에 그 나머지는 신에게 맡길 것이다.

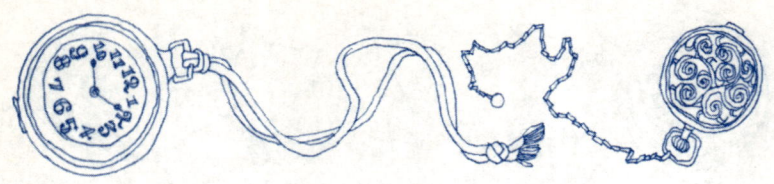

★월 ○일

  때로는 의지를 갖는다는 것이 그리도 어려운 이유가 무엇인가? 어째서 우리는 달라져야 할 때가 되었다는 걸 알면서도 현재의 상태에서 한 걸음도 벗어나려 하질 않는가? 거기에는 여러 가지 이유들이 있겠으나 그 이유란 것이 언제나 명백하지만은 않다.

  우선 우리는 어떤 행위들이 우리에게 주는 감추어진 보상심리로 인하여, 그 행위들을 바꾸고 싶어하면서도 끝내 그렇게 하지 못하는 것인지도 모른다. 가령 남을 다스리고 지배하려는 태도로 인하여 우리들의 관계에 문제가 빚어진다고 가정해 보자. 거기서 우리는 매사를 우리 마음대로 이끌어 간다고 하는 보상심리를 얻고 ──그래서 그러한 태도를 좋아하는 것이다.

  어린 시절에 우리가 심한 술주정의 피해를 입었다거나 그와 유사한 결손 배경이 우리에게 있었다고 한다면, 더 나은 쪽으로 변화를 꾀하기를 기피하려는 우리의 태도는 자기존중심이 형편없다는 사실에서 곧바로 유래되었다고 볼 수 있을 것이다. 그 사실을 깨닫지 않고서는 당연히 불행한 삶이나 불만족스러운 삶의 조건들을 감당할 수밖에 없다는 생각을 버릴 수 없을 것이다.

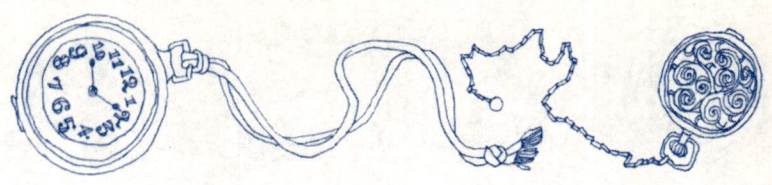

　더구나, 비뚤어진 성장배경으로 인하여 우리는 자기연민이나 노여움 같은 성격상의 결함을 당연히 가질 수밖에 없다는 생각을 할 수도 있을 것이다. 그것들을 고난에 찬 과거에 대한 '보상'이라고 여기는 것이다.
　변화를 꾀하려는 의지를 갖기가 어렵다면, 먼저 그처럼 꺼리는 태도의 이면에 숨어있는 이유들을 밝혀내는 것이 급선무일 것이다. 그럼으로써 우리는 변화를 향한 첫걸음을 내딛을 수 있을 것이다.

오늘의 명상

　감추어진 장애물을 파헤치고 깨끗이 치움으로써 변화에로 나아갈 길을 닦자.

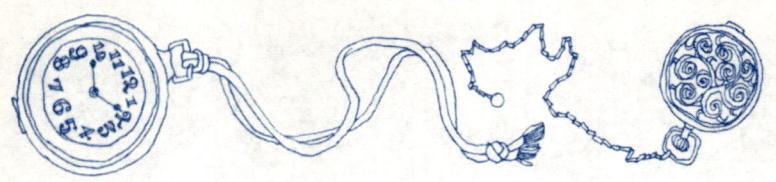

★월 ○일

술집에서 축 늘어져 있는 나 자신의 모습이 아직도 눈에 어른거린다. 마음은 갈갈이 찢어졌고 나를 사랑하는 사람들에게 자신이 얼마나 큰 상처를 입히고 있는지를 스스로 알고 있었다. 그들은 나에게 술을 끊으라고 다그쳤지만, 나는 몇 년 전이나 조금도 다름없이 술을 마셔대고 있었다.

그들의 말이 나에겐 아무런 소용이 없었다. 변화하고자 하는 의지는 나의 내면에서 일어나야 한다. 그럴 때에야 비로소 나는 술을 끊을 수가 있을 것이다.

그 때 이후로 나는 의지라는 것에 대해서 내 나름의 또 다른 확신을 갖게 되었다. 우선, 한꺼번에 완벽한 의지를 가지려고 들 필요는 없다고 나는 생각했다. 아주 작은 의지만으로도 변화에의 문을 여는 열쇠가 될 수 있다. 일단 그 문이 빼꼼히 열리기만 하면 그 다음은 점점 더 넓게 열릴 수 있는 것이다.

또한 나는 변화를 꾀하고자 하는 나의 의지와 그것을 불러일으키는 데에 도움이 될 신의 힘을 받아들인다는 것 사이에 강력한 관련이 있다는 것을 굳게 믿었다. 달리 말하자면, 내가 진정으로 변화를

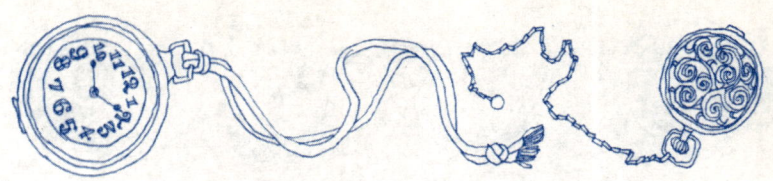

 피하고자 한다는 점을 내가 할 수 있는 모든 노력을 통해서 신에게 보여드리면 그분은 언제나 나를 위해 배려를 해주신다는 것이었다.
 변화란 것은 필연적으로 '교환'일 수밖에 없다고 하는 글을 어디선가 읽은 기억이 난다. 자기회복의 단계에서 나는 나에게 고뇌와 불화를 안겨주었던 삶의 방식을 내주고, 그 대신 삶을 위한 정신적 원칙들을 받아들이고 무한한 자유와 마음의 평화를 누릴 수 있는 가능성을 받아들였다.

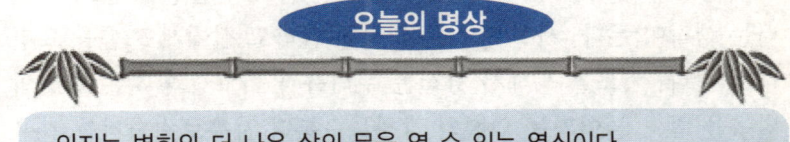

의지는 변화와 더 나은 삶의 문을 열 수 있는 열쇠이다.

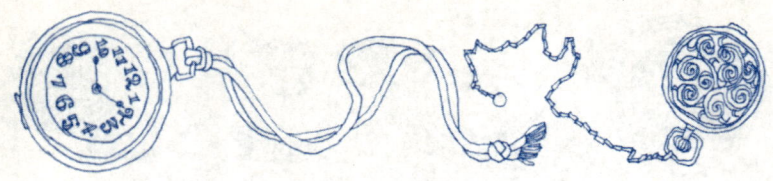

★월 ○일

당신은 변화를 원한다. 너무도 간절히 원하기에 그 마음은 거의 강박관념에 가까워졌다. 변화에의 의지를 갖기 위해서 당신은 당신이 생각할 수 있었던 모든 것을 다 하였다.

당신은 당신의 환경을 살피고 또 살폈다. 그리하여 당신이 변화되어야 할 필요성을 충분히 깨달았다. 당신은 상당기간 동안 좋은 것들을 충분히 가진 채로 지내오다가 마침내 출발을 했다. 당신은 당신이 나아갈 길을 자세히 지도로 그렸고, 발목을 잡고 늘어지는 두려움의 감정들을 낱낱이 파악하는 데에까지 이르렀다. 당신은 당신이 해야 할 바를 다한 것 같다. 그런데도 '마음이 내키지 않는다'고 하는 장애를 완전히 치워버릴 수는 없었다.

그러다가 갑자기 그 모든 것들을 당신 혼자서 감당할 필요는 없다는 생각이 든다. 사실 당신은 의지를 달라고 신에게 도움을 요청해야 한다. 기도를 통해서 당신은 두려움과 외고집과 혹은 당신의 발목을 잡고 늘어지는 의혹의 감정들로부터 자유로워지기를 간구해야 한다. 앞을 향하여 나아갈 용기를 달라고 당신은 기도를 드려야 한다.

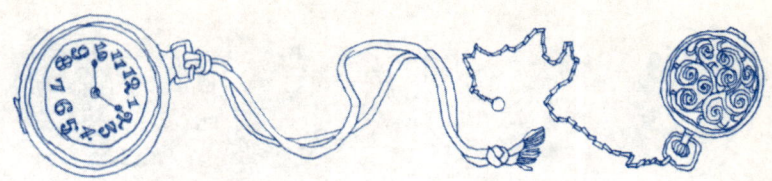

  그 결과가 단 하룻밤 사이에, 혹은 몇 주일 내로 당신에게 다가오는 경우는 거의 없다. 그러나 당신은 계속 기도를 드린다. 믿음의 대가가 그 어떠한 것인지를 당신은 지난날의 경험을 통해서 잘 알고 있기 때문이다.

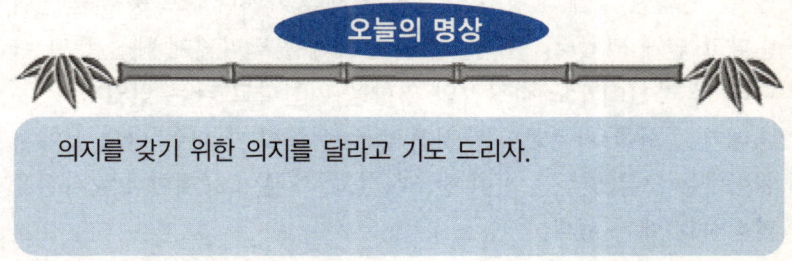

오늘의 명상

의지를 갖기 위한 의지를 달라고 기도 드리자.

24. 변화를 꾀하려는 의지

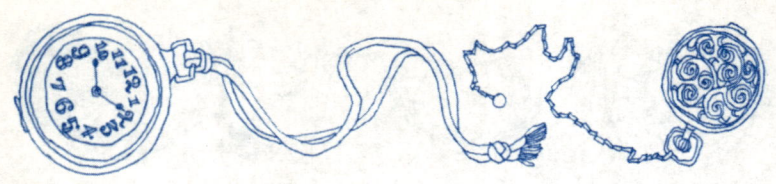

★월 ○일

언젠가 집 근처의 언덕을 산책하다가 나는 거대한 패류의 화석을 발견한 적이 있다. 집에 가져다 둔 그 화석을 들여다보면서 나는 수천 년 전 이곳이 바다 밑이었을 때의 그 풍경이 어떠했을 것인지를 상상해 보곤 한다. 그리고 변화란 과연 필연적인 것이며 항구적인 것임을 새삼 생각하곤 한다.

한때 나는 변화란 것은 완전히 부정적인 힘이라고 여겼던 적이 있었다. 나로서는 그 어떠한 종류의 변화도 받아들일 수가 없었고, 매사를 현재의 상태로 유지되게 하려고 갖은 애를 썼었다. 말할 것도 없이 나는 그 싸움에서 질 수밖에 없었다.

시간이 지나면서 나는 그것과는 완전히 다른 태도를 갖기에 이르렀다. 변화란 대개의 경우 나에게 이익을 가져다주고 흥을 돋구어 준다고 믿게 되었다. 변화는 주위의 세계를 달라지게 해줄 뿐만 아니라 나 자신에게도 직접적인 영향을 미친다고 나는 믿었다.

내가 변화를 거부한다는 것을 스스로 느낄 때 나는 나의 삶에서 일어나는 모든 일들은 신이 창조하셨고, 그분이 규제한다는 사실을 명심하려 애를 썼다.

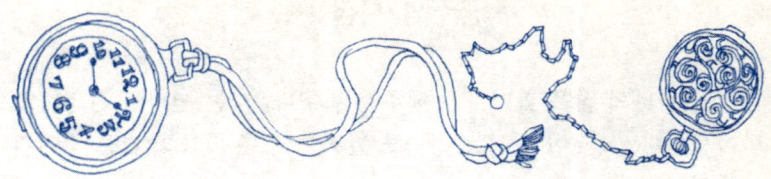

그 무슨 일이 일어나건, 세상을 선하게 하시려는 그분의 의도에는 변함이 없다는 사실을 나는 명심하였다.

나는 변화란 신의 은총이 현실 속에서 표현된 것으로 보고자 한다. 나는 변화를 감사하는 마음으로 받아들일 것이다.

24. 변화를 꾀하려는 의지

금주의 다짐

변화는 나의 삶을 활기차게 해주는 힘이다. 나는 변화를 환영하고 받아들인다. 그것이 없이는 성숙도 발전도 기쁜 마음도 없을 것이기 때문이다.

나는 모든 변화의 저변에 신의 지혜와 의도가 있음을 믿는다. 특정한 어떤 변화가 어떤 특정한 시간에 일어나는 이유가 무엇인지를 나는 완전히 이해하지 못하지만, 그것은 궁극적인 선을 이루시려는 신의 계획의 중요한 한 부분으로 보려고 노력할 것이다. 때때로 나의 삶의 거대한 변화를 감당하지 못하여 압도당하는 일이 있더라도 나는 '변화는 반드시 교환일 수밖에 없다'는 사실을 명심할 것이며, 신께서는 내가 감당할 수 있는 것 이상은 주시지 않는다는 사실도 명심할 것이다.

의지야말로 내면적 변화를 위한 열쇠임을 그 동안의 경험은 나에게 가르쳐 주었다. 아주 작은 의지만으로도 그 문을 열 수가 있다는 것을. 그 시점에서부터 나의 의지는 더욱 커져갈 것이고, 그 문도 점점 더 넓게 열려갈 것이다.

지난날 나는 변화를 꺼리는 태도로 인하여 무기력한 침체상태에 빠져 있었다. 그러나 오늘 나는 달라졌다. 높아진 자긍심이 나를 자극하여 나의 발전을 가속시킬 행동을 취하게 한다. 나는 그러한 새로운 태도에 대해 감사를 드린다. 나에게는 나의 의지와 신의 은총의 결과로서 일어나고 있는 모든 유익한 변화들을 누릴 자격이 있다고 생각하며, 그 사실에 감사를 드린다.

오늘의 명상
변화가 없이는 자기회복도 있을 수 없다. 의지가 없이는 어떠한 변화도 있을 수 없다.

25.
기대에 대하여

나는 나를 제외한 모든 사람들의 실수를 용서할 수 있다.

——대(大) 마르쿠스 카토

★ 월 ○일

"했다는 게 고작 그거냐? 넌 희망이 없어." "그건 네 잘못이야, 네가 열심히 하질 않았기 때문이야." "넌 언제 한번 제대로 할 수 있겠니!"

부모님의 기대에 부응하지 못했다는 이유로 그토록 험한 말로 모욕을 당했던 일을 기억할 때, 우리가 그 후에도 자신에 대해 거의 용인을 하지 못하게 된 이유가 무엇인지를 알아내기는 그리 어렵지 않다. 어린 시절에 우리가 들었던 말을 지금 우리는 자신에게 하고 있는 것이다. 아무리 노력을 하고 아무리 일을 잘 해냈어도 그것으로는 충분하지 않다고 우리는 생각한다.

물론 그처럼 가차없이 자신을 몰아붙임으로써 크게 관록을 쌓은 이들이 우리 중에는 없지 않다. 그러나 그럴 경우에도 우리는 자신의 성공을 즐기지 못한다. 우리가 이룬 것들에 대해서 결코 만족을 느낄 수 없기 때문이다. 우리 자신에 대한 우리의 기대는 한이 없으며, 기대대로 이루어내지는 못할 것이다.

그런 식으로 살아가는 삶에서는 행복이나 자기존중심이 들어설 여지가 없다는 것은 말할 것도 없는 일이다. 자기회복의 과정에서

우리가 그처럼 끈질기게 버티는 어제의 교훈을 잊어버리는 것을 최우선의 과제로 삼는 이유도 바로 그것이다. 우리의 과거와 현재를 조망하고 뒤늦게나마 몇 가지 질문을 던져보는 이유도 바로 그것이다. 우리의 업적에 대해서 사람들이 칭찬의 말을 하거나 특별히 주목을 한다면, 그들은 괜한 짓을 하는 것인가. 우리의 지난날을 돌이켜보건대 우리는 아주 괄목할 만한 발전을 한 것인가. 지난 일들을 모두 털어버리고 이젠 자신에 대해서 좋은 감정을 가질 때가 되지는 않았는가 하는 질문들을.

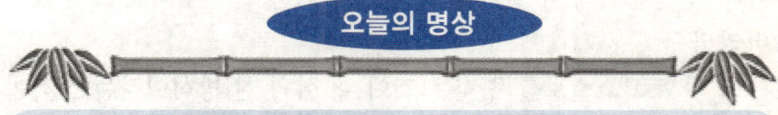

내가 할 수 있는 최선의 것이라면 이 세상 그 누구에게도 좋은 것이다.

★월 ○일

 어느 날 내 자동차가 말을 듣지 않았다. 그래서 나는 차 밑으로 기어 들어가서 어디가 고장났는지를 살펴보았다. 나는 아무 것도 아는 바가 없으면서도 변환기 곁에 붙은 무슨 레버를 젖혀 보았다. 중립 기어가 들어갔는지 차가 뒤로 구르기 시작했고, 한쪽 어깨가 바퀴에 깔렸다. 뼈가 부러지진 않았지만 심하게 멍이 들었고 견딜 수 없도록 쓰라렸다.
 그런데 그처럼 멍청한 실수를 저지른 자신에 대한 심한 힐난 때문에 마음이 더욱 아팠다. 거의 일주일 동안 나는 나 자신을 사정없이 꾸짖었다. 마침내 한 친구가 그러한 내 마음을 바로잡아 주었다. 그가 간청하듯이 말했다. "이제 그만해 둬. 자넨 실수를 했을 뿐이야. 인간은 누구나 실수를 하는 법이거든. 그러니 이젠 그만 잊어버리라구."
 그 이후로 스스로를 꾸짖는 것이 내 삶의 한 방식이라는 생각이 들 때마다, 내가 실수를 저지를 때마다, 사소한 것이건 아주 중대한 것이건 스스로 그 실수를 용서할 수 없다는 생각이 들 때마다, 나는 그때의 일을 다시 생각해 보곤 한다. 이제는 한때 내가 그처럼 영원

히 불가능한 기대를 품고 있었다는 사실이 믿어지질 않고, 그토록 오랫동안이나 자신에 대해서 몹시 가혹하게 굴었었다는 사실이 믿어지지 않는다.

  오늘 나는 신의 도우심이 있어 나 자신을 그 어느 때보다도 흔쾌히 받아들인다. 나의 능력뿐만 아니라 한계까지도 받아들인다. 나는 내가 저지른 실수들을 통해서 더 많은 것을 배울 뿐, 그것들을 가지고서 나를 가혹하게 평가하지 않는다.

오늘의 명상

실수를 범했을 때, 나는 나 자신을 벌하기보다는 스스로에 대해서 인내심을 가지려 애를 쓸 것이다.

25. 기대에 대하여

★ 월 ○일

완전에 이르는 것은 불가능하다. 우리는 누구나 그 사실을 알고 있다. 그런데 우리 중의 많은 이들이 완벽한 기술, 완전한 행위, 심지어는 완전한 생각을 갖기를 기대한다. 우리는 완벽한 부모, 완벽한 고용인, 완벽한 친구가 되려 한다. 그처럼 부질없는 추구가 우리 자신에 대한 좌절감과 실망만을 안겨 주리라는 것은 말할 것도 없는 일이다.

그런데도 우리는 어째서 그토록 고집스레 구는가? 자기존중심이 형편없다는 사실이 거기에 크게 관련되어 있다. "만약 내가 완벽하다면 나는 나의 가치를 입증해 보일 수 있을 것이고——그러면 당신이 나를 좋아할 것이다."라는 식으로 우리는 생각할 수 있다. 혹은 스스로 실패할 수밖에 없는 처지에 있다고 여기고 있는지도 모른다. 맹목적으로 완벽만을 추구하다 보면 우리는 그같은 마음상태에 거듭 빠져들 수밖에 없는 것이다.

자기회복 과정에서 우리의 자기존중심이 높아지면서 완벽해지려고 하는 욕구도 크게 줄었다. 우리는 우리와 관계되어 있는 모든 사람들이 우리를 있는 그대로의 모습으로 받아들여 준다는 것을

──그리고 우리도 그들을 그와 같은 태도로 받아들인다는 사실을 깨닫기에 이르렀다.

  오늘 우리는 완전이 아니라 발전을 위해 노력할 뿐이다. 그 점은 한 인간으로서의 목표뿐만이 아니라 정신적인 목표들에 있어서도 역시 마찬가지이다. 우리는 오직 신만이 오류를 범하지 않는다는 믿음에서 커다란 위안을 얻는다. 그분은 우리가 복되고 기쁨에 넘치고 자유로운 삶을 살기를 바라실 뿐, 완전을 바라시지는 않는다.

오늘의 명상

  내가 나 자신에 대해서 터무니없는 요구를 하기 시작할 때, 나는 내 목표가 발전이지 완전은 아니라는 사실을 명심할 것이다.

★월 ○일

한 친구와 내가, 우리는 이 극단 혹은 저 극단에 치우친 채로 살아갈 뿐 그 중간은 전혀 생각하지 않는다는 말을 나누던 중에, 그녀가 자기의 경험을 털어놓았다. 자기회복 과정 중에 그녀는 정원수 판매 및 관리회사에서 첫 일자리를 잡았다고 했다. "매상이 오르고 직원들의 근무태도도 매우 좋았는데, 그런데도 난 내가 결코 일을 잘하고 있는 게 아니라는 생각이 들었어. 그 정도로 나는 불안한 상태였지. 다른 사람들하고는 아무 상관도 없었어. 그들은 나에 대해 만족스러워한다는 것을 나에게 분명히 보여줬었거든."

"나는 스스로에 대해서 점점 더 심하게 압력을 가했지. 그리고 나하고는 상관없는 일에 대해서도 책임감을 느꼈어. 거의 무의식적으로 그랬던 것 같아. 나는 거의 나를 쥐어짰던 거야. 그러니 나의 삶이란 게 엉망일 수밖에."

"그리고는 어떻게 됐는지 너도 충분히 짐작할 수 있을 거야." 친구가 말을 이었다. "나는 또 다른 극단으로 몰려갔어. 완전히 포기를 해버린 거지. 내가 맡은 일을 해낼 수 없다고 단정을 해버리자 실제로 난 그걸 해낼 수가 없게 되더라구. 그래서 결국 그만둘 각오

를 했지."

"그래서 그만뒀어?" 내가 물었다.

"다행히도 그러진 않았어." 그녀가 말했다. "우선 어떤 사람하고 상의를 했어. 나에겐 좋은 친구였지. 문제는 일과는 전혀 상관이 없었고, 다만 나 자신에 대한 지나친 기대 때문에 모든 문제가 생긴 거라고 그녀가 지적을 해 주더군. 난 아직도 나를 다그치긴 하지만, 예전처럼 그리 심하지는 않아. 내가 설 자리가 없을 정도로 몰아붙이지는 않지."

오늘의 명상

자기를 심하게 몰아붙이는 심리는 어디에서 비롯되는가? 그것은 현실적인 것인가, 아니면 내가 지어내는 것인가?

★월 ○일

 목표했던 기대에 부응할 수 있는가 그렇지 않은가에 따라서 우리의 삶은 부침을 거듭해왔다. 대개의 경우 우리는 침체에 빠졌었다. 우리가 좌절을 하고 패배를 당했던 것은 이 세상의 인간과 제도들이 우리의 기를 꺾어 놓았기 때문이라고 여겼었다.

 사람들과 관계를 맺을 때 우리는 상대방으로부터 무엇을 얻을 수 있는지, 혹은 그들은 우리에게서 무엇을 얻게 될 것인지를 먼저 생각했었다. 우리는 자기가 행한 바에 대해서 부모님들이 끊임없이 칭찬을 해 주실 거라는 기대를 했었다. 직장에서 어떤 일을 잘 해내었을 때엔 두둑한 보너스가 주어지리라는 기대를 했었다. 그러나 번번이 우리에겐 실망만이 주어졌을 따름이었다. 우리는 배반을 당했다는 생각에서 벗어날 수가 없었다.

 자기중심적인 생각을 어느 정도 버리자, 이 세상을 보는 우리의 눈과 이 세상에 대한 우리의 관계는 달라졌다. 이제 우리는 우리의 고통이 다른 사람이나 삶 그 자체가 아니라, 다른 사람들과 삶에 대한 우리의 기대에 의해서 빚어진다는 것을 잘 알고 있다. 우리는 다른 사람들이 우리의 욕구를 충족시키기 위해서 살아가는 것이 아니

며, 우리를 위해서 이바지해야 할 의무가 그들에겐 전혀 없다는 것을 확실히 깨달았다.

  점점 더 우리는 매사를 그저 있는 그대로 보고, 삶을 인생의 견지에서 받아들일 수 있게 되어가고 있다. 그런 태도를 가질 때 우리의 삶은 훨씬 수월하고 훨씬 더 편해질 것이다.

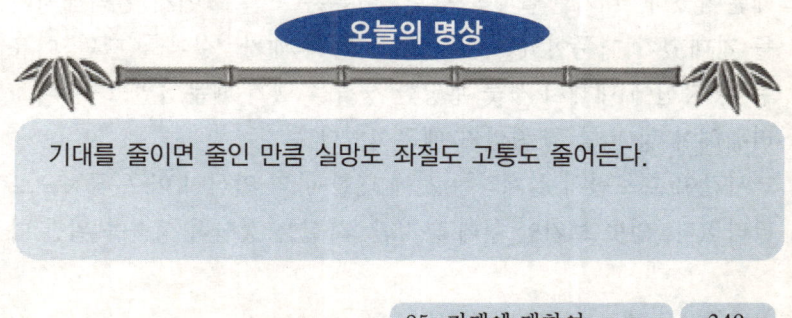

기대를 줄이면 줄인 만큼 실망도 좌절도 고통도 줄어든다.

25. 기대에 대하여

★월 ○일

나 자신과 다른 사람들에 대한 지나친 기대는 나를 어떤 지경으로 몰고갈 것인가? 최소한 실패의 연속만이 있을 것이라든가, 결국 실패할 것이라는 의식에 사로잡히는 결과가 약속될 것이다. 자기회복에 들어섰을 때, 나의 삶에 대한 충족되지 않은 기대들이 너무도 크게 확대되어 보였고, 그리하여 나는 나 자신을 완전한 실패자로 여겼었다.

지난날 나는 나 자신과 다른 사람들을 자주 낙심하게 했었지만, 지금 와서 생각하건대 나의 실패들은 그 당시 내가 생각했던 것만큼은 심각한 것이 아니었던 것 같다. 내가 나의 목표를 성취하는 데에 '실패했던' 이유는 애초에 나의 능력 이상의 목표를 설정했기 때문이었다. 내가 '실패를 했던' 이유는 모든 면에서 완벽해지기를 기대했기 때문이었다. 스스로 보기에 내가 '실패를 했던' 이유는 나 자신에 대해서 사뭇 부당한 생각을 했기 때문이었고, 수치스러워해야 할 바를 행했었기 때문이었다.

시간이 흐르면서 실패라는 것에 대한 나의 인식이 아주 극적으로 달라졌다. 언뜻 보기엔 실패 같지만, 사실은 정신적 성숙을 위한 디

딤돌이 되는 경우가 허다하다는 것을 나는 경험을 통해서 깨달았다.

  요즘에 들어서 내가 목표를 성취하는 데에 실패하거나 기대를 충족시키지 못했을 때, 나는 그 결과를 다음과 같은 맥락에서 이해하려고 애쓴다. 어쩌면 지금으로선 그렇게 될 수밖에 없었을 거야. 아직은 내가 그런 걸 이룰 수 있도록 신께서 허락하시지 않은 걸 거야.

오늘의 명상

  나는 정녕 실패를 했는가? 아니면 신께서 내가 깨닫기를 바라시는 바를 깨닫는 데에 실패한 것인가?

25. 기대에 대하여

금주의 다짐

내가 정신적인 존재임을 깨달은 데 대하여 나는 깊은 위안을 느낀다. 신은 나를 위해 좋은 계획을 갖고 계시고, 나는 그분에게 의지함으로써 자유와 행복과 평화를 향해 나아갈 수 있다.

그같은 깨달음을 통해서 나는 내가 지고 있는 비현실적인 기대의 무거운 짐을 벗어던질 수 있다. 나는 있는 그대로의 나를 받아들일 수 있고, 나의 능력뿐만 아니라 한계까지도 받아들일 수 있다. 또한 다른 사람들에 대해서도 있는 그대로의 모습으로 받아들일 수 있게 해준다. 그저 일상대로 영위되어 갈 따름인 삶에서 많은 것을 배울 수 있게 해준다.

오늘 나는 내가 모든 것을 다 알고, 모든 것을 다 행하고, 모든 역할을 다 하리라고는 기대하지 않는다. 나는 나에게 실망과 고통만을 안겨줄 따름이며, 나의 삶이 끊임없는 발버둥이 되게 할 모든 기대를 단호히 버린다.

오늘 나는 신에게 도움을 구함으로써 완전해지려 하는 고통스러운 욕구에서 자유로이 벗어난다. 나는 실수를 통해서 배운다는 자세를 가질 것이며, 외견상의 것에 지나지 않는 실수들을 정신적 성숙을 향해 나아가는 디딤돌로 삼을 것이다. 나는 발전을 추구할 뿐, 완벽을 바라지는 않을 것이다.

오늘의명상
신이 모든 것을 주관한다. 나는 자기 기만적인 목표를 버리고, 그분으로 하여금 나를 좋은 일에만 인도하시게 할 것이다.

26.
수용에 대하여

고난이 우리에게 가해지는 것은 우리를 슬픔에 잠기게 하기 위해서만은 아니다. 그것은 우리를 각성되게 한다.
스스로를 측은히 여기게도 하지만 지혜롭게 만들기도 한다.
기가 꺾이게도 하지만 한편으로는 그 어두움을 통해서 우리를 새롭게 해 주기도 한다. 밤이 있으므로 해서 낮이 더욱 신선해지듯이.
고난은 우리를 궁핍하게도 하지만 더욱 풍요로워지게도 해준다. 쟁기가 들을 기름지게 하듯이.
고난은 우리의 기쁨을 증진시켜 주기도 한다. 뿌려진 씨앗이 마침내 수천 배로 늘어나듯이.

──헨리 워드 베처

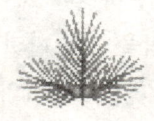

★월 ○일

예기치 않았던, 혹은 언뜻 보기에 몹시 부당해 보이는 일을 당했을 때, 나는 그 시련을 고스란히 감당하곤 했다. 그리고 화가 끓어올라서 몇 날 몇 주일 동안을 무엇이 무엇인지도 모르는 채로 지냈다. 나는 심하게 불평을 토로했고 자기연민에 흠뻑 젖어 있었다. 심지어는 사소한 분란이나 실망을 통해서도 내 마음은 갈갈이 찢어지곤 했었다.

하지만 이제는 완전히 얘기가 달라졌다. 나는 매사를 있는 그대로 받아들일 뿐, 그것이 어찌어찌 달라지기를 바라지 않으려고 혼신의 힘을 다한다. 나의 삶과 다른 많은 사람들의 삶을 통해서 나는 마음의 평화를 누리기 위한 가장 확실한 길은, 모든 것을 수용하는 자세를 갖는 것임을 깨달았던 것이다.

그렇다고 해서 예기치 않았던 사건들을 대하는 태도를 달리하는 데에 내가 완전히 성공했다고 하는 것은 아니다. 하지만 대개의 경우 나는 수용의 정신을 실천하려는 노력을 의식적으로 기울이고 있으며, 그리하여 나의 발전을 지속시켜 나가고 있다.

'일의 추세에 어쩔 수 없이 실려가야 할' 경우에도 나는 더욱 유

연한 자세를 취하고 더욱 넓게 마음의 문을 열어 두려고 애쓴다. 그러할 때 변화해 가는 상황에 적응하기가 한결 수월하기 때문이다. 또 엉뚱한 데에 마음을 빼앗기거나 괜한 불안을 갖지도 않으려고 애쓴다. 수용의 정신을 항상 염두에 두고 있을 때 나날의 문제는 삶 그 자체를 압도할 정도로 커지는 것이 아니라, 사뭇 사소하게 여겨질 것이다. 그러할 때 진정한 마음의 평화는 나에게서 그리 멀지 않을 것이다.

오늘의 명상

나는 수용의 정신을 실천함으로써 마음의 평화를 얻을 것이다.

★월 ○일

 병원 대기실, 변호사 사무실, 텅 빈 집──그같은 장소들에 우리는 지겹도록 익숙해져 있다. 그같은 무대에 섰을 때에 일어날 수 있는 좌절감과 절망감을 우리들은 누구나 경험했을 것이다.
 그같은 위기의 순간에 구체적으로 어떤 일이 일어났건, 수용의 자세라고 하는 정신적 원리는 동요된 우리의 내면을 진정시켜 주고, 그럼으로써 난관을 극복할 수 있게 해준다. 희망을 품을 구석이라곤 조금도 없을 것 같은 상태에서도, 보다 더 수용적인 자세를 취할 여지가 남아있는 것이다.
 우선 우리는 당면한 문제에서 한 걸음 비켜서서 그것을 객관적인 눈으로 바라볼 수 있을 것이다. 그럼으로써 두려움이나 부인하려는 심정이나 혹은 다른 사람들과의 연관 같은 것에 의해 영향을 받음이 없이 그 상황을 '재인식' 할 수 있을 것이다.
 그리하여 아직 모든 게 다 끝난 상태는 아니라는 판단이 서면, 우리 자신과 남들에게 도움이 되게 하려면 어떤 행동을 해야 하는지를 판단할 수 있을 것이다. 그리고 최선을 다했는데도 아무런 도움이 되지 않는다 하더라도, 적어도 자신의 무기력함을 인정하는 데

에는 이를 수 있다.

  우리의 모든 일에 대해서 신은 언제나 지침과 힘을 주시는 원천이므로, 우리는 문제를 그분의 처분에 맡김으로써 수용의 정신을 최대한 실천하는 셈이 된다. 그 어떤 일, 그 어떤 상황이 벌어지더라도 우리는 그분에겐 그렇게 하실 만한 중요한 이유가 있었노라고 여길 수 있을 것이다. 비록 그것이 우리의 이해 범위를 벗어난 것이라 할지라도.

오늘의 명상

  우리가 할 수 있는 건 아무 것도 없을 것 같은 경우에도 우리가 할 수 있는 것이 분명 한 가지가 있다. 수용하려고 노력하는 것, 바로 그것이다.

★월 ○일

나는 한 무리의 친구들과 어느 찻집에 앉아 있었다. 수용이라는 것에 대한 이야기가 나왔을 때, 친구들 중의 한 사람이 자기에겐 어려운 문제가 하나 있었는데 이제서야 비로소 그것을 이겨나가기 시작했노라고 말했다. "날마다 지각을 하는 바람에 나는 직장에서 쫓겨나기 직전까지 갔었지. 집세도 밀렸고, 몇 년 동안 세금을 정산하지도 못했었어."

"그런 무책임한 태도 때문에 나의 삶은 엉망진창이었지. 우선 난 그 사실부터 받아들여야 했어. 그 다음엔 나의 문제가 실로 심각하다는 사실을 받아들여야 했고, 무언가 조치를 취하지 않으면 더욱 악화되고 말 거라는 사실을 받아들여야 했지."

젊은 시절에 그는 자기에 대해서 완전히 무책임했었다고 고백했다. 마약중독자였던 부모님은 시장을 보고 청소하는 일에서부터 때때로 보석금을 내는 문제에 이르기까지 모든 것을 그에게 맡겼다는 것이었다.

"그 시절에 난 나에게 그토록 많은 책임이 부과되었다는 사실을 몹시도 원망했었지. 어른이 되어서 내가 몹시 무책임한 인간이 되

고만 것은 아마 그 때문이었던 것 같아."

"그런데 내가 정말 받아들이기 어려웠던 것은 바로 그 상태에 대한 해결방안이었어." 그가 결론을 내리듯 말했다. "도움을 구하고, 나의 습관들을 바꾸고, 어제의 일을 잊어버린다는 것, 그것이야 말로 정말 힘든 일이었다구."

오늘의 명상

이제 나는 나의 문제와 그 원인을 있는 그대로 받아들인다. 그렇다면 나는 그 해결방안까지도 받아들이고자 하는가?

★월 ○일

우리는 사람들과의 관계를 항상 좋게만 유지할 수는 없었다. 이웃과 친척, 특히 우리와 더불어 살고 일하는 사람들과 조화를 이루는 데에서 많은 난관을 겪어왔다. 문제의 핵심은 다른 사람들을 있는 그대로의 모습으로 받아들일 능력이 우리에겐 없었거나 혹은 그럴 의지가 없었다는 사실이었다.

냉소라든가 억지라든가 공공연한 협박 등, 다양한 방법들을 통해서 우리는 우리의 삶과 관계되는 사람들을 우리에게 편하도록 억지로 꿰어 맞추려 들었다. 우리의 파트너가 우리와 똑같은 수준의 정신역량을 가지지 못했다는 이유로 그들을 윽박질렀다. 직장동료들이 일을 잘 하지 못한다고 그들에게 훈계를 하듯이 굴었다. 정치적 견해가 다른 친구들을 헐뜯었다. 그리하여 우리의 관계에는 어쩔 수 없이 긴장이 생기고 불화가 조성되었고, 그 어느 때보다도 더 심한 파탄에 이르렀다.

성공적인 관계를 유지하기 위해서는 수용의 자세가 결정적으로 중요한 요인임을 이제 깨달아가고 있다. 수용의 정신을 순수하고도 단순하게 실천하는 길은, 사람들에게 그들 나름의 선택에 따라 살

아갈 자유를 부여하고, 거기에 대해서 우리는 아무런 이의를 갖지 않는 것이다. 다른 사람들의 믿음이나 행위를 우리가 어찌해 보려고 드는 것은 부질없는 짓일뿐더러, 우리에게는 그렇게 할 힘도 없다는 사실을 명심해야 한다.

오늘의 명상

내가 나의 결점을 제대로 인식하고 한편으로 다른 사람들을 있는 그대로의 모습으로 받아들일 때, 나의 모든 관계들은 지속적으로 개선될 것이다.

★월 ○일

최근에 들어서 우리는 자기회복의 진도가 빨라지지 않는다는 이유로 스스로를 꾸짖었다. 우리는 숨겨져 있는 어떤 성격적 결함이 다시 전면에 나타났다고 여겼고, 다시 한번 자신에 대한 심한 거부감을 느꼈을지도 모른다. 혹은 다른 사람들과의 관계에서 수반되는 온갖 두려움의 감정들을 진정시킬 수가 없었던 것인지도 모르고, 그 두려움들이 우리를 연신 좌절하게 하고 노여워하게 하는 것인지도 모른다. 간단히 말해서, 우리는 자신을 있는 그대로, 우리의 힘뿐만이 아니라 나약함까지도 곧이곧대로 받아들이는 데에서 문제를 일으키고 있는지 모른다.

우리는 자기혐오의 자세보다는 자기수용의 자세를 출발점으로 삼을 때에 더욱 힘차게 앞으로 전진할 수 있다는 사실을 잘 알고 있다. 그러나 그것만으로는 충분치가 않은 것 같다. 우리는 여전히 자신에 대해서 지나치게 가혹하고 인색한 것이다.

그러한 때에는 우리 중의 많은 이들이 신에게로 마음을 돌림으로써 위안을 구하고 지원을 받는다. 우리는 그분이야말로 우리를 있는 그대로 받아들여 주신다는 것을 굳게 믿는다. 우리는 그분의 조

건 없는 사랑을 생각하고, 우리가 우리의 모든 성격적 결함으로부터 자유로워지고, 혹은 아주 구체적인 정신적 '신기원'에 도달할 때까지 그분이 우리를 지켜 주신다는 것을 다시 한번 확인한다. 기도를 통해서 우리는 그분이 우리를 받아들이듯이 우리도 자신을 받아들일 수 있도록 도움을 구한다.

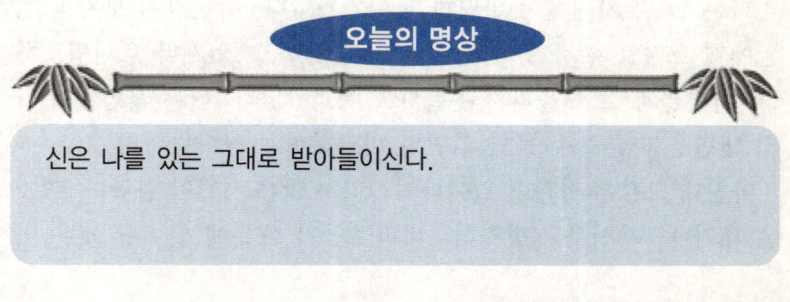

오늘의 명상

신은 나를 있는 그대로 받아들이신다.

★월 ○일

내가 서 있는 이 자리를 이 세상의 그 누구와도 바꾸고 싶지 않다는 생각이 들 때가 자주 있다. 깊은 감사의 마음과 더불어서 나는 갑자기 현재의 '나'에 대해서 완전히 만족하고 있음을 깨닫곤 한다.

그같은 감정은 나의 외모나 직업, 혹은 내가 사귀는 친구들과는 아무 상관도 없는 것이다. 그것은 내가 나를 나의 내면으로부터 받아들인다는 사실, 진정으로 나를 배려하기 시작한다는 사실에서만 전적으로 생겨나는 것일 뿐이다. 그것은 아주 특별한 전환이다. 그것은 마침내 내가 술을 끊고 맑은 정신을 갖게 되었던 그 기적에 비겨도 조금도 손색이 없는 것이다.

나는 늘 나 자신을 못마땅하게 여겨왔었다. 자신감이 모자라고, 남에게 호감을 주지 못하고, 존경받지 못하고, 언제나 흐리멍텅하고, 사람들과 잘 어울리지 못한다고 여겨왔었다. 나는 끊임없이 나의 내면을 다른 사람들의 외면과 비교하면서 살아왔었다.

마침내 그같은 전환이 일어나기까지는 많은 시간이 걸렸다. 그것은 내가 나 자신을 '정확히' 바라보았기 때문에 일어난 것은 아

니었다. 타인을 보고 부러워하던 면들이 마침내 나에게도 생겼기 때문도 아니었다. 그같은 것은 전혀 상관이 없었다. 내가 자포자기에서 해방된 것은, 점차로 나 자신을 솔직히 받아들였던 것, 바로 그것에 의해서였다. 지난날의 나, 현재의 나, 그리고 미래를 향해 나아가고 있는 나를 있는 그대로 받아들임에 의해서였다.

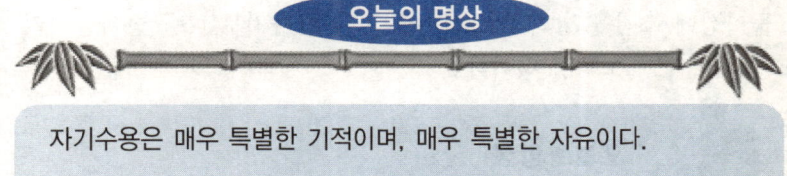

오늘의 명상

자기수용은 매우 특별한 기적이며, 매우 특별한 자유이다.

금주의 다짐

　수용은 마음의 평화를 얻는 길이다. 내가 그 어디에 있건 그 무슨 일을 겪고 있건, 나는 이 근본적인 정신적 원리를 적용함으로써 스트레스를 줄이고 내적 평온을 얻고, 나의 동료들과 조화롭게 살아나갈 수 있다.
　커다란 파탄을 겪고 나야 비로소 수용의 자세를 받아들일 수 있다고 생각해서는 안 된다. 정신원리는 내가 날마다 겪는 사소한 분란과 좌절에 대한 가장 확실하고도 단순한 치유책을 제공해 준다.
　수용의 정신은 '정신적으로 교화된' 사람들만이 실천할 수 있다고 한 때는 믿었지만, 이제 나는 누구든 그 정신적 원리의 혜택을 누릴 수 있다는 사실을 깨달았다. 실제로 인간은 누구나 수용의 정신을 실천함으로써 그의 정신적 성숙을 강화할 수 있다는 것을 나는 확실히 깨달았다.
　예컨대 다른 사람들을 마냥 못마땅해하기보다는 있는 그대로 받아들일 때, 나의 관계들은 보다 더 건강해질 수 있다는 사실을 발견했다. 그렇게 수용의 정신을 실천함으로써──그리고 관용과 인내와 이해의 정신을 더불어서 실천할 때──나는 자기중심적인 태도를 조금이라도 더 버릴 수 있고 겸손한 자세를 취할 수가 있게 된다.
　바로 그러한 뜻에서, 나는 자기수용의 자세를 더욱 공고히 하는 것을 지속적인 목표로 삼는다. 날마다 조금씩, 나는 신께서 나를 받아들이심에 조건을 달지 않으시는 것과 마찬가지로 나를 받아들이려 노력할 것이다.

오늘의명상
수용의 정신을 실천함으로써 나는 관용과 이해와 용서 등 또 다른 정신적 원리까지도 실천하는 것이 된다.

역자 소개

옮긴이 최수민은 1956년 대구에서 출생하여 성균관대학교를 졸업하고 열음사, 이론과 실천사 등의 출판사에서 일했다.

번역서로는 이 책 외에 「사기꾼」, 「교섭자」(F. 포사이드), 「소년의 자서전」(E. 화이트), 「캐슬록의 비밀」(S. 킹), 「은밀한 기쁨」(A. 워커) 등이 있다.

자아성찰 365 〈제1권〉

2003년 7월 20일 신장판 제1쇄 인쇄
2003년 7월 30일 신장판 제1쇄 발행

저 자   J. B. W.
역 자   최 수 민
발행자   이 영 구
발행처   한마음사

서울 마포구 성산동 103-21
전화 3141-0361~4
FAX: 3141-0365
등록 1978. 11. 16 번호 1-509

※ 잘못된 책은 바꾸어 드립니다.
ISBN 89-7800-087-8